THE CHINA
RECORD

中國紀錄
評 估 中 華 人 民 共 和 國

An Assessment
of the People's Republic

王飛凌 ———— 著

蔡丹婷 ———— 譯　　王飛凌、劉驥 ———— 譯校

謹以此書獻給我的老師們和導師們
特別是
奧古斯都・理查德・「迪克」・諾頓
Augustus Richard "Dick" Norton
戰士，學者
1946–2019

目次

中文版序言

本書的英文原版 *The China Record: An Assessment of the People's Republic* 於 2023 年 3 月由美國紐約州立大學出版社（SUNY Press）出版發行。非常高興的是，本書的繁體字中文版現在幾乎是同步出版，能迅速與讀者見面。

本書中文版力圖保持英文原著的全貌。為了便利讀者的理解和核實，行文中附帶了部分術語和專有名詞的英文原文。我們還做了一些細微的文字句式改動和調整，試圖增加中文版的流暢和可讀性。效果如何，還是有待讀者評判了。為了照顧不同的中文讀者，本書採用橫排版格式，在此特請習慣閱讀直排版繁體字書籍的讀者朋友們見諒。

非常感激蔡丹婷女士極為優秀的翻譯。台灣遠足文化事業股份有限公司（八旗文化）富察先生及整個團隊的大力幫助、專家編審和文字修飾，使得本書成為可能，在此衷心致謝。

作為承前啟後的三部曲之二，本書意在自由思考、多元信息、反覆驗證和充分辯論的基礎之上，去努力構建和傳播知識。秉持此信念，希望本書能為漢語讀者全面而準確地解讀歷史與現實，評估各種選項與可能，掌握自己的命運和前途，與各國人民一道去共建更美好未來而做一點小小的貢獻。

王飛凌
美國喬治亞州亞特蘭大市
2023 年春

英文版銘謝

作為我在 2017 年出版的《中華秩序：中原、世界帝國與中國力量的本質》一書的續篇和計畫中的中國三部曲的第二卷，本書來自於我的一個頗不謙虛的努力：去評估中華人民共和國，一個統治近五分之一人類的宏大政體。

在過去的十多年裡，為此項目，我得到了許多人的無法估量的恩助——他們的名字實在是舉不勝舉。本書寫作於全球性的新冠肺炎（COVID-19）大疫情之際（2020 至 2022 年），但是各種線上和線下的聯繫與交流，仍然令我從我在喬治亞理工大學的同事們和學生們那裡，得到各種鼓舞和幫助。以下的其他機構，多年來友善地接待了我為本項目所進行的訪學：歐洲大學學院、新加坡國立大學、國立中山大學、國立台灣大學、巴黎高等政治學院、成均館大學、東海大學、美國空軍學院、澳門大學、東京大學和延世大學（按英文字母順序排列）。美國富布賴特委員會（Fulbright Program）、喬治亞理工基金會、日立基金會和密涅瓦基金（Minerva Project）慷慨地資助過我有關的研究。涅爾家族基金（Neal Family Grant）資助了本書的編輯。我曾在下列場合介紹過本書的部分內容並得到過寶貴的批評意見（除了前述各機構外，依英文字母排序）：中央研究院、美國政治學協會、奧本大學、美國戰略與國際研究中心、美國對外關係委員會、國際研究協會、美國特種兵聯合大學、高麗大學、路德維希－馬克西米利安大學、國立政治大學、國立中興大學、國立清華大學、北京大學、普林斯頓大學、首爾國立大學、戰略性多層評估平台、中山大學、美國軍事學院（西點軍校）、美國國

家戰爭學院、馬來西亞理工大學、丹佛大學、印度尼西亞大學、馬來亞大學、賓夕法尼亞大學、田納西大學和維多利亞大學。我對大家衷心感謝、一一致敬。

紐約州立大學出版社的編輯和校對人員使得這本書成為可能。非常感謝三位匿名審稿人的大量鼓勵、啟發和建議。凱瑟琳・湯普森（Katherine Thompson）和保羅・戈茨曼（Paul Goldsman）細緻地編輯了本書的文字；凱琳・羅蘭（Kaylin Nolan）幫助了書目整理。毋庸贅言，我個人對本書中任何可能存在的缺陷負全責。科克・沃倫（Kirk Warren）設計了本書的封面，經我建議，部分使用了曾聯松於 1949 年設計的中華人民共和國國旗的原始圖案。

我的家人和朋友們一直是我最大的關愛和支持之源泉。繁忙的內人和弟媳們特別地付出了許多辛勞，使我在全球疫情中還能集中精力去完成本書。為此我是極為幸運，永遠感激。

最後，謹以本書敬獻給我幾十年來在許多國家裡的各位老師們和導師們，特別是美國陸軍（步兵）上校和曾任多所大學教授的奧古斯都・理查德・「迪克」・諾頓（Augustus Richard "Dick" Norton）博士：一位戰士、學者、領導者和導師。我三十年前始於西點軍校（美國軍事學院）的教學生涯，得到了他的關鍵性幫助。2018 年 10 月 6 日，在多年沒有見面後，狄克在逝世僅僅幾週前從馬薩諸塞州給我寫來這些十分暖心的文字：「回顧當年在西點，推倒了一些障礙，邀請你加入了教授行列，我為此而繼續感到自豪。那是一個好決定。」是的，我十分同意，也永遠感激。感念而珍惜希望，安息吧，我的朋友。

王飛凌
2022 年冬

引言

在 2017 年出版的《中華秩序》一書中，我試圖重新解讀並分析中國的歷史及世界觀，透過考察秦漢式政體與中華天下之世界秩序，釐清中國的政治傳統和價值觀念結構。[1] 本書《中國紀錄》是《中華秩序》的續篇，將聚焦於現代中國，即中華人民共和國，評議其做為一個另類的政治體系模式和一個獨特的社會經濟發展模型之紀錄。

隨著中國的經濟及軍事力量雙雙往世界第一衝刺，中國共產黨統治下的中華人民共和國之政治體系，將益發影響全人類，遠不只是僅僅塑造中國人民的命運及未來。在 2021 年和 2022 年，由美國主導的西方國家公開認定，中華人民共和國國家力量的崛起，已經形成一個系統性的挑戰，甚至對全球秩序及世界和平都是一大生存威脅。[2] 因此，扎實地了解和評估中國的政治治理模式及社會經濟發展模型，對全世界（包括中國人民）來說，都是迫切之舉。在現今的全球主義（globalism）及多文化主義（multiculturalism）時代之中，確認中華人民共和國體系的強項或優點、弱點或缺陷，在理論上及實務上都十分關鍵。為此目的，我希望本書呈上的簡明分析，能夠使讀者去全面、精準而有用地了解中國共產黨統治下的中華人民共和國之成就與不足、強項及弱點。在探討中共暨中華人民共和國（CCP-PRC）的活力（viability）及可取性（desirability）等議題時，我希冀能對這個黨國，提出一個客觀事實性

的論述，以及一個規範批判性的分析。希望本書的發現會有助於世界對中國力量崛起之現實的政策考量，並由此制定合適的回應戰略。

本書對中華人民共和國的評估，是基於分析其在四個領域的組織特徵及運作表現：政治治理、社會經濟發展、人民生活、文化及環境保育。考察此四項的目的，在於確認崛起的中國力量做為目前世界領袖候選人的可行性及吸引力，和其取代西方——尤其是美國——的能力，以及北京追求以「中華秩序」代替西方主導的「西發里亞式」（Westphalian）世界秩序之可行性及可取性。在過去七十多年裡，中國經歷了許多史詩級的動盪：改革、進步、成功、失敗及倒退，有無數的英雄、惡人、倖存者及犧牲者。我很清楚這非凡的連貫性及偉大的變動，使得拙著之寫作，充滿了許多引人入勝卻又令人謙謹的挑戰。

我首先將考察中華人民共和國的政治治理，即中共統治下的人民民主專政（people's democratic dictatorship），尤其是其在保護中國人民的生命及權利、提供社會秩序與安定，以及公共服務及政府效率等方面的紀錄。接著，我將試圖報告並評議中國經濟，尤其是其在近數十年間的成就及問題，最後再分析中華人民共和國的社會生活與精神及實體生態。本書將著重於中共治理在政治代表（political representation）、司法正義、財政及貨幣政策、國家主導型經濟成長模式（state-led growth model）、創新、學術及教育、不平等及貧窮、災難救助及流行病預防、文化與道德、社會安定、古蹟及環境保護等領域的運作及影響。透過規範性評估（normative evaluation）與量性及質性資料之比較研究（comparative study）相結合，本書試圖確認中華人民共和國的本質與特徵，尤其是探討中共做為一個代表不同價值觀及規範的新興強權、乃至一個潛在的世界新領袖，具有或者缺乏哪些效能、效率、力量、永續性及可取性。作為推進中國研究的一個小小努力，本書選擇聚焦於總體紀錄，以提供評價及判斷，而非試圖對中華人民共和國的歷史做一個面面俱到的細微敘述。[3]

更明確地說，本書意在展現中共暨中華人民共和國的真正面貌及其究竟代表著什麼。本書發現，中華人民共和國帶給中國的政治次優化（the China suboptimality）、社會經濟表現不佳、文化及環境飽受損害，都是只為達成驚人的中共統治最優化（the CCP optimality），以維繫其政權的壽命與權力。中華人民共和國歷史中的前三十年（1949 至 79 年），是一個千真萬確、規模龐大的悲劇。中國共產黨受其內在邏輯驅使，再加上獨裁領導人毛澤東的個人野心及無能，硬是使得中國在中華人民共和國之前的一世紀（1840 年代至 1949）裡取得的種種進步及改變生生倒退。中華人民共和國成了中共的權力載具，同時中共也企圖重定整個世界的中心並重整世界秩序，以達成其政權的終極安全。為此，中共使得中國走上漫長而慘痛的大彎路，在許多方面都辜負了中國人民，最後面臨一個理所當然要崩潰的局面。[4]

毛之後的中國共產黨的應對之道，則是退回到中華人民共和國之前的民族國家主義（statist and nationalist）軌道及政策上，以求其政權的生存。因此，在過去四十年之間，猶如巨大的歷史諷刺，中共被其始終想取代的西方主導之西發里亞式國際體系所挽救並且致富，中國人民重新獲得相當程度（但依舊有限）的社會經濟自由及自主權。中國經濟因此經歷了驚人的爆炸式成長，使得數億人口脫離赤貧。中華人民共和國獲得廣泛的科學技術（多來自國外），打造出相當完整且具競爭力的現代工業體系。中國社會和人民日常生活也大幅改善及轉變，且大致是往現代化及西方化的總體方向而去。本書稍後將會詳細報告，大批擁有可觀可支配收入及資產的「中產階級」湧現，且能經常在國內外旅行。成文法的發展和個人權利規範的增生，尤其是在商業領域，提升了可預測性及信任度，促進了市場導向型商業。宗教活動和社會文化普遍也都重新煥發活力。中華人民共和國也積極參與了國際合作：從在全球生產鏈舉足輕重的位置和提供大量外援，到派出大批軍隊參與聯合國維和任務。

然而，中華人民共和國依然在毛式政治體系的治理之下；其主要目

的，還是在於確保中共一黨獨裁的安全與權力，能在中國延續下去。這個黨國的 DNA，即所謂「紅色基因」，大多依舊完好，中華人民共和國成了一個統計數字上的巨人，從蓬勃發展的中國經濟中汲取海量資源；而中國的經濟成就完全有賴於比較自由了的勤奮的中國人民，更仰賴大量外資及技術的挹注。總體而言，若兼具質性與量性地評估生命安全、民權及人權、自由與安定、生活水平及醫療、經濟效率與創新、道德與文化發展、社會經濟正義與平等、自然災害與流行病管理、古蹟及環境保育等標準，中華人民共和國的治理及社會經濟發展，最好也只達到世界平均水平，而常常是次優化（suboptimal）的表現。除了系統性地剝奪權利及自由，中共還在中國人民身上強加了極高的機會成本，對中國的社會結構、道德規範、創造精神及生態，造成深遠且多方面的影響。這些重大後果有些也許還來得及彌補挽救，但有些就算不是藥石罔效，也是積重難返，且早已對中華人民共和國以外的人們造成深遠的影響。隨著中共持續掌權，並企圖按自身形象來影響重列各國，被中共侵占使用的崛起中的中國力量，代表了一個次優化且不可取、但可行且不容忽視的現存國際社會西方領袖之替代選擇，深深地影響人類文明的未來。

數字遊戲：方法論與認識論札記

中華人民共和國的一個明顯特點，亦是其獨特治理之下的深遠後果，就是對各種信息系統性且普遍的壟斷及操弄，尤其是統計數據。[5] 這是評估中國時遇到的一個重大障礙，特別是在量性資料方面。本書在此將淺析與資訊有關的認識論（epistemology），以使讀者熟悉在研究中國時常遇見的這個關鍵性方法論難題——即使是最認真細緻的觀察家，也經常受這一難題的困擾和誤導。這個簡短札記，也可充當讀者在品味中共暨中華人民共和國之黨國紀錄的豐富生猛滋味前的一道開胃菜。

沿襲歷史上秦漢式帝制統治下為政治目的而嚴格審查、控制信息的

悠久傳統，中共始終強制性壟斷中國的所有信息，最近更宣稱「黨要管理（所有各種網絡）數據」。[6] 在此壟斷之下，該黨國經常性地、有時甚至是荒謬地，遺漏、隱藏、偽造、篡改、銷毀許多紀錄，尤其是量性紀錄。例如 2022 年 3 月，在中國國家主席習近平與美國總統拜登進行二小時視訊會議的「三個半小時」之前，北京就發布了會議內容的官方新聞稿。[7] 雖然無所不在又無所不能，中國政府（如果它願意勞駕去收集追蹤這些資料的話）卻不似其他國家會定期公布許多統計資料，更別說是準確、即時、有用地發布這些信息了。中國國家統計局告訴官方媒體，從 2008 年開始，它「就已經停止收集」政府雇員規模的資料，這對一個長期廣泛執行中央計畫的國家來說，是既不可思議又十分荒唐。目前為止，北京僅在 2016 年公布過一次其「公務員」總數。[8] 信息不透明也許是中共長久以來高度保密傳統的必然結果：以嚴酷紀律來保護無數模糊地、且經常是臨時性地，被定義為機密的資料；因此，力求降低透明度成了官員們的第二天性。的確，政治壓力經常誘使一個政府不當地隱瞞或扭曲敏感資料，即使在民主國家如印度或美國亦然。但是，正如本書的前篇《中華秩序》所發現的，在中華世界中，由於政府對資料的「全世界性」壟斷及強力的集中單一審查，統治者慣常性審查歷史寫作的衝動和行動，長期以來都是格外的廣泛、有效且有害的；從數量上和質量上來看，中華人民共和國的政治化數字遊戲，也都是舉世無雙。[9] 在中國，中共數字遊戲具有系統化了的總體性、集權風格，以及深度內化了的傳統，基本上不會受到任何有意義的檢視或挑戰；與之相比，在其他國家，特別是有多元開放的信息及事實與來源檢核的民主社會，來自自由媒體的競爭能有力地抵銷政府審查，進而迅速且有效地減輕數字遊戲問題。

有鑑於許多國際組織，比如聯合國及其附屬組織，皆仰賴北京提供官方統計資料，中共數字遊戲造成的國際信息汙染，已成為一個長期而深遠的問題，嚴重阻礙、甚至是癱瘓中國研究及國際比較。接受中國的

官方數據，並且視之為同其他國家經過許多辯駁和檢驗的數據一樣，是一個低級常見但十分嚴重的錯誤。認識論限制、政治宣傳和有失公允的專家評論，都會由此進一步誤導觀察者，尤其是不經心的信息消費者，比如政治人物和一般民眾，使其將中國人誤會並想像成「猶如伏爾泰筆下的滿大人或毛派宣傳裡的快樂農民」。舉例來說，毛澤東時代的官方基尼係數（Gini Coefficient）僅有 0.32，使許多人長期誤以為當時的中華人民共和國雖然窮困但平等；然而，2013 至 14 年一項中國自己的研究證實，1960 年代至 1970 年代中國基尼係數的真實數字高達兩倍之多，為創世界紀錄的 0.6 至 0.7。[10]

財政金融數據中含有政治化且「創造性」的會計紀錄及報告，在中國顯然十分常見，有時由國際會計公司的中國自主特許分支機構進行，即使是上市公司亦然。政府本身似乎也因為假數據而應接不暇。[11] 2013 年的一項研究聲稱，中國的國內生產總值（GDP）可能人為虛報了一兆美元，即 12％。2017 年和 2019 年的兩項研究指出，中國的 GDP 很可能「過度誇大」；2021 年，一項依據衛星資料的研究顯示，中華人民共和國的 GDP 數據可能被誇大了 35％之多。[12] 官方媒體在 2014 年總結道，地方政府有經常性對各層級統計資料「灌水」的傳統，尤其是攸關官員昇遷的 GDP 數字。在 2019 年第四季，官方公布的 GDP 成長率是 6.2％，實際上可能只有 3.2％。在相對落後的東北地區，許多縣會灌水 20％至 127％，使當地的 GDP 甚至超過香港。[13] 一名中共前縣委書記基於 120 名同僚的經驗總結道：「中國的統計資料是一個謎……我們通常必須對數字『再加工』，所有（經濟）數據中約 30％都有水分。」據稱，中共的領導層長久以來也疑心中國的經濟統計資料並不正確，尤其是 GDP 數字。同樣地，中國國家統計局於 2021 年承認，其 2007 至 2019 年的中國固定資產投資數字含有大量「水分」，高達 20％。[14] 中國的貿易狀況可能是一個數字上的「海市蜃樓」，其貿易數據、尤其是貿易差額數據，可能被誤算和高估高達 36％。[15] 中國的真實失業率，

經常是官方公布數據的「至少兩倍之多」。[16]與糧食生產相關的重要數字可能也是習慣性地被抬高了。與國家財政健全高度相關的地方政府巨額債務，經常是以兩套帳簿來記錄和報告，低報多達三分之二。[17]中共篡改數字的結構性問題，對過去的許多災難至少要負部分責任，包括1959至1962年的大饑荒；這一問題在今天顯然仍十分普遍。2021年5月，中國國家統計局在多次延宕後，發布了第七次的十年一次人口普查資料，報告人口總數為14.1億人及其他人口統計數字。[18]許多中國人立刻指出其中的巨大漏洞，以及報告中篡改數據的跡象；官員則被迫迅速出面「澄清謠言與懷疑」。[19]2021年底，中國前財政部長公開批評中國經濟數據無用。2022年，國家統計局報告的全國新生兒數，比公安部報告的數字高出16%（175萬）。[20]為了加強糧食安全，中共下令全國「退（已開發）地還耕」，並使用衛星影像技術驗證這個復耕運動，以相應地晉昇或懲罰地方官員。結果是，地方政府在2010年代到2020年代之間，耗費巨額公共基金造假欺騙衛星，像是在荒丘上的假水稻梯田，種在水泥地面和道路上的地瓜和豆類，以及填掉魚池，搗毀果園、蔬菜溫室及住宅後闢出的所謂糧食耕地。[21]

　　如同本書稍後將探討的，中共的數字遊戲之一是關於貧窮及其衡量。北京長期採取遠低於國際水平的貧窮線，因此大幅低報了中國貧困人民的比例。在2009年之前，中國將貧窮線定於每日0.32美元，當年則修改為年收入人民幣2,300元，相當於日收入0.50美元，之後在2015年又再度修改為0.99美元。此標準遠低於聯合國赤貧線的1.25美元（2015年時為1.90美元），也低於較中國更為貧窮的鄰國如寮國、越南和柬埔寨所定的貧窮線。2009年的貧窮線，約是1985年年收人民幣200元（相當於當時的25美元）貧窮線的10倍；在這段期間，中國的GDP卻是成長了超過56倍，而官方已經低報了的通貨膨脹則是增加了11倍之多。中華人民共和國報告在2010年，依其自設標準僅有1,500萬到4,500萬人為貧困戶，但以聯合國標準則應超過2億人。[22]

為求昇遷，中共官員們似乎慣於操弄數據，如同北京會操控認為可能影響其政治合法性或形象的所有信息。除了許多觀察家和分析家都完全合理地抱持疑心的財政金融數據外，就連交通事故造成的死亡人數也被低報超過四分之三。世界衛生組織（WHO）的學者總結道，中國的交通死亡人數在 2010 年代為每年 27 萬 6 千人（每 10 萬人有 20.5 人）；但北京報導的僅有 6 萬 5 千人（每 10 萬人有 5 人）。2021 年，鄭州洪水造成數百人死亡；六個月後，政府證實當地官員「確實」低報了傷亡數字三分之一以上。[23]1987 年，中華人民共和國中央政府開始向 WHO通報中國的自殺率為每 10 萬人有 18 至 23 人；直到 2008 年左右，此數字一直保持穩定，屬於全球最高之列。2009 至 2011 年，北京通報此數字「驟降」了 58％，降至每 10 萬人僅 8 至 10 人，農村及婦女自殺率也分別下降了 63％ 及 90％——從那之後，這些敏感數字一直被官方穩定保持在全球最低之列（略低於全球平均值），但一直沒有可供研究或驗證的具體細分信息，同時也與中國學者於 2014 年及 2018 年發表的田野調查報告不符。[24]自 2011 年以來，「中國獨有」的農村居民（相較於城市居民）和女性（相較於男性）自殺率始終居高不下的模式，已完全逆轉為與全球普遍模式一致。[25]不消說，讀者一定也如同筆者一般，衷心希望這些重大的轉變，不管是多麼地突兀與戲劇化，都能是真實的。我將在第三章進一步探討此一話題。

　　數十年來，全面性的數字遊戲始終是中共奉行的傳統及其標準的治國之道。對信息的壟斷和選擇性傳播，有助於強力掩飾中國的次優化紀錄，並支持中共大肆宣揚的社會主義（或中共領導、毛澤東路線、鄧小平改革、中國式「治理之道」、習近平政權，或者任何中共暨中華人民共和國體制的獨到之處）所特有的「優越性」。[26]中國關於中國政治經濟的學術研究（包括少數嚴肅而有趣的研究），例如以準制度主義（quasi-institutionalist）解釋中共快速發展中國經濟的「卓越能力」，往往不加批判地採用官方數據，因此很不幸地最終大多成為過眼雲煙，

十分荒謬，甚至淪為黨國的宣傳而已。[27] 使用完整數據庫的真實數字就可得知，經常備受讚譽的中式教育系統，及其仰賴集中、科舉式的測驗分數與死記硬背，事實上既不優越，也無益於知識創造及經濟成長。許多中國的官方數字，都由西方諮詢公司在中國的分支機構包裝並背書，比如麥肯錫公司大中華區（McKinsey Greater China）。[28] 誤導及臆想的亢奮也隨之而來：2013 年，許多刊物，包括《經濟學人》（*The Economist*），都錯誤地預測中國的 GDP（非購買力平價，non-PPP）將於 2019 年超越美國的 GDP。[29] 我將在本書及續作中呈現，國外人士關於中華人民共和國本質及其策略的解讀，甚至由此更易流於誤導和誤解。疲於應付中共層出不窮的數字遊戲，許多極具影響力的中國觀察家似乎都會出現一些著名西方學者如保羅・山謬森（Paul Samuelson）曾有過的失靈失態；山謬森是美國第一位諾貝爾經濟學獎得主，他甚至遲至 1980 年代還頻頻對蘇聯做出錯誤、甚至是可笑，但卻極具影響力的判斷和預測。確實，不假思索地使用中國的大數字，極易導出一些學者宣布「中國第一」的驚人結論，即使他們尚屬明智的同時還下結論道，「永遠不要和美國對賭」。[30]

中國部分基本日常生活信息的收集和傳播亦受到嚴格控制，且經常刻意隱瞞或扭曲。例如政府打著「國家安全」的名義，以自訂的大地測量基準 GCJ-02（topographic map non-linear confidentiality algorithm，地形圖非線性保密演算法），俗稱「火星坐標」，壟斷地圖繪製。其採用混淆演算法，隨機偏移地圖上位置的緯度和經度，而不是使用通用的 WGS-84（World Geodetic System，世界大地測量系統）的真實坐標。結果就是，「中國所有的地圖都不正確」，一個地點的坐標經常與 GPS 導航的數位地圖差了數百、甚至數千公尺。隨著谷歌地球（Google Earth）和谷歌地圖（Google Maps）等應用程序被封鎖，中華人民共和國的衛星導航早就與世界其他地區脫鉤，代價則是犧牲了準確性、便利性和效率。[31]

巧妙且系統性的數字遊戲，使中共以「對內洗腦、對外宣傳」的方式來穩固統治。但這對真實、行動和道德的傷害卻沉重且持久，我會在本書中繼續詳加探討。這樣的操弄，也經常造成史詩規模的慘重和真正致命的後果。要講證據，只需看毛澤東力圖超越西方的大躍進宣傳中，被稱為「放衛星」的虛報農業生產統計數據；這場數字遊戲導致並加劇了「大饑荒」，造成人類史上和平時期最慘重的人命損失，不到四年（1958 年秋季至 1962 年春季），就有 3,700 萬乃至更多人喪命。同樣地，2019 年 12 月，源於中國的新冠肺炎（COVID-19）疫情肆虐全球所有國家，截至 2022 年初在全球造成至少 550 萬起相關死亡，似乎再次證實中共第二天性的數字遊戲之威力與殺傷力。[32]

在一種新型冠狀病毒（SARS-CoV-2）於中國中部引起新冠肺炎傳染病爆發後，中華人民共和國政府並未依循其承諾的國際法定義務採取應對行動，而是慣性地壓下關鍵訊息至少三週（2019 年 12 月 30 日至 2020 年 1 月 20 日）。[33] 筆者在 2019 至 2020 年間，從多處獨立來源（北京、湖北武漢和浙江的流行病管理人員、研究人員和臨床醫師）得知，中共有一條內部規則為不得發布超過 10% 的「負面」公共衛生訊息，尤其是數字。[34] 勇敢的中國吹哨者，即「說真話的人」，像是李文亮醫師，顯然從一開始就遭到政府懲處並消音。[35] 中國疾控中心對武漢（疫情起源地）1,100 萬人口在數月後出現的抗體進行的疫後研究，無意中提供了證據，證明中國政府確實只報告了 2020 年初當地感染的 50 萬人中的 10%（50,340）。[36] 蘭德公司（RAND Corporation）和香港大學的研究估計，中國新冠肺炎的真實染病人數，可能比北京公開宣稱的數字高出 32 至 37 倍之多。[37] 有人士指出，北京「刻意低報」中國病例和死亡人數「達百倍或更高」；在 2020 至 2021 年間，該病毒於中國造成的超額死亡真實人數，「並非（官方報告的）4,636，而是 170 萬左右」，即美國的兩倍；武漢的真實「總病例死亡率」為「5.6%」，即比美國的「約 1.5% 死亡率高四倍」，但仍非中國官方報告中更嚇人

的 7.7％。[38] 根據中國官方的時間序列數據，2020 年中國有 1,422 萬人死亡，遠高於 2006 至 2019 年間每年 900 萬至 1000 萬人的正常死亡人數。[39] 422 萬或更高的超額死亡數，可能是源自嚴重的統計錯誤和不一致的數據操縱，或是醫療系統因疫情而不堪負荷，進而在嚴厲的隔離措施期間造成如意外和其他疾病導致的死亡人數激增，又或者是新冠肺炎的死亡人數比報告的高出大約 100 倍──或者以上三者皆有。一個中國研究團隊報導，武漢在 2020 年近三個月的封城期間，「超額死亡率」上升了 56%，即約有 68,130 人「額外死亡」，其中 21,230 人「死於與新冠病毒相關的肺炎」（即為官方報告該市新冠肺炎死亡 3,869 人的 5.5 倍），加上數千名「與新冠病毒無關的」肺炎死亡（其數量驚人地躍升了 35 倍），以及其他因「非傳染性疾病」而上升的死亡人數，如心血管疾病（29%）、糖尿病患（83%）、高血壓 （100%）和「其他疾病」（92%）。[40] 若使用美國的流行病學標準，即以「相關死亡（death with）」，而非僅是「源自／因之死亡（death from/of）」來評估這些數據，則單是在武漢，與新冠病毒相關的死亡人數，就比中國的官方全國數字高出 15 倍。一旦確鑿證實，那麼中共與新冠肺炎相關的數字遊戲，絕對足以媲美其大躍進時期「放衛星」的荒謬與禍害。

即使是深被詬病遭中共挾制的 WHO，也抱怨北京在通報信息時的拖延與合作不力。[41] 中國擁有全球近五分之一的人口，且遭受新冠病毒最長期的影響；[42] 然而，中國關於新冠疫情的官方數據卻是些極端的異常值，經過嚴格官方審查又缺少可信的證據或實用的細節，因此很不幸地對於人類對抗新冠病毒來說，幾乎是毫無用處，甚至可能因提供錯誤信息而深遠地誤導全世界。根據中國自己的明星醫官鐘南山院士領導的研究，隔離措施每提前五天實施，新冠病毒的影響就會減少三分之一。[43] 美國和英國的研究也顯示，單是提早一週採行隔離措施，就能挽救數以千萬的人命，甚至是使死亡人數減半。[44] 因此，要是中共不曾慣性地壓制病毒爆發最初幾週的真實信息，這場全球疫情也許只會是一個

局部疫情或小型爆發，染病人數及死亡人數可能會少上數百倍。關於新冠病毒是經人為改造並從武漢某一實驗室外洩的懷疑和指責始終揮之不去，部分原因即是因中共過於「常見」的信息掩飾及這次失控的數字遊戲而引發的不信任；這些指責將會把新冠肺炎疫情更多地歸咎於中華人民共和國政府。[45]

除非徹底打開該黨國的機密文件庫，否則不可能評估中共眾多數字遊戲的全貌；不過，一個總體規律及若干值得注意的特徵，似乎已經存在了數十年。例如，若某數字被視為對該黨國政權的形象及權力具正面效應，或者對當權的官員有益，大幅度的「灌水」或明顯的拉抬數據是完全可預期的，全然造假的案例也時有所聞。若某數字被視為負面或不是好消息，包括因自然災害、意外、衝突及流行病造成的死傷，那麼系統性的遺漏、大幅低報，甚至是全然否認也是司空見慣。[46] 有了這一層認識，再加上格外審慎地挑選、求真、驗證並考慮背景，我們仍可望使用中國的官方資料，對有意義的評估中華人民共和國，抱持一個謹慎且視題而定的信心。[47]

本書的章節安排

第一章將透過中華人民共和國政治歷史與現實之紀錄，來評估中國的政治治理。中華人民共和國的前三十年是史詩級的大彎路。毛後時期的中共為了自身的生存，從經濟和社會兩方面大幅退縮。然而，「人民民主專政」的毛派治理，仍延續著毛澤東思想的同一意識形態基因。這種政治模式的一個明顯特徵，就是中共嚴密控制政治生涯、司法系統、教育、資源分配和社會與政治的流動性。數十年來，這個黨國一直是頗具適應性和壓榨汲取能力，強大專橫而又腐敗脆弱；其治理紀錄是高低混合、良莠參半，大多是平庸低劣、經常充滿災難，但卻非常優化地服務了該政權本身。

第二章將評估中國的經濟紀錄，衡量中華人民共和國過去七十年，尤其是近期的社會經濟發展。在外國資金及技術驅動推助下，中國歷經了數十年驚人的經濟成長，成為按 GDP 衡量的世界第二大經濟體及最大出口國。然而，中國政治經濟的基本面，尤其是國家市場（state-market）與國家社會（state-society）關係，仍然是政治化的，且由中共主宰。與一般認知相違，中國經濟的表現其實相當平庸且經常是次優化的。一個深刻的例子就是，中國的財政和貨幣政策造成了一個赤字海洋和無數泡沫，拖累了經濟，導致持續的效率低下和缺乏創新。從資本回報、能源消耗及其他標準來看，中國仍然是一個典型的發展中經濟體。兩大亮眼成績，高 GDP 成長率和世界最大的外匯儲備，在仔細審視下就黯淡了許多。

第三章探討中華人民共和國在生活品質、政治及社會經濟平等、社會穩定、遷徙及移民方面的紀錄，亦將檢視如救災、流行病預防、公共衛生、生育控制和消除貧困等議題。此外，本章將記述中華人民共和國內，一般人民與菁英分子之間截然不同的生活與生命機遇，以及他們對政府的感受及反應。以生活標準及整體生活品質來衡量，中共統治下的中華人民共和國依舊是一個發展中國家，即使其政府及統治階層已經獲得了世界級的財富及生活方式。

第四章著眼於中國的文化及生態，並描述及評估中華人民共和國對中國精神和物質生態的影響，包括文化發展、倫理道德、學術圈和教育界、古蹟和自然環境。中共積極嘗試控制和改造中國文化、中國人口和中國思想。本章通過記錄所謂的道德真空、腐敗文化，以及對環境和文物的破壞等社會文化症狀，加深對中共暨中華人民共和國作為一種替代性、競爭性治理模式之本質與意義的理解。

結語簡要總結了本書的發現，為進一步研究中國的崛起及如何因應奠定基礎。

參考書目併同注釋一起列出了本書引用的著作和資料來源。

第一章

政治治理：
人民民主專政與黨國體制

本章開始我對中華人民共和國在中國共產黨統治下之表現紀錄的評估。藉由檢視中共對中華人民共和國的治理，我有三項目的：確認該黨國之「人民民主專政」的本質、構成及特點；概述此一政體在保障人民的生命及權利、提供社會秩序及安全，以及政府效率等領域的運作和影響；並評估該黨國作為一個替代治理模式的總體紀錄，特別是其主要的優勢和劣勢。在此過程中，我將探討中共的意識形態、執政方式與風格、權力來源、控制方式，以及主要成就和不足之處。在中共牢牢控制中國政治生活、司法制度、教育、資源分配和社會政治流動性的情況下，我們發現，中共暨中華人民共和國（CCP-PRC）這個黨國頗具韌性和力量，但腐敗而壓榨，所呈現的是一個複雜混合、良莠參半的治理紀錄：它是個昂貴、基本上次優化的政治治理，而且對中國人民來說，常常是災難性的統治；但對其政權本身來說，卻具有非常有效、甚至優化的業績。

更具體地說，基於其結構基因（DNA）和意識形態取向，中華人民共和國的表現就如同一個復辟的中華威權主義及極權主義秦漢政體，一個從一開始就在內部和外部進行強力鬥爭，以保護且保存自身的毛式獨裁政權。這個黨國，大體上是一個依靠意志、暴力和詭計的人治政體（rule of man），還不是依法治國的人治政體（rule of man by law），更

談不上是法治政體（rule of law）。[1]七十多年過去了，中共為打贏中國內戰而鄭重許下的民主，至今仍未兌現。中華人民共和國從來沒有多少真正有意義的政治選舉。中共領導人壟斷了一切政治權力，各層級的掌權官員都是由上級選拔任用和管理。除了中國共產黨之外，這個世界上人口最多的國家，既沒有其他實際運行的政治團體，也缺乏有意義的非政府社會政治組織。在沒有人民透過參與而授權的情況下，該黨國合法性的來源因此局限於暴力、詭計和績效——這些都越來越昂貴，而且從根本上不穩定。這種黨政（partocracy）往往只是個人獨裁，給中國帶來了漫長而悲劇的彎路，在許多方面都辜負了中國人民，尤其是在最初三十年、主要是毛澤東個人獨裁的時期。因此，中華人民共和國的政治紀錄是一個教科書式的專制黨國，一個強烈展現出極權化神權和個人獨裁痕跡的黨政。該黨國系統性地剝奪了人民的政治權、公民權和人權，推行愚民政策使人民原子化（atomized）和弱化失能（depowered）。在絕大多數中國人，包括許多（如果不是大多數）中國菁英被排除在政治過程之外的情形下，社會的公平與安寧程度乃至人們的創新程度都很低，而不平等、不公正程度乃至治理成本都很高。例如，世界歷史上和平時期最慘重的人命損失，就發生在中共統治下。過於龐大的中華人民共和國政府，很容易就顯露出在提供社會秩序及公共安全方面的效率低落與劣勢；不過，該政府在政權的保護及致富方面，卻是格外高效且卓然有成。中華人民共和國始終被國際觀察家評定為「不自由」的國家，近年的自由分數更是節節下降，堪比亞塞拜然、中非、利比亞及葉門。[2]如本書及其續篇將進一步分析的，用錯誤信息和虛假信息強力灌輸、洗腦和操弄人民心智的做法，在引領黨國國家力量崛起時，威力似乎無可匹敵，卻預示著一個對中國人民和整個世界來說都令人堪憂的未來。

毛後的中共為求生存，退縮隱藏了約三十年（1979 至 2008 年）。然而毛派政體大體上仍在中國延續同樣的「人民專政」，只是披上了

「集體領導」的面紗，以取代毛的個人統治。[3] 毛後時代的「集體領導」或具有「核心」之領導班子的寡頭政治，在 2012 年習近平升任最高領導人之後，開始演變為公開的個人獨裁。中國共產黨自成立以來，始終堅持其 1943 年正式制定的「核心紀律」，即「個人服從組織，少數服從多數，下級服從上級，全黨服從中央」。正如該黨自 2019 年以來所重申的，這些紀律的目的是透過「兩個維護」，確保黨領導和控制所有地方的每件事和每個人：「維護黨中央權威和集中統一的領導，最關鍵的是維護習近平總書記在黨中央和全黨的核心地位」。[4] 自 2017 年起，在歷經以反腐為幌子的大規模清洗之後，習近平恢復了毛澤東的獨裁做法，要求所有高層領導人定期提交「自我批評」的個人工作報告（述職）讓他批閱。[5] 在持續的意識形態運動中，「令人作嘔的秀忠心」正是專制政治、特別是中共政治的特徵。除了這些以外，據稱還有一個長達 149 項的幹部「將受懲誡」之「負面」行為清單，被用來增強政治服從。[6] 這些舉措埋葬了名義上的「集體領導」，隨著 2018 年春天中華人民共和國憲法修正案取消了國家主席的任期限制，習近平將像毛澤東一樣成為終身的唯一統治者。[7]

在 2020 年代，中華人民共和國政府以數字上的巨人姿態登上世界舞台，透過大量壓榨汲取中國經濟來致富和加強自身。該專制黨國一直強烈抵制內部改革，以致「即使在其最具改革思想領導人的領導下，也屠殺了自己的人民」，如鎮壓 1989 年的天安門運動，雖然這些百姓只是和平地要求個人權利和政治改革。正如一位資深中國觀察家在 2021 年總結道：「儘管中國有了重大改變，其執政幹部也準制度化和準專業化，但該黨的基本結構仍然百分之百完好無損。」出於中共的選擇，中華人民共和國一直「凍結」在其走向民主政治的過渡期。[8] 2021 年，中共發布了兩個重大「宣言」，宣稱該黨的社會主義和共產主義「內在的紅色基因」，對中華民族／文明的「復興」「沒有讓中國失望」，而且通過實現「構建人類命運共同體」的中國夢，中華人民共和國「不會

讓社會主義失望（並將）為促進世界社會主義做更多的貢獻」。[9]因此，中共在世界範圍內施加政治影響和控制的宏偉目標，似乎是以犧牲民主法治為代價，向全人類強加一種次優化的治理方式，即啟蒙運動前的法家－毛主義專制，並以閹割了的儒家思想、假社會主義和偽共產主義、公然的國家主義、人造的中華民族主義和虛幻的民粹主義，以及帝國主義式全球主義，來粉飾其外表。

大悲劇與大彎路

從 1946 年到 1950 年，在毛澤東的領導下，中共依靠武力、詭計和運氣，贏得了與國民黨治下的中華民國政府 （KMT-ROC）的中國內戰。[10]此一指標性事件有力地證明了歷史發展趨勢的可逆性，以及人類製造大陸級規模的巨大倒退和深刻悲劇的驚人潛力。雖然自詡永遠是「偉大、光榮、正確」，但實際上中共與這些美好目標相去甚遠。[11]官方自稱為解放後的「新中國」，實行「人民民主專政」，實際上卻是在制度上和意識形態上的大倒退，因為它實質上是一個復辟的秦漢威權政體，甚至是極權主義政體。[12]如同 BC（Before Christ，基督紀年前）和 AD （Anno Domini，基督紀年後）或 BCE（Before the Common Era，公元前）和 CE （Common Era，公元後） 一樣，自 1949 年以來，「解放前」和「解放後」，以及「舊中國」和「新中國」，一直是中國官方的年代劃分法。中共軍隊的名稱「人民解放軍」，暗示了其官方使命是要解放中華人民共和國以外，仍未解放的人民。中共在中國大陸七十多年的統治，生動地證明了在二戰後依西方主導的西發里亞體系組織起來的世界中，一個堅定不移而不擇手段的專制政權之非凡的生存能力和統治能力。對於占全球人口五分之一的中國人民（包括許多中國統治菁英）來說，此一秦漢政體的新變種讓歷史繞了一個大彎路，造成數代人在時間和機會上的巨大浪費。中華人民共和國的歷史充斥著人類歷史上最嚴

重的暴政和犧牲，以及在政治治理、社會經濟發展和保護人類生命與權利方面表現欠佳、甚至是災難性的紀錄。事後分析與事實證據都顯示，毛主義的中華人民共和國是一場史詩級的中國悲劇。[13]

中共曾冠冕堂皇地批評國民黨治下的中華民國不夠迅速且徹底地使中國民主化和自由化；然而，中華人民共和國卻是用更大幅度的倒退，來取代中華民國確實不足的政治民主及社會自由。自由主義作家儲安平（後於 1957 年被毛澤東打為大右派，1966 年失蹤）在 1948 年就曾著名地預測道：「在國民黨統治下，自由還是一個『多』或『少』的問題，假如共產黨執政了，自由就變成了一個『有』或『無』的問題了。」[14]據說，中國著名的自由主義學者胡適在 1940 年代後期曾幽默但切中地說：蘇俄有麵包但沒有自由；美國有麵包也有自由；中華民國沒有麵包但有一點自由；中共來了，既沒有麵包也沒有自由。[15]事實上，在中華民國時期的中國知識分子和學生，一直享受著中國歷史上「最自由、最活躍」的出版和集會以及校園活動，直到 1949 年中共掌權為止。即使在 1949 年中華民國失去中國大陸，並歷經多年恐慌性反共的「白色恐怖」之後，台灣受迫害的政治和文化異議人士，從殷海光、雷震、柏楊到李敖，在境遇和結局上都遠優於中華人民共和國的異議分子。[16]在中共的「人民民主專政」下，中國政治發展的時鐘被停止並倒轉，自清朝最後幾十年起在政治民主化和社會自由化方面取得的重大成果，都化為烏有。即使在內戰如火如荼的 1940 年代後期，中國仍然有 150 多個活躍且相互競爭的政黨和團體；[17]然而，這些政黨很快就被中共摧毀或癱瘓了。

中國悲劇最嚴重的表現，也許是中共專制政權、特別是毛澤東個人獨裁的血腥誕生和延續。在 1927 年至 1950 年間，數以千萬的中國人為了（和反對）中華人民共和國的建立而犧牲；在這之後，為了中共的生存和追求而遭殺害或餓死的卻更多，且幾乎都是在和平時期。舉例來說，從 1950 年到 1953 年，一場「土地改革」運動使 200 萬至 450 萬人被處死，而一場「鎮壓反革命」運動要求「至少」處決當時 4.5 億人口

中的 0.1%（實際上至少有 71.2 萬人被槍殺，超過該額度）。一場人為的大饑荒在 1958 至 62 年間餓死了 3,700 萬到 4,500 萬人；在 1966 至 1976 年間，一場「文化大革命」導致 700 萬至 2,000 萬人非自然死亡。在中華人民共和國的前三十年裡，總計至少 4,000 萬到多達 8,000 萬或更多的人非自然喪生；令人難以置信的是，毛澤東的中國共產黨所殺害的國民人數，甚至超過希特勒和史達林在其國內殺害人數的總和。[18] 相比之下，中國科學家計算出從公元前 180 年到 1949 年，中國所有重大氣候災害造成的總死亡人數為 2,990 萬。如果不完全按比例計算，而是由絕對數量來看，中共用槍桿和饑荒造成的大血洗，顯然是人類歷史上最嚴重的大屠殺和種族滅絕事件之一，甚至是之最，堪比蒙古征服、納粹德國大屠殺、蘇聯清洗和紅色高棉大屠殺。而據一位香港觀察家所憤怒聲稱的，這還只是毛澤東對中國犯下的「十項重罪」之一。[19]

不過，不同於其他國家的大屠殺，中共的一場場大血洗如今依舊籠罩於機密之中，既無真相與和解，亦無紀念與回顧。中國官方依舊大幅粉飾這些令人難以置信的人命損失，即使是學術研究也嚴格禁止碰觸。而那些行兇者與劊子手們，在中國大多未被究責；他們仍被視為行事正當、甚至被神化。例如，毛澤東在中國的教室、甚至私人生活空間中，越來越受到捍衛和尊崇，被奉為人民英雄、偉大救星、英明領袖、愛國者和民間神明。[20] 在鄧小平、江澤民及胡錦濤執政的「韜光養晦」時期，毛後的中共決定譴責毛澤東一些最明顯、最令人髮指的罪行。例如，官方每十年編寫一次的《中國共產黨簡史》，在 1991 年、2001 年及 2011 年，都用一整章的篇幅批判性地描述毛澤東掌權末期的「文化大革命」，稱其為「十年動亂與災難」。然而，在 2021 年，續寫的新版卻將這一章完全刪除。這一切對中國人民無異於傷口灑鹽，他們仍須頌揚毛澤東為行「大仁政」的救主，而黨則是永遠「正確」——這樣的現實恐怕連最駭人的虛構故事都要瞠乎其後。2022 年，一些外國觀察人士總結道，對於中共來說，它的過去只是其更多同樣「使命」的序幕而已。[21]

不論是橫向與當代國家相比，還是是縱向與過去的秦漢式統治者們比較，中共黨國（尤其是在毛澤東時代）都是異乎尋常的殺戮無度。毛澤東和中共在贏得統治權、成為實質上的中國新皇帝之後，並沒有遵循過去開國皇帝的傳統，去按慣例放鬆統治與壓榨，讓歷經殘酷內戰而身心俱疲的人民休息——即所謂的「休養生息」政策。[22] 但是，與中華世界過去的其他專制統治者相比，這樣格外長期的恐怖統治，並不必然證明中共領導人特別無情、無理或嗜血；而是悲劇性地體現了其在二次世界大戰後的世界中，妄圖恢復秦漢政體的悲慘而徒勞的殘酷命運：不同於歷史上大多數的帝王，毛澤東並未統治真正的天下。中共更從未成功掌控整個已知的世界。一個欠缺世界帝國中華秩序的秦漢政體，注定要為了自身的安全和生存，與幾乎所有主權國家進行激烈而不斷的鬥爭。為了實現其歷史使命，這個經濟表現不佳的黨國又必須面對比它強大許多的西方。在此過程中，它就必須依靠極端的壓榨汲取和犧牲自己的人民。

　　除了大量的人命損失外，毛澤東時代的中國悲劇還包括了社會經濟發展低落和倖存的中國人生活水平下降；透過城市單位和農村公社的嚴密網絡，人民被中共限制移動。在大躍進和文化大革命造成的人為經濟大蕭條中，國家大量掠奪性的汲取所得基本上都浪費掉了。有些學者已經認為，毛澤東的整個「革命」完全是不必要、不可取且災難性的。這場宏大的中國悲劇，甚至可能超越 20 世紀另一場宏大的人類悲劇「蘇聯悲劇」。[23] 基本上，毛澤東領導下的中華人民共和國導致中國人民失去了數以千萬計的人命，耗費了幾代人三十多年的時間，破壞無數的古物和文化寶藏，人民失去種種公民權、人權和自由，此外還得忍受嚴重的洗腦，對傳統社會和道德結構的廣泛破壞，以及嚴重的國際羞辱和不公對待。回顧過去，如果毛澤東和中共沒有採取基於其權力渴望的極端自私和無能政策去復辟秦漢專制政權，那麼幾乎所有死亡和停滯都可以大大減少、甚至可以完全避免。[24]

　　毛澤東去世後，為求自身政權的生存，中共透過國家資本主義、有

限的社會自由化，以及大規模但有選擇的輸入和模仿西方，轉向了中華人民共和國前（清末民國時期）的中國經濟發展道路。其深遠的成果，包括在經濟增長和國家致富方面取得了令人矚目的成就，進而成為中國崛起的基礎——或者更準確地說，是中華人民共和國政府力量崛起的基礎。**儘管仍在**（in spite of）中共領導之下，而不是**由於**（because of）中共的領導，勤奮的中國人民利用國家略為退出社會經濟活動的機會，自己努力在物質上脫離了赤貧。即使如此，數十年發展之後的中國大陸與七十多年前國民黨治下的中華民國相比，在許多方面依然停滯乃至倒退：產權界定更不清晰，司法更不獨立，環境汙染更為嚴重，黨國式專制政府也更加腐敗和不受限制。[25] 中共對中國人民的美好承諾幾乎無一實現，只是自身積聚了巨量財富，並且成功地把持住權力。就制度和意識形態而言，現在的中共暨中華人民共和國之黨國基本上仍然是毛澤東式的治理——對於一個專制政權來說非常理想，但對中國人民來說，卻是難以扭轉的次優化且充滿危害。

黨國的基因：毛澤東思想

過去四十多年來，毛澤東時代的中國悲劇已經大大消退，但毛確立的政治制度和執政規範仍然定義了今日的中共黨國，形塑其力量、缺陷和野心，造成其整體的次優化治理。中共的「紅色基因」依舊完整。毛澤東長長的影子依舊籠罩，即官方宣稱的「在任何情況下都要永遠高舉毛澤東思想的旗幟」；這從根本上確保了今日的中華人民共和國在制度上和運作上，仍然與毛澤東在七十多年前創立的國家一樣：一個專制的一黨政體；一個復辟且強化了的秦漢政體；一個「列寧－史達林主義的黨國或黨政」，始終圍繞著一個所謂的「核心領導人」，一個類似非世襲皇帝的強人。這是一個所謂「天子加賢人官僚的新王朝」，[26] 或者如經典著作中所稱的非世襲專制或貴族寡頭政治。[27] 這個以儒家（和馬克

思主義）粉飾其表的法家帝國，仍像以前一樣難以自我改變，除非歷經代價高昂的內潰或爆炸，或者（比較理想的）某些精準的基因轉型治療。如同以往，國際比較與來自外部世界、尤其是西方的競爭，仍然是中國社會政治變革的主導力量，因此也是對中共獨裁統治的頭號威脅。[28]

正如我在本書的前傳《中華秩序》中試圖指出的，毛澤東精於玩弄語言詞藻，擅長權力鬥爭和統治的謀略與詭術，是一個中國傳統的父系家長制農業社會（paternalistic agrarian society）和常常半生不熟的外來思想混合之下的產物，其中包括社會達爾文主義和列寧－史達林版本的馬克思主義。在加入莫斯科資助的國際共產主義激進組織之前，他是一個無政府主義的叛逆青年，憤怒而沮喪。後來的歷史實際證明，毛澤東是一位非常精明而有手腕的秦漢式現實主義強權政治實踐者。[29]對於事後的觀察者而言，例如兩本國際暢銷書的作者們所述，毛澤東是一個：

騙子，愚昧庸俗的破壞分子；好色貪吃的享樂主義者；販毒和以死亡取樂的惡霸、暴徒兼懦夫；裝腔作勢的操縱者，病態的虐待狂、折磨者、暴君、自大狂和 20 世紀最大的大屠殺者——簡而言之，一個惡魔，與希特勒和史達林相當或更糟。他絲毫不關心中國人民和人類同胞的命運，甚至不關心其親朋好友。他被嗜血的慾望和對權力和性的渴望所驅使。他依賴恐怖去統治，以天生的狡詐去領導。[30]

與之相反，現在的中共領導層頌揚毛澤東是一個：

偉大的馬克思主義者；偉大的無產階級革命家、戰略家、理論家；馬克思主義中國化的偉大開拓者；中國近代史上偉大的愛國者和民族英雄；黨的第一代領導核心，帶領中國人民徹底改變命運及國家面貌的史詩級偉人……引領中華民族潮流和世界進步的偉大人物。[31]

在現實中，毛澤東可能並不完全符合惡魔的刻板印象——他「不是種族主義者」，因為正如他的一些傳記作者所言，所有人都「平等地」臣服在他這個「人民皇帝」之下；但他確實試圖發動一場世界大戰，「須負責的死亡人數比 20 世紀任何其他獨裁者都多」，並將中國人民「推入了血腥的社會實驗深淵」。第一手觀察顯示，自 1950 年代初起，毛可能患有嚴重的精神疾病，其特點是極度偏執、情感上的非理性、過著功能失調的家庭生活、過度縱慾、妄想、幻想，以及始終恐懼失去權力。[32] 政治心理學家可能會直接將毛標記為典型的暴君人格：

> 一個具有嚴重自大狂缺陷的自戀者……在崛起奪權時可能有一些優勢，且其行為可能是對某些現實生活因素的有效反應，可是一旦鞏固了自己的地位，其現實檢驗認知的能力就會消減。諸多幻想在原本權力有限時還能抑制住，但很容易成為其行動的指南。結果是其行為變得日益古怪，想實現目標時頻遭困難，其偏執性自衛變得更加誇張。[33]

在許多方面，毛澤東都很近似蔣介石（毛統治中國的主要競爭敵手）和大多數的中華民國統治者們。他們本質上都是武夫強人，中華中心主義（Sinocentric）專制者；所受的正規教育同樣的不完整且不充分，有著類似的中產階級家庭出身，個性強大，堅韌不拔，對鼓動和控制人民都具有非凡的天分。他們基本上都想成為一朝天子。毛澤東和蔣介石都創造性地試圖用「民命」（Mandate of the People）取代「天命」——事實上，是蔣介石在 1937 年先提出了著名的「為人民服務」的口號，五年後才被毛澤東更有效地運用起來。根據一名同情中共但後來被清洗的知識分子所言，毛澤東和蔣介石都是流氓——「蔣介石是城市黑幫，毛澤東是農村土匪。」他們都有根深蒂固的自卑感和共同的不安全感，儘管原因不同，表達方式也不一樣；他們也都有膨脹的自大意識，以及

統治和改變中國乃至世界的激進野心。然而，至關重要的是，他們領導著不同的政治組織，其內部結構、意識形態和運作方式都截然不同。他們與知識分子、資產階級、華僑和外國人的關係也大不相同。就個人而言，毛澤東在追求生活放縱、無視倫理限制和信譽信用、不敬規則和不拘形式等方面，比蔣介石無拘無束得多——毛本質上是幾乎不受任何內部或外部約束的農民皇帝（peasant emperor）。[34] 毛澤東在二十多歲時寫下的已知筆記和辯論文章，表現出其憤怒、野心勃勃和極度自我中心，信奉無邊的唯意志論、無道德約束的個人英雄主義，強烈渴求抓奪天命去拯救、領導和重塑中國和世界，以及人民的思想與心靈。[35] 不同於蔣介石後來成為虔誠的基督教徒，再加上儒學浸潤，都增加了蔣對自身的約束力；毛澤東其實只相信赤裸裸的權力和「歷史」地位，而他終其一生都在努力自寫並改寫歷史。可悲的是，中國大陸的人民最後得到的終身獨裁者，是兩個專制統治者中更糟的那一個。正如我在《中華秩序》中所寫：

> 毛澤東於是成了一個令人瞠目結舌的暴君。他君臨一切，擁有無限權力，他暴虐而血腥的統治、庸俗而自私的為人，以及狡猾和不擇手段的程度，足以媲美任何一個歷史上的中華帝王；他在管理國家、尤其是經濟方面的愚蠢和狂妄，以及個人生活的腐敗和不道德——包括極奢華的生活方式和無止境的性放縱，也不遜任何一個中華帝王。毛澤東確實是一個「最自由的人」，在一個其他人都沒有什麼自由的大國裡，他是唯一自由的人；他不惜代價地去試驗「有關宇宙基本秩序」的「終極真理」，其實不過是帝制時代中華秩序觀念的回收再用而已。[36]

平心而論，毛澤東並不是天生的惡魔。他對權力和控制的渴望，對暴力和詭計的依賴，行事的肆無忌憚和殘暴，都是逐漸發展而來，是被

他對人和社會玩世不恭的看法及其在權力鬥爭中的不斷成功所逐步強化。他根深蒂固的自卑情結，與看似不可能的種種勝利和自我拉抬的陶醉宣傳，有毒地混合在一起，使他變得更加傲慢、狡猾、操縱和欺詐；除了其臉面權威和歷史地位之外，他對任何事情似乎都漠不關心。對中國來說，毛澤東確實是一個詛咒，但他同時也是中國歷史、制度和文化的產物。他既是中國悲劇的禍首，亦是其受害者，他那些心甘情願或逼不得已的劊子手們幾乎也都是如此。他的故事是一個徹頭徹尾的史詩級經典悲劇。[37]

儘管當代人們常常對毛澤東理所當然地深感厭憎，但自從 1976 年毛去世後，他的陰影卻越發籠罩中華人民共和國。正如一位批評政府的中國歷史學家在 2013 年所指出，「毛的罪行是他中斷了中國憲政民主的進程，將中國帶入了階級鬥爭和一黨專政的死胡同……他對中國人民毫無建樹，但中國共產黨可能對他無比感激」。因此，黨將他奉若神明，即使只是名義上且虛偽的，只為合法化永久化其一黨專政這一「豐功偉績」的自私目的。[38]

毛澤東所打造且統治的黨國，是一個特別適合類似統治者的生態系統。幾乎所有的中共高層領導人和高級幹部，若不是自覺地崇拜毛澤東，就是不自覺地追隨毛澤東，而且可能所有人都和毛的陰謀和罪行逃不了關係。如同古代秦漢式專制時代，所有中共官員在對待國民和下屬時，都表現得都像小皇帝——或者更精確地說，是像小毛澤東。當然，程度的問題很重要，因為有不少中共官員、甚至是領導人，顯然比其他人「更好些」、更認真，也比較受人尊敬。因此，在一個基因中攜帶著其組織和治理模式的黨國之中，毛澤東既是政治合法性的源頭、也是榜樣。他那廣受宣傳的個人魅力，與看似不可能且嚴重誇大的政治成功，以及其肆無忌憚但有效的權力鬥爭，還有獨裁統治的思想和工具，都成為他的追隨者的合法性來源和武器庫。尤其是毛澤東成功地玩弄文字遊戲，以民命替代傳統的天命，為中共領導人提供了極大的幫助。[39]

冠以毛澤東思想的美名，[40] 毛的意識形態遺產融合了秦漢政體用於牧民的法家治國之道、舶來的偽馬克思主義包裹下的列寧主義－史達林主義極權主義（毛後時代則更多是飾以閹割了的儒學），加上為保持控制權而不擇手段也無所顧忌的實用主義「黑暗權術」，例如他經常被引用的權力與成功之「三大法寶」：「統一戰線、武裝鬥爭和黨的組織」。這一套「三合一」，還加上了宣傳和「思想工作」這個「第四個法寶」——透過信息壟斷和無限制使用假信息，進行洗腦和思想控制，實際上這對中共的政治權力來說「比槍桿子還重要」。[41] 毛澤東也許確實達到了一項顛峰，用相對淺白也入時的指示，提煉並表述出秦漢政體那些殘暴卻有效的統治術，儘管他也許並沒有像他知識上真正的先祖和導師，即《管子》、《商君書》和《韓非子》這些法家典籍的作者們，那樣坦率地勾勒出其中醜陋的細節。[42] 因此，毛澤東思想對於任何以暴力、恐懼、造假、欺詐來統治的自私獨裁者或極權統治者來說，都是極其寶貴、甚至是不可替代的。

與民主法治政體（democratic rule of law）相比，以暴力和詭計為基礎的威權主義對政治領導人來說，往往更加「自然」、誘人，甚至會讓人上癮；像毛主義這樣一個成功、看似無往而不勝的專制治理模式，當然會成為專制的中共領導人的寶藏。雖然全面而關鍵性地依賴進口的（西方）商品、服務和技術，毛後時代的中共領導人仍苦心孤詣地堅稱，北京永遠不會允許中國發生可怕的「西化」。最為「改革開放」的領導人鄧小平及其門下，於 1979 年樹立了所謂「四項基本原則」，主旨為中共對所有政治權力的永遠壟斷。[43] 他們為此關押流放了所謂「北京之春」的民運人士，在 1989 年用坦克部隊鎮壓了要求政治變革的天安門運動，並且要堅持「黨的基本路線」「一百年」不動搖，直到中共成功建成「中國特色的先進社會主義」，並在力量和財富方面達到已發展國家水平。[44] 後來，鄧小平的繼任者們進一步重申和闡述了這條黨的路線，他們一再宣誓：「我們不搞多黨輪流執政，不搞指導思想多元化，不搞

三權分立（行政、立法、司法）或兩院制、不搞聯邦制、不搞私有化（財產和土地所有權）」、「不搞憲政、不搞司法獨立」，並且「堅決反對、抵制和阻止西方所謂的『憲政』治理」。[45] 中共將全心全意堅守毛主義以繼續掌權，「黨政軍民學，東西南北中。黨是領導一切的」，控制一切，凌駕一切，直到永遠。[46]

北京的舊劇重演：習近平思想

習近平於 2012 年成為中共總書記，是第一個不是由毛澤東或鄧小平直接選定的中華人民共和國最高領導人。雖然其父親（中共高級領導人）曾被毛清洗入獄多年，習近平身為毛澤東統治下的產物，很快就開始效仿毛澤東。擁有博士學位的習近平，似乎對展示自己的教育和學養格外在意；觀察家們則認為，他是不斷夢想成為第二個毛或者更好的毛。[47] 憑藉其強大宣傳機器的造神加持，習在中華人民共和國日益以毛第二、甚至更高的形象出現，儘管許多人都認為他並不夠格。中共的歷史也隨之改寫。2021 年，中共口舌《人民日報》刊載了「100 句名言回顧黨史 100 年」，其中毛澤東、習近平各占了 30 句，鄧小平只有 16 句，江澤民和胡錦濤各 10 句，其餘 4 條則是出自其他著名的中共領導人。[48] 2021 年 12 月，中共中央通過其第三次關於歷史的決議（前兩次分別是在 1945 年和 1981 年）。這個自編的百年黨史，直接讚揚了中共歷史上 13 位最高領導人中的 5 位：提到習近平 15 次，習近平思想 8 次，其餘則是毛澤東（11 次，毛澤東思想 7 次），鄧小平（3 次，鄧小平理論 3 次），江澤民、胡錦濤各 1 次。兩名「失敗」的黨領導人（陳獨秀和王明）各被點名 1 次，其餘 6 名被清洗或者名譽掃地的黨主席或總書記則乾脆被忽略了。官方為這個決議的配套文件，恰如其分地取名為「不可逆轉的歷史進程」，這篇更冗長的文章更進一步，甚至只讚頌了 5 個「好領袖」中的 3 人而已：提到習近平 77 次，毛澤東 6 次，鄧小平 2 次。[49]

截至 2021 年 7 月，中共中央已經以多種語言出版了習近平「撰寫」的書籍共計 66 種，超過了毛澤東（22）、鄧小平（10）、江澤民（8）、胡錦濤（4）和其他三名中共領導人（19）加起來的著述總數。[50] 從幼兒園到研究生院，所有中華人民共和國的學生都必讀的習近平思想教科書，與四十多年前頌揚毛澤東的教科書，在文字和寫法上幾近雷同。[51] 這種令人匪夷所思的發展，有如在今日的柏林和莫斯科，全面公開地崇拜和仿效希特勒及史達林一樣；但就中共的結構基因和內在動力來說，其實是合乎邏輯、甚至是不可避免的。[52] 成長於 1960 年代和 1970 年代，習近平大概是對毛澤東的權力深感敬畏並受之薰陶和塑造。對於身在中華人民共和國，且對外面世界所知有限的人來說，毛澤東確實很容易成為一個獨裁者之唯一楷模。2021 年底，中共宣傳禮讚習近平作為最高領導人的「兩個確立」、習近平思想作為「當代中國的馬克思主義」和「21 世紀的馬克思主義」，以及習思想列為黨國的「指導」意識形態──這些是曾經只授予毛澤東的三重榮譽。如同毛澤東，習近平也被盛讚為中華人民共和國的紅太陽。[53] 2022 年 10 月，在中共第二十次全國代表大會上，習近平恰如預期地成功戰勝了對手和批評者，當上第三任總書記，繼續擔任黨國之最高領導人，更加皇帝般地大權獨攬。隨著一個小毛澤東式「偉大領袖」和「人民領袖」的黃袍加身，中華人民共和國正式回到了鄧前的時代。[54] 然而，中共全力以赴、浩大投資於習的個人崇拜，將黨國命運當賭注押在一個毛式「有能力」、「有魅力」的強權獨裁者身上，最終可能只是闡釋了卡爾·馬克思（Karl Marx）在 1852 年對拿破崙三世（Louis Bonaparte）的尖刻描述：「所有偉大的歷史事實和人物會重複出現兩次⋯⋯第一次是悲劇，第二次是鬧劇。」[55]

毛澤東所有的禍害和罪過都被埋葬和遺忘，甚至被杜撰成是為了一些偉大而令人矚目的事業，所進行的必要且英勇的「探索」和革命：從解放中國和世界，結束資本主義和帝國主義以建設共產主義天堂，到用 1966 至 76 年的第二次「文化革命」，以延續 1910 年代新文化運動的「第

一次文化革命」，或者最近新編造出來的「中華民族／文明偉大復興」的宏偉使命。或許是因為習近平覺得無法更動或改善毛澤東的劇本，渴望繼承毛一樣的說一不二的強權，所以習近平思想現在在中國被宣傳為是毛澤東思想的擴展，以延續並「加強」中共統治下的中華人民共和國政治制度。阿諛奉承者則公開宣稱，「為消除來自西方的批評指責並恢復文化自信，我們需要第三次文化大革命」，以在習近平領導下追隨毛澤東。[56]

習近平模仿毛澤東意義表達含糊不清的說話風格，宣稱 1911 年後「中國人民嘗試過」「君主立憲、復辟帝制、議會制、多黨制和總統制」但都「失敗了」，而後才成功且正確地「選擇了社會主義」。2013 年，他嚴厲禁止提及和討論「七大議題」，包括「憲政民主」、「普世價值」、媒體與司法獨立、公民權利與公民參與、「新自由主義」、裙帶資本主義，以及以「歷史虛無主義」審視中共的過去。他可說是公開地「排除了中國的西方式政治改革」。[57] 習近平在 2014 年宣稱，中國共產黨的主要使命「是堅信共產主義和中國特色社會主義的未來」，而中國備受重視的「民族獨立」的關鍵，仍然是「（我們政治的）路線、理論和制度」的獨立。[58] 很快地，習近平就重編出一個「黨的使命與初心就是為中國人民謀幸福，為中華民族謀復興」。[59] 然而，或許因為「讓人人都幸福」難以界定，既難以概念化，也難以實現，黨的使命宣言被進一步定案為「共同富裕」——一個同樣不切實際但至少不那麼難以捉摸的目標。撇開詞藻變化不談，這些精心而有彈性、但含糊不清的變形概念與目標，以及包羅萬象的所謂「使命」或「承諾」，成了中共永遠專制統治之一貫事業的道義理由，看似宏偉巧妙，實則空洞虛幻。現在，小學一年級學生開始被要求背誦：「只有堅持黨的堅強領導，才能實現共同富裕和中華民族偉大復興的（雙重）目標」，所以要「聽黨的話，跟黨走」。大學生物學系的學生們被教導去想像體會「中國共產黨的紅色基因」，如同所有細胞和動物的基因一樣，在執行其「無限而永恆的使命」。[60]

中共的政治旗幟「中國特色社會主義」，被中國負責社會科學的最高官員權威地定義為以「共產黨控制政權」為核心的「人民民主專政」。本質上，這個定義就是為了永久保障毛式秦漢政體和中共對政權的壟斷，使中共的「紅色貴族」成為「永久的執政黨」。[61]引用鄧小平關於「鞏固和發展社會主義制度，需要一個很長的歷史階段，需要我們幾代人、十幾代人、甚至幾十代人堅持不懈地努力奮鬥」的指令，習近平總結道，中共的一黨統治將要持續一段很長的時間，幾乎堪比整部帝制中華歷史——畢竟自孔子以來，大約只過了七十幾代人而已。[62]2015 年，新的中華人民共和國國家安全法，使中共的願望成為中國的國家法令：將國家安全定義為最首要的需求是「維護人民民主專政和中國特色社會主義制度」，而中國特色社會主義的「核心」就是「共產黨的領導」；將「國家力量」列為第一優先，中國主權和領土完整次之；而整個國家安全工作則全由中共領導。2021 年 1 月，一名中共高級學者宣稱：「中國正在全面回歸中華文明的歷史意識形態和原則……融舊以鑄造新的中華文明……（而）中國共產黨已經成為一個新型文明。」[63]兩個月後，中國 22 個黨政領導部門聯合頒布法令，重申將全面努力「剷除」民間社會組織「滋生的溫床」。後來，習近平宣布其黨國是所謂「中共領導下的全過程人民民主」，是世界上「最全面、最有用、最真實的民主」。[64]美國召開的世界民主峰會（2021 年 12 月 9 日至 10 日）邀請了包括台灣在內的 111 個國家，卻未邀請中華人民共和國。中共對此強烈憤慨，乾脆宣布其「全過程」民主才是真正的、最好的民主，並將美國和西方描繪成虛假劣質而有害的民主變種。[65]

挪用毛主義遺產，廣泛甚至滑稽地模仿毛澤東，使得新的個人崇拜大為盛行，尤其是自 2017 年習近平改組中共高層以來。習主席獲得毛主席「人民領袖」的特殊稱號，被認為是全智全能，能撼天動地、改天換地，能「確保人民幸福」，完全具備成為新時代急需的「全世界偉大政治領袖」所需要的「四大核心能力」。習已經為中國內外的幾十種事

業和抱負「明確指出了正確的方向」，從贏得足球比賽，發展互聯網和保護環境，改善教育和醫療保健，「宗教中國化」以求其「久安」，使每一個地方都富裕、讓人人都快樂，到引領「人類高質量發展」和走向「更美好的未來」，習近平要為全世界人民治黨治國治全球。能與毛澤東平起平坐，甚至成為超過毛地位的「紅色皇帝」，似乎已成為習及其支持者們追求的夢想目標。[66] 如同以往，中共的大多數（如果不是全部）政治菁英看來都服膺一種道德相對主義，玩世不恭但順從權力，用尊嚴換取自己的安全和特權；他們的共同目標，是安全地藏匿家人和財富，而且最好是在國外。這個獨裁政權本身看來是陷入了一個永無休止、竭盡全力去拚搏以求自身安全和生存的困境；其方法是不斷地從國內、國外奪取更多的控制和權力，其目標還是同樣的毛主義野心，即重定世界中心與重建世界秩序。

　　習主席上任僅僅幾年後，中共就迅速地將「習近平思想」神化，載入《中國共產黨黨章》和《中華人民共和國憲法》。[67] 這或許是一個有自卑情結又過度自信的統治者與其心懷算計的親信們相當典型的自我吹捧，是為鞏固習原本稀薄的資歷和虛弱的地位而孤注一擲，或者可能是中共在迫切地將其命運押注，賭一個強勢的毛式獨裁者，能夠帶領黨國抵禦來自內部和外部日益增加的政治變革之壓力。正如習當時的高級副手栗戰書像帝制時代廷臣一樣宣示：一切權力「定於一尊」。習的這種個人絕對獨裁權力還被寫入了中共黨章，在 2022 年中共二十大的高層人事任免中表現得淋漓盡致。[68] 習近平思想現在正式成為中共令人眼花繚亂的官方意識形態大拼盤的一部分：「馬克思列寧主義、毛澤東思想、鄧小平理論、『三個代表』重要思想、科學發展觀、習近平新時代中國特色社會主義思想」。習思想長長的後綴顯得冗長笨拙，反映出的也許是缺乏自信，或稍做謙遜，或不善文字，或以上皆有。為了將他的思想具體化和形象化，習近平呼籲「構築黨的精神譜系」；根據 2021年中共中央宣傳部的資料，其中「第一批」約 50 種「偉大精神」包括

了 1920 至 1930 年代的「井岡山精神」和「延安精神」，以及 2020 年代的「航天精神」和「抗疫精神」。[69]

　　一如預期，思想灌輸和宣傳機器都全面運轉起來。一名中共高級幹部兼學者斷言，習近平的「人類命運共同體」理念，已經「得到了世界各國人民的一致響應、支持與接受」，而習近平完全有資格並且早已準備好成為世界迫切需要的新領導人，更好地「治理全球」。短短數年內，中國先後成立了 20 多個學習習思想的學院、研究所和中心，其中包括2022 年啟動的「習近平經濟思想研究」國家中心。2020 年，在習近平67 歲生日之際，一篇由中共高層宣傳人員所寫且受到大力宣揚的文章，「代表黨」證明習近平思想是更新完善了的「21 世紀的馬克思主義」，推進了「19 世紀」所發現、「列寧－毛－鄧在 20 世紀更新的」原始「真理」，提供了完整的「中國方案」去帶領全人類書寫「500 年來最精采的歷史篇章」。[70] 這種改造和統治世界的吹捧，遠遠超過了毛澤東，後者僅是異想天開地想在中國「改天換地」。然而，化身為習近平思想的毛之再現，其真正效力似乎還是頗為可疑，因為有些中共內部人士已經公開抨擊習近平，說他是個騙子和敗家子。[71]

　　簡單地說，也是為了避免無情地用中共的全套理論讓讀者膩歪生厭，毛澤東思想和習近平思想的本質，毫不意外地都是關於中共，特別是其最高領導人，對中國所有權力（以及由此衍生的財富和地位）完全且不擇手段的全盤控制。[72] 透過刻意的複雜概念和矯飾的精細理論，這個冗長囉嗦的最高教條隱藏的，只是一個簡單論點，即一個自私自利的政黨要求以個人掌權的方式來控制一切。習近平對自己思想的總結顯得枯燥乏味，這或許是中共高層語言能力退化的表現。習思想中所謂的「八個明確和十四個堅持」，基本上就是明目張膽地宣示了中國共產黨中央（應該讀做最高統治者）「必須領導」（和控制）每個地方、每件事物和每一個人，直到永遠。把毛所謂的「不斷革命」和「世界革命」的舊口號變成新詞語，就是習近平關於所謂「中國夢」的表達：「在中

國共產黨領導下實現中國式現代化去復興中華民族」，以及在世界上「不斷構建人類命運共同體」去「創建一個新型人類文明」。[73]

在毛澤東的領導下，現在又在習近平的領導下，中國共產黨仍舊是一部紀律嚴明、高度集權、絕對專制的機器，用來控制、汲取和動員。飾以標準的列寧－史達林主義的花哨油彩，並宣稱代表人民為人民服務，中共繼續仰賴其高度政治化的紀律、各種祕密行動、飽和的灌輸洗腦和無數的特權福利，來要求並獲取黨員的完全忠誠、服從和犧牲；一名黨內人士聲稱，黨內官僚們的行為就像一個黑幫或一群「有等級的奴隸」。[74]中共壟斷了中華人民共和國裡一切形式的權力，一些當代觀察家還將其比作一個祕密會社。[75]此外，無數中共官員和學者試圖闡明，在毛思想和習思想指導下的中華人民共和國黨國，已成為「適用於全人類的中國治理方式」，使得中國成為一個「對世界（或和平或全球化或繁榮或正義）來說更有智慧（或更好）的領袖」。這一切也被包裝成「21世紀世界共產主義運動」的關鍵。也就是說，中共是在以明確的言論和行動宣布，要積極重啟「毛澤東建立一個新中華秩序的全球性戰爭」，接管當前（西方和美國）的世界領導地位，去影響和統治全世界。[76]

對於觀察家來說，一個常見且或許也有用的做法，是強調中共的某些表象，並下結論說它「一直是民族主義」、「仍然是共產主義」或現在本質上是「儒家」。[77]但這個黨國遠不止這些，其政治基因驚人地未有絲毫改變。靠著「冷酷無情、意識形態上的靈活、經濟增長」，並借用過去帝國時代的信仰和符號，中共成功地生存了一個世紀，統治了中國七十多年。[78]現在的北京讓人感到舊劇重演：同樣的體制結構、意識形態基礎、統治的基本方式，以及法家的專制「黑暗權術」；它披著偽共產主義、閹割了的儒家思想、強烈的國家主義、人造的大漢民族主義、假民粹主義和帝國式全球主義幾件外衣，使得毛式中國悲劇和次優化繼續籠罩著中華人民共和國。[79]

中共最優化和中國次優化

北京一直悲劇性且頑強地堅持以其注定的使命或詛咒去重整世界，現在還開始獲得了新能力並以具體行動來實踐其主張。雖然今天它不斷宣稱自己是天命所歸，能取代西方和美國來更好地引領全人類，但無論是在制度上還是在現實中，中華人民共和國其實仍然是那同一個一貫表現不佳、經常導致災難的政治制度，只是從毛澤東時代的中國悲劇變成毛後時代的中國次優化。也許不總是製造災難，但它仍然是一種低劣的政治治理形式。

中國悲劇和中國次優化的另一面，是奇特的中共最優化。作為一個專制政府，北京並不是在任何時候或在任何問題上，都是無效或軟弱。威權且極權的政府當然可以很強大而有效，甚至偶爾在某些事務上也很有效率。事實上，一個專制政權在以下幾個方面，常常能勝過民主法治政體：建設一些重點關注的大項目（可以不計成本）、辦事的高速度（可以朝某個單一目標發起全力衝刺）、決策的秩序井然（少有混亂和搖擺不定的辯論牽制），以及對特定少數人的超優服務（有時只是統治集團、甚至僅僅是統治者本人）。一些內部人士表示，中華人民共和國政府在其領導層內部，似乎確實存在著「令人震驚的不合邏輯」和「無與倫比的荒謬」。然而，對於中共統治者來說，這個政權無疑是相當精明的，可以克服許多困難，實現維護其絕對權力和黨政統治菁英中一小群人的驚人特權利益這一最高目標。因此，就政權自身的利益而言，中共黨國是一個強大的、甚至是最佳的集權專制乃至極權統治機器，能夠使之在眾多挑戰和大量失誤後仍然倖存下來。如果不計或無視中國人民所付出的巨大代價，就某種意義而言，這個政體是「相當地堅韌」。[80] 中共最優化和中國次優化，符合政治學家所發現的一個模式：一個優化了的小型「推選者獲勝聯盟」（winning coalition of the selectorate），就算不良治理也仍有其可持續性，儘管（甚至是因為）人民總是過得愁雲慘霧。[81]

加倍努力推動其傳統的厚顏無恥宣傳攻勢，以及嚴酷且代價高昂的「抗擊病毒人民戰爭」運動，再加上來自國外的好運氣，這個黨國似乎熬過了新冠肺炎疫情的危機，甚至在 2020 至 2021 年間，還在政治上強化了自身。不過，到了 2022 年春天，局勢又有所變化，中共陷入了對上海等主要城市無休止地實行過度而昂貴封城的困境，並遭受西方因俄羅斯入侵烏克蘭而對其「上不封頂的夥伴」莫斯科，實施制裁而波及。[82]

中國次優化完全可以被視作為了中共最優化所付出的代價，直接將政權的最大利益擺在中華民族和中國人民最大利益的對立面。實際上，在毛澤東之後，中華人民共和國的國家（政府）與社會的關係已有所變化和放鬆，也可以透過特定的政策調整和政府作為，來解決迫在眉睫的需求。[83]許多面臨更多鬥爭和更少成功的他國獨裁者（甚至在西方），都充分承認並公開羨慕北京的這種政治最優化。然而，儘管中共最優化是真實、顯著，而且令人上癮地吸引著中國內外的一些人；但與之併發的中國次優化，卻使人民（包括就算不是全部也是大多數的菁英）飽受苦難，也決定了中共暨中華人民共和國之政治體系的性質。這個自上而下、沉重而又嚴密精細的專制主義，旨在實現極端的社會政治原子化和人民邊緣化，還是相當成功。中共最優化在不計代價的情況下，在創建和維持這種次優化治理方面都是有效的；這也意味著，這個黨國幾乎不可能自我改造和變革，除非出現代價高昂的叛亂、巨大的災難，或者劇烈的毀壞。

毛時代中國悲劇的徒勞大彎道及延續至今的的中國次優化，其機會成本雖然很難量化，但肯定是十分巨大的。在中共統治下，不僅中國人民經受了由災難性的無能和極野蠻的暴力在和平時期造成破紀錄的生命損失，占全球近五分之一人口的許多代人還失去了難以估量的時間和機會。中共停頓並逆轉了中國在之前一個世紀裡取得的經濟發展、社會自由化、政治民主化、國際地位上升等趨勢。它從執政第一天開始，就發起無數幾乎不間斷的政治運動，以清洗、控制和消滅任何敢於反對的人，並汲取和積累資源以強化國家力量，企圖去重定世界中心及秩序。

光是在中共內部，毛澤東就清洗了大約 50 個「反黨集團」，以消滅異己。[84] 中華人民共和國長達數十年徹底政治化的教育和灌輸，扭曲和浪費（甚至於肉體上消滅）了偉大的中國人民提供的大量人才。毛澤東統治下的中華人民共和國長期處於國際孤立狀態，使中國人民更加陷入長期停滯和深重苦難，錯過了數十年的工業和技術革命。[85] 一次又一次的失敗，也殘酷地將毛的「世界革命」野心縮減為悲慘絕望的掙扎，不擇手段也只求能繼續掌權。無數的苦難與犧牲之後，占世界人口兩成的中國人民幾乎一無所獲；即使是「革命的」中共，也不得不回到 1949 年以前經濟發展和外交政策的舊模式，以求生存。

從一種獨特角度可以看出中國悲劇與中國次優化的深度與廣度，那就是觀察中共現在為它過去和當前紀錄的辯護，是多麼地令人難以置信。中共越來越難以否認其種種失敗和暴行，只好極力壟斷並隱瞞資訊，禁止新聞自由和言論自由，同時散布些既不合邏輯又十分可笑的虛假信息，例如其常見的一個狡辯之詞是所謂「這一切都是在交必要的學費」。數十年來，北京都只能信誓旦旦地強調一個其實十分可疑的愛國主義敘事：中國人民所遭受的一切「錯誤、不幸和艱辛」，都只是要讓中國「站起來」，是實現民族獨立和國家統一所必須付出的代價。但只要讀過真正的歷史，就會知道這段話根本就是不著邊際——畢竟這些寶貴的目標，最晚在 1945 年之際，就由中華民國大體達成了（台灣問題例外，那是由中共自己後來造成的）。近年來，中共的宣傳是更模糊、更空洞，但更宏大、更神聖也更迷惑人心：該黨現在強稱，從毛澤東到習近平，它一直都在引領人民改天換地，以復興偉大的中華民族／文明，造福人類和世界。中共也或使用毛主義不斷的中國革命和世界革命的術語：由黨所決定的「我們中國愛國者虔誠的犧牲」，都是必要且值得的，因為中國人被暗指為會因為這些犧牲而在將來的某一天成為統治世界的種族。儘管明顯地既不符合事實也沒有邏輯，但這種國家主義和帝國主義的黨國路線，似乎擄獲了許多中國菁英，甚至包括一些原本批

判專制和中共的知名自由主義知識分子。[86]

　　要完整描述中國次優化的所有細節，還需要許多本書。就我們的目的而言，只要簡略描繪中華人民共和國的紀錄應該就足以勝任。本章其餘部分將進一步證實和闡述中共政治治理的低劣和不可取，比如其在保護生命和提供公共財，包括社會正義與秩序安寧、公共安全與人身安全、人權和公民權等方面次劣且經常有所虧欠的紀錄。本章發現，中共系統性地誤導和欺騙中國人民，以控制他們的思想和行為，從而嚴重阻礙了中國的創新和效率。我還將討論中共暨中華人民共和國過於龐大臃腫的黨政和警察國家（police-state）的世界級治理成本，以及由此必然造成的政府過度且不受監控的壓榨搜刮和巨大浪費。本書將在接下來的三章，透過評估中國的經濟、社會和文化發展、環境紀錄，來完成對中國次優化的考察。

人民生命與權利

　　如同我在本書的前傳《中華秩序》和我之前關於中國戶口制度的著作中所闡述的，[87]中共自封的「人民民主專政」，以幾個關鍵性支柱、無休止的權力鬥爭，以及各種形式的政治清洗運動進行統治，包括最近的「反腐敗」運動。中共壟斷一切政權，並強迫人民解放軍和人民警察完全只效忠於黨。戶口制度這一強大的社會控制手段，使中華人民共和國裡的公民身分非常不完整，導致制度性的對大量人口的深深歧視和排斥、社會經濟發展的巨大不公正和地域差別。國家壟斷了經濟資源，尤其是土地，以及重要且利潤豐厚的行業如能源和金融，還有教育和媒體，使中共能夠以世界級規模壓榨汲取和操弄虛假信息。中國人民，包括大多數（如果不是全部）菁英的生命權（right to life），以及公民權、人權和財產權，都不斷受到損害。人民對政府的組成和人員配置基本上無從置喙，他們也無法對政策制定做出有意義的參與和影響；對於黨國

政府的錯誤和濫用公權力，他們也沒有可靠的追索糾正權（recourse）。

　　首先，我們來看看中華人民共和國對人民十分苛刻嚴酷的法律制度。延續毛澤東時代的結構和治理方式，毛後時代高度不透明的司法體系，由「人民法院」、「人民檢察院」及「人民警察」組成，均在相應級別的中共黨委會的絕對控制之下，最終由黨國的最高領導人裁定。幾乎所有的警官、檢察官和法官都必須是中共黨員，因此必須絕對服從黨的領導。這種合三為一的司法執法系統，在為包括中共菁英在內的中國公民提供安全和正義方面，是毫不意外的次優化，不斷地嚴重侵犯人民的公民權和人權。中華人民共和國的法院及整個司法體系首先和最主要的「工具主義」（instrumentalist）使命與政治和行政的「根本性」作用，就是維護黨國的社會政治穩定。[88]

　　在傳統的有罪推定直到被證明無罪之下，（儘管最新的成文法已經修改，在某種程度上增加了更普世接受的無罪推定直到被證明有罪條例），中國警方有無數方法可以控制和懲罰人民。不同於許多國家的警察，中國警察（甚至包括便衣警察）有權在任何時候，不需要理由就可以搜查和檢查任何人，並且「可以在沒有警告的情況下開槍」。[89] 除了下一節要討論的法外（extralegal）刑事制度外，「人民警察」（和祕密警察）依據成文法律和法規，以及許多特殊且通常是祕密的指令（即所謂的「紅頭文件」），得以任何理由拘留任何人長達 37 天；這類監禁的創意性名目包括「請喝茶」、「免費度假」、各種形式的調查，以及「行政」和「預防性」拘留。被拘留者被視若囚犯，但如果在進入下一步行動之前被釋放的話，則可以免於留下公共犯罪紀錄。警察還可以援用「監視居住」（monitored residence），即軟禁；這種軟禁大多是單人關押，拘留期間彈性、甚至是無限期的長。對於受懲罰的中共官員來說，這種軟禁常常就是可怕的法外手段，也就是「雙規」。除了無數關押已判決罪犯的古拉格式（Gulag-style）勞改營之外，中華人民共和國還建立了許多勞教營，在沒有任何起訴和法庭審判的情況下，將人們關押後

強迫勞動，可持續數週、數年，甚至長達二十年。[90]

在採取這些法前（prelegal）行動之後，中華人民共和國的警察可以依法逮捕人民 2 到 15 個月，並留下犯罪紀錄。在 2010 年代和 2020 年代，大約 77％ 的法前被拘留者隨後遭到「逮捕」。[91] 幾乎所有依法逮捕，都以起訴告終；在 2010 年代中期，98.6％ 的被捕者被起訴；最高人民檢察院在 2020 年報告，此一比例「大幅下降」至 91％。法庭審判（通常是祕密的）可持續半天或長達 67 個月，在此期間，被告大多被關押且不得保釋。由於警察、檢察官和法院是同一個中共執政實體的三個分支，絕大多數（2010 年代高達 98.4％ 至 99.4％）的起訴以有罪定讞。[92] 在中國，判決前的監禁時間（從拘留到逮捕和審判）總計可長達 157 個月（即 13 年）。對非中華人民共和國公民之拘留、逮捕和審判，則受中國與其本國的領事條約約束。例如，美國公民在不逮捕的情況下，只能被拘留一個月（須在 48 小時內通知美國大使館），而在不起訴的情況下被逮捕和拘留的時間，最多為 6 個月。然而，也有許多案例表明，非中國公民被關押的時間遠超過雙邊條約所允許的期間。一個近期的例子是瑞典公民桂民海，他是香港居民和圖書出版商，於 2015 年在泰國被中國祕密警察綁走，被拘留加軟禁約兩年，而後於 2018 年正式被捕，並於 2020 年被判有期徒刑十年。另一起案例涉及兩名加拿大公民，康明凱（Michael Kovrig）和麥可・斯帕弗（Michael Spavor），他們被中國警方逮捕後關押了兩年多未受審。顯然，他們是北京「人質外交」的受害者，直到中國華為公司首席財務官孟晚舟就美國引渡案達成協議，結束了她近三年（在她自己的溫哥華豪宅）的軟禁後兩人才獲釋。[93]

就算某人運氣非凡到在經歷這一切後仍未被判有罪，對於漫長而嚴酷的判決前監禁期間的補償通常是微不足道的。根據中華人民共和國最高人民法院的資料，在 2020 年代初期，只有不到 0.01％ 的法院定罪在上訴後得到「更正」或推翻。[94] 相比之下，在美國沒有勞教，也沒有各種形式的拘留或監視居住；此外，美國的法律統計數據表明，警察逮捕

後正式起訴的案件僅占少數，並且只有約 10％的起訴會進入審判，其中僅 45％ 至 82％以有罪定讞。[95]

中國法院可以判處短至半年、長達二十五年的有期徒刑或終身監禁，以及死刑和緩期兩年執行的死刑。沒收「所有個人財產」很常見（幾乎所有死刑判決案都有強制沒收財產）；但「關於如何沒收和沒收什麼的數字和細節，以及被扣押資金的去向都從未透露過」。不意外的是，中共黨員（尤其是官員），即使在面對法律時也能享受特權。根據官方

表 1-1　中華人民共和國的法內及法外懲罰手段

行動	期長	中共之下的執行者
法前		
居留	1 至 37 天	警察
監視居住（軟禁）	彈性	警察
法內		
逮捕	2 至 12 個月	警察
起訴和審判	1 天至 67 個月	檢察官／法院
監禁	6 個月至 25 年至終身	法院／警察
財產沒收	祕密	法院／警察
死刑	於 7 至 14 天或 2 年內	法院／警察
法外		
黨紀處分		
雙規（軟禁）	數日至無限期	中共紀律檢查委員會
訓誡、降級、開除		上級中共黨委
移交起訴		上級中共黨委
勞教（現遭掩飾）	數週至 3 至 20 年	警察
其他處罰，如罰款和旅行限制		警察

媒體報導，在以訓誡、警告、降級、開除黨籍等各種「黨紀處分」替代處罰後，多達 70％ 被抓的違法幹部能逃過逮捕、起訴和監禁。[96]

中華人民共和國的執法（和一般治理），深受法律行業的專業水準低下的困擾。2013 年中國 31 位（省級）首席大法官中，據報導只有一位通過了律師考試，並且僅有 17 人接受過正規大學教育，其中半數在之前沒有任何法律或警務經驗。[97] 律師明顯從屬於中共的執法機構，膽敢挑戰、甚至只是不同意檢察官的法律專業人士，經常會被吊銷執照、監禁，甚至遭到更糟的下場。[98] 金錢和權力，可輕易為超級富豪、有關係者和前官員，在警察局或監獄內換來好處。北京一位知名記者曾寫道，「司法系統內的隱藏關係網」能以一定的費用改判案件，並「保證結果」。[99] 特殊的激勵措施，例如警察經常被要求完成逮捕和判刑配額，以及執法部門（警察、檢察官和法院）被允許保留很大部分沒收的財產和罰款，皆不可避免地會引發許多假起訴、無端逮捕和罰款、酷刑與捏造罪名和罪證，以及錯誤的判決和處決。[100] 一名高級警官在官方媒體上承認，他在短短幾年內就收受了數億美元的賄賂——單是從一名尋求晉升的下屬那裡就獲得了超過 9,000 萬元（1,380 萬美元）美金現鈔，而後他又將其中大部分用於賄賂他人。[101]

中國以外的專家估計，「真實」的中國監獄人口約為 500 萬，是官方數字的 2.5 倍多，也就是美國的兩倍（若排除美國因持有大麻而被定罪的囚犯，則人數大約是 5 倍）。[102] 倖存者和目擊者幾乎一致報告中國的監獄極其不人道，比如強迫勞動、刻意殘酷的虐待、頻繁的酷刑和高死亡率。[103] 據報導，許多被誤判的人在監獄中受苦多年或死於獄中。知名和外國的被拘留者及囚犯，顯然也遭受過包括嚴重酷刑在內的虐待。[104] 一位從業三十多年的中國資深辯護律師寫道，黨國的監獄有「無數的問題」，諸如無法無天、虐待、體罰和腐敗，這些問題還「日益嚴重」並「祕而不宣」。他在 2019 年總結道：「我們真不要當（我們自己）中國人的囚犯。」作為中國優待外國人外交政策的一部分，西方國

家的公民通常會受到特殊照顧並享有某些「特權」，但即使如此，他們也在 2020 年報告自己曾於中國司法系統內經歷地獄般的磨難，不管他們是犯罪嫌疑人或只是外交戰的棋子。[105]

這套強大而集權的刑罰系統，承襲了毛主義關於集中力量嚴厲鎮壓政治異議分子的傳統，正如當局聲稱「在政治犯案件中，（嫌疑人和被告）沒有什麼權利可講」。[106] 毛澤東時代可導致迅速處決的滔天大罪「反革命罪」，現在被替換成「危害國家安全罪」，同樣被廣泛且不透明地用於迫害和消滅政治異議分子、批評者和反對者。[107] 中國有超過 1 億名精神病患者（其中 1,600 萬人為嚴重病人），其中數字不詳但據信有相當比例的人是「被精神病」，即因政治原因被警方無限期關押。[108]

早在 1922 年，中共就宣布將「廢除死刑」作為其 11 項政治承諾之一。但事實上自那以後，它一直廣泛而頻繁地使用處決來奪權並統治。如前所述，死刑在毛澤東時代極為普遍，每年被集體處決的人數往往累積多達數十萬人。在 2007 年之前，處決的最終批准權在省、縣，甚至鄉級中共領導人手中。[109] 在毛後時代，死刑的執行依然是迅速而廣泛。據報導，在 21 世紀，中國每年執行死刑的人數占「世界處決總數的 90％ 至 95％」，確切總額數字被視為「最高機密中的機密」而嚴加管理，在北京據說可能僅有 10 人知情。[110] 2012 年，除中國外，全世界 58 個國家共處決了 680 人，其中伊朗（360 人）、伊拉克（129 人）和沙烏地阿拉伯（79 人）名列前三。但中國在那一年的處決人數，可能是這一總數的五倍，並且是唯一一個拒絕公布任何有關處決的官方數據或細節的國家。在 2010 年代，估計中國每年處決 2,000 至 5,000 人，低於毛後時代的高峰 1983 年（處決 24,000 人）和 2002 年（處決 12,000 人）。2019 年，全球（除中國外）共有 657 件已知的處決，伊朗（251 人）、沙烏地阿拉伯（184 人）和伊拉克（100 人）仍然是執行死刑的 16 個國家中的前三名；同年，中華人民共和國一國就「處決了數千人」。[111]

在中國可判處死刑的 68 種（2011 年以後為 55 種）罪行中，有 42

種為非暴力犯罪（2011 年以後為 31 種），包括 7 種「危害國家安全罪」，4 種「經濟罪」，以及 3 種「擾亂社會秩序罪」。[112] 2021 年初，一位高級官方銀行家被判處死刑，但其坦承犯下的罪行似乎都是白領犯罪。[113] 考量在中國死刑的嚴重濫用、眾多誤判，以及打擊普通罪行的可疑效力之後，一名中國辯護律師於 2014 年結論道，中國的死刑是高度政治化、任意、不透明和不公正的：「中國政治需要死刑，就像它需要敵人一樣；它在沒有反對派的情況下製造敵人，在沒有應死罪的情況下處決人。」大量處決似乎還有其他用處：在北京於 2015 年正式宣布停止執行之前，中華人民共和國 90％以上用於移植的人體器官，都是從被處決者身上摘取（在處決之前或之後）——在數十年間，中國是世界上唯一採行這種做法的國家。但受訪者表示，宣稱停止摘取器官「是用來平息外國批評」，這種做法在檯面下並沒有停止。一些國際研究人員蒐集了可觀的證據，聲稱中共長期以來一直在為尋找「合適」的器官而誣陷和處決人民，甚至從受害者身上活體摘取器官，以確保為特定中共領導人提供的移植器官的品質。[114]

似乎這樣還不夠殘酷——自 1983 年起，北京頻繁發動全國或地區性的「嚴打」運動，以倉促和極端嚴厲的方式控制社會；逮捕、定罪和處決往往有定額的要求，繞過本就不透明和權宜而隨意的司法系統。一則官方消息來源顯示，在嚴打的第一年（截至 1984 年 10 月），政府逮捕了超過 100 萬人，起訴了 97.5 萬人，定罪 86.1 萬人，處決了 24,000 人。[115] 此後，每次為期可長達一年的類似的嚴打運動，在全國發生至少四次，在區域內多次，通常是為了特殊場合（例如為重大政治事件和慶祝活動做準備，如 2009 年中華人民共和國建國 60 週年或 2012 年中共十八大開幕）。2021 年，中共中央政法委員會宣布，嚴打已「常態化」為定期「掃黑除惡」[116]。

在中國，為了政治需要、統治者的便利，以及具體地消除真實或臆測的威脅，人命似乎總是被輕踐。2008 年，中華人民共和國最高人民

法院院長（首席大法官）王勝俊公開列出判決死刑的三項關鍵依據：法律的規定、治安總體狀況、社會和人民群眾的觀感。他的繼任者周強在2014年重申，中國法院會回應敏感案件並因應中共的特定政策目標，例如「推動經濟結構改革和產業升級」，從而可以處決河流的汙染者、襲擊醫生的病人，以及回收地溝油作為食用油出售的小販。[117]

額外控制的法外手段

中共暨中華人民共和國的治理本質上依靠強權和詭計的人治，既不是法治（rule of law），也不是依法治理（rule by law）。2021年，最高人民法院指導意見規定，法官應當「將法律判斷與道德評價相結合」，依據「習近平思想的指導」「依法治國，以德治國」。[118]本來就黨化控制的法律體系，不斷且關鍵性地受命於無數不成文的行為準則、不斷變化的內部規則，以及通常比已公布的法律和規則更重要的臨時命令和文件批示。大量的法外制度和措施，持續保障中共的專制制度，透過逐步發展分而治之的計謀，以及散播和延續人們對國家機器那不可預測、無法監控、不加解釋，也沒有糾錯補償機制就逕自使用暴力的恐懼，來「維持社會政治穩定」。

毛澤東的中華人民共和國在1949年以後劃分了中國人口，將大量個人及其家庭永久列為階級敵人、不可救贖的罪人，以及人民和國家的敵人，受到全面的歧視、羞辱、監控、凌虐和消滅。毛自己在他的眾多政治運動和對社會各階層的清洗中，每次都將列出的階級／國家敵人的配額定在總人口的5％左右，聲稱95％的幹部和群眾「是好的或比較好的」。[119]到了1970年代，這5％的敵人種類不斷擴大，總數加起來幾乎占到總人口的一半，多達數億人，真正影響了中國的大多數人。[120]這些公敵們原本是所謂的「黑五類」，包括地主、富農、反革命分子、壞分子和右派分子。這個龐大的名單後來在1960年代至1970年代進一步

擴大為9個類別（還增加了叛徒、特務、走資派和資產階級知識分子），並至少有21個國家敵人和社會賤民的子類別。[121] 毛澤東還於1952年決定，「地主富農」及其近親應被列入黑名單，並特別控制「至少30至50年」。該名單於1979年正式停用（名單中的最後一組，近8萬名倖存者，直到1984年11月才被「摘掉帽子」）。[122]

因此，毛主義的治理是通過重建一個中原對陣（vs 周邊的世界，成功地獲取秦漢政體的統治力：對外，它是蘇聯集團（後來的毛主義世界革命，現在的中華復興）和不斷變動的「中國人民的朋友」，對陣以美國為首的西方（也曾一度包括蘇聯集團）；對內，在將中國人民劃分為多達45種不同的「階級和家庭背景」的基礎上，將階級／國家的敵人和「壞人」作為永久的國內敵人，進而正當化中共的極權統治和透過分而治之進行壓榨汲取。[123] 在極權主義略為消減的毛後時代，階級鬥爭的群眾運動已經演變為依賴中共控制的警察和黨控刑事司法系統。類別眾多的階級／國家敵人，被替換成不斷更新的反國家罪犯；政治犯因行動或僅是言辭上被視為破壞社會秩序、威脅國家安全或替外國做事，就被視同普通刑事罪犯般迫害。[124] 中國所有的地方警察局和派出所，仍保有「重點人口」的祕密法外黑名單，這些重點人口占當地人口的1至5%，會受到持續監控和預防性的拘留，而許多重點人口似乎就是那些毛時代的階級／國家敵人。[125]

除了對重點人口持續且系統性的監視騷擾之外，地方警察、祕密警察、媒體審查員和網路警察還經常使用可疑的刑事指控，來構陷、懲罰、消音、監禁和驅逐政治異議分子。著名的例子包括劉曉波、艾未未、許志永、浦志強、高智晟，以及許多社會組織和宗教團體如法輪功。[126] 為了防止街頭出現任何失序或不服從行為，大量的城管人員經常強行驅趕街頭小販、抗議者和旁觀者。一份「只是冰山一角」的資料，收集了在習近平執政八年內（2013至2021年），超過2,000件的「言論犯罪」（文字獄）案例：在網上發帖或公開發表（例如在教室裡）偏離或質疑

官方敘事的言論，而被罰款、失業和監禁（或「被精神病住院」）。[127]

1955 年（正式為 1957 年），中共開始了惡名昭彰的法外勞教制度。在該制度下，地方警察在中共地方黨委的指導下，可以將任何被拘留者送入強制勞動營數週或數月，常常會長達三年、甚至二十年。在此期間，這些「受教育者」基本上與外界隔絕，不經起訴、審判，也無任何囚犯權利。在毛澤東時代，每年有多達 200 萬人被關押在這些法外集中營中。[128] 這些勞教營至少和更大的法內勞改營一樣殘酷和致命，死於監禁之中的人數不詳，但可能非常多。[129] 此制度一直持續到 2013 年 12 月才正式結束；當時，據報導有 10 萬名工作人員在大約 310 個勞教營裡「教育」近 20 萬名被關押者。[130] 從那以後，坊間觀察家們指出，許多勞教營被改造成各種警察管理的設施，偽裝成精神病院、社區教育和戒毒中心、賣淫改造營、赤貧者收容所，或者「無證件貧民援助中心」和各種「麻煩製造者」的收容所，包括尋求上訴和申冤追索的人，這些都是為了在正式法律程序之外以各種藉口關押人民。[131] 在 2020 年代，中國警方仍然可以、也確實「拘留和教育」並實質上「消失」被指控犯下各種「擾亂社會」行為的人，例如賣淫、但尤其是犯下政治不當行為，長達 6 至 24 個月（或更長時間），不經起訴和審判。據報導，許多異議分子和抗議人士被關押在精神病院，而且往往是無限期關押。[132] 在新疆，多年來大型「教育」營在沒有經過什麼法律程序的情況下，據報導關押了超過 100 萬維吾爾人（穆斯林少數民族）。[133]

在帝制時代，飾以儒家外表的法家專制秦漢政體通常允許人民訴諸公堂，越過一些層級的地方官僚，雖然其代價高昂（通常得冒著受到酷刑與坐牢的風險），但能狀告天下的任何人直到上達天聽，而皇帝當然永遠是英明的。這類伸張正義、追索糾錯舉措的真實效果顯然值得懷疑，但傳聞中（無論多麼罕見）自上而下的隨後干預可以提供迅速且大快人心的帝國公道，一直是中國政治文化中強大迷思的一部分，即「官員不好，但只要能聽到老百姓的冤情，皇帝都是好的」。中共恢復了這類請願上告，即

所謂「信訪」制度，做為法外且「創新」的治理及「政治參與」方式，透過向一般司法機構以外的更高掌權者申冤陳情，供被統治者尋求公道、舉報濫用職權、發洩不滿，並獲得安慰補償和追索糾錯。[134] 在全國各級政府的信訪局和信訪辦事處之門外，幾乎任何時候都可以看到無數人排著長長隊伍，花費數天至數年，祈求青天大老爺干預；他們的這些努力，最終往往以自己傾家蕩產收場，而他們所尋求的法外正義則常常沒有著落。這些奇特的信訪長龍場景，生動地展示了中華人民共和國法律制度的無效、甚至失敗的深度和廣度，以及許多普通中國人普遍且不斷忍受的不公正、無處申冤和無能為力。然而，這種實際上只能用於發洩和獲得安慰的法外渠道，顯然還是有損黨國的形象；於是，經常有報導稱各級政府阻止、騷擾和藏匿這些經常是絕望且貧困的上訪者。採取的極端手段包括綁架、強制攔截和遣返，以及祕密、甚至無限期關押在由上訪者家鄉被告官員出資的所謂「黑牢」和「精神病機構」中。[135]

徹底而細緻的思想工作

　　思想控制和信息控制一直是中共政治治理中不可或缺的一部分，也是其政權生存和安全的必要條件。正如我在《中華秩序》中試圖呈現的，誤導和扭曲中國歷史的官方敘事，只是讓偉大中國人民心靈窒息的開始。為了改變和控制人民的思想和行為，全面性地誤導人民和提供虛假信息是中共的標準做法，與其依賴對資源和武力高度壟斷的各種胡蘿蔔加大棒相配合。全面、深入和有效的媒體審查，特別是高度精細而嚴密、被戲稱為防火長城或大牆（Great Firewall）的網絡監管，是中共統治這一關鍵部分的基礎。毛澤東早在 1959 年就明智地警告過他的高級幹部，就算只允許一份報紙自由報導中華人民共和國的壞消息，中共政權也會在「一週之內」崩潰消亡。[136]

　　毛澤東及其後繼者向來高度重視所謂「思想政治工作」，又名「思

想改造」、「思想重塑」、「洗腦」、「強制說服」、「思想控制」、「心智控制」。[137] 中共在中國學術、教育和娛樂界持續和普遍的宣傳及系統性的誤導信息和虛假信息，其規模和影響力都是舉世無雙。[138] 就其複雜性、廣泛性、徹底性、細緻性和有效性來說，中共看來確實遠遠超過了喬治·歐威爾（George Orwell）在其預言性經典《一九八四》中所描述的真理部（Ministry of Truth）。這個黨國似乎已經實踐並完善了各種歐威爾式的宣傳方法，例如所謂新話（Newspeak）、雙重思想（Doublethink）、過去的可變性（Mutability of the Past）、記憶空洞（Memory Holes），以及廢話連篇（Prolefeed）——即「黨向群眾傾倒垃圾娛樂和虛假新聞」。[139] 中共還仿效所謂「法西斯美學」藝術，以重複、雄偉的形象和聲音來迷惑、懾服民眾，以社會儀式去激起群眾對權威、統一、集體主義和力量的狂熱和服從。如同歐洲法西斯主義分子、蘇聯和北韓靠這些華麗的儀式來炫耀和迷惑人心，中共長期多次籌辦大型閱兵遊行活動，以展示其軍事裝備和象徵性成就；近年來更是如此並擴大規模，大批遊行隊伍踩著正步，排出精心編排的各種壯觀陣列隊形，配合帶有各種潛意識暗示信息的動聽口號及旋律，就如同 2021 年中國共產黨成立一百週年慶時傾舉國之力所展現的。[140] 此外，在另一部反烏托邦經典著作《美麗新世界》中，作者赫胥黎（Aldous Huxley）所描繪的世界國家（World State）所使用的社會和精神控制方法，顯然也在中華人民共和國得到了有效使用。[141] 例如，中共雇用和部署了超過 200 萬名所謂的「網絡評論員」或「網絡宣傳工作者」，其中包括正在服刑的囚犯與數百萬有償的「志願者」——即所謂的「五毛黨」，每個獲准張貼的帖子可獲得人民幣五毛錢（0.5 元）的報酬——在原就受到嚴格控制的中國網絡空間中，冒充普通網民去引導輿論風向並提供虛假信息。[142] 在 2010 年代中期，僅一所大學（上海復旦大學）似乎就雇用了 2,000 多名這樣的「網評員」。[143]

　　過去十年來，中共全面加強思想工作，特別是在學校。光是一個省，

就要招雇 20 萬名全職的思想工作人員，擔任中小學的「輔導員和政治工作者」。2021 年，中共中央進一步下令要「全面加強」學生思想工作，重點是「聽習總書記話」和「跟共產黨走」。[144]北京要求每 170 名大學生，就要聘用一名全職的思想政治工作者（四年內增加了 30%，2022 年達到 21.9 萬人），他們比學術教員享有更高的薪水和更有保障的晉升機會。此外，在 2020 年代，有 127,000 名教授（五年內倍增）在教導所有大學生必修的課程，即從馬克思主義到毛思想和習思想的「學術」課程，把中共官方意識形態作為專業學術課目。[145]2021 年，為進一步加強對教育的管控，中共發動一場迅速行動，限制和關閉為幼稚園到十二年級學生服務的各種補習中心，以及其他非國有的各種廣為流行的「素質」教育和校外輔導學校；這是中共以「減輕學生負擔和家長開支」為名，行「消除（公立學校之外的）影子教育」之實，並以地方政府統一管理的「社區關懷中心」取而代之。如黨國主管校外輔導的高官坦承，這些行動是為了「保護國家的教育主權」。[146]2021 年 7 月，大象公會等頗具影響力的科普公共教育網站在被封禁騷擾多年後，突然在中國的網絡空間被「抹除」，有關同性戀雙性戀與跨性別（LGBTQ）的社交媒體群也一夜之間被「抹殺」。從 2021 年秋季開始，從小學一年級到研究生的所有中國學生，都被要求學習和背誦最新的習近平思想的分齡版官方文本，並將其作為必修課。[147]只有獲得批准的國有實體，才能為所有印刷和電子出版物（包括社交媒體）報導或提供任何「新聞」。[148]敢於違抗或質疑思想工作的學者或教育界人士，往往遭到降職、開除、騷擾、羞辱和監禁。[149]

即便如此，中共暨中華人民共和國的意識形態外貌，還是經歷了許多豐富多彩、不擇手段、不講邏輯且經常是戲劇性的變化和混合：從毛澤東以「人民民主專政」或「新民主主義」的大師級胡言亂語，巧妙表達的舶來的蘇聯式偽社會主義和共產主義，到毛以階級鬥爭和世界革命概念所包裝起來的激進極權主義和大漢種族主義，到毛後赤裸裸的物質

第一主義。最後，在毛和中共多年來造成的道德崩壞、「精神空虛」和思想混亂之後，又力圖回歸復辟中華人民共和國前的一些價值觀與觀念，主要是歷經考驗、證實可靠可用的中華秩序下之秦漢政體的帝制意識形態外包裝——即儒學，[150] 或者更準確地說，是偽裝成愛國主義和民粹主義的儒化法家傳統。黨國的思想工作用一種特殊的沙文主義配方，將中國等同於中華人民共和國，然後再將中華人民共和國等同於中共，最後都等同於中共最高領導人，巧妙地利用漢語言和中華文化裡的模糊性，將民族、國（country）、國家（state）、政府、執政黨和統治者等不同概念混為一體。在 2010 年代，毛澤東的繼任者回收利用他的含糊不清的說話技巧，提出了要同時維護三個至上的政治悖論：（中共）黨的利益／事業至上，人民利益至上，憲法和法律至上。[151] 在 2021 年和 2022 年，習近平乾脆反覆地宣稱，在自然多樣的各種民主中，中共領導的人民民主專政「是（中共的）偉大創新（和）對人類政治史的全新貢獻……是全世界最全面、最真實、最有用的民主」。[152]

　　洗腦必須以暴力的政治鎮壓和誘人的獎勵刺激為其後盾。在 1989 年對群眾抵抗和抗議的血腥鎮壓之後，連續三位領導人江澤民、胡錦濤和習近平一直高度壓制政治異議分子。[153] 中共重新發行幹部培養提拔的指導方針，要以馬克思列寧主義、毛澤東思想、習近平思想教育人民群眾，以形成「堅定的馬克思主義信仰，防止因西方憲政民主、普世價值、公民社會而迷失方向……並堅持共產主義最終勝利的信念」。[154] 不論其代號或虛飾為何，中共的決心是繼續在中國實行其一黨專制之秦漢政體，一如其自 1949 年以來的一貫做法。例如，儘管大肆宣傳「要全面推進依（憲）法治國」，北京仍祕密拘留並迅速監禁了一名獨立電影製片人，只因他膽敢製作一部只是追溯中國憲法歷史的電視紀錄片。[155] 正如一位在北京的中國憲法學者總結道，中華人民共和國仍然是一個「有成文憲法，但根本沒有憲政」的國家。[156]

　　以犧牲真相和事實為代價，通過激勵和懲罰進行的不間斷洗腦和思

想改造，在中華人民共和國是成效非凡，儘管許多人可能只是很務實地在配合演戲而已。超越冷戰時期匈牙利等國的所謂「天鵝絨監獄」之類、頗具美學及含蓄的審查制度，中共對言論和思想的控制似乎取得了無與倫比的完善和成功。一名中國學生在 2020 年評論說，中華人民共和國似乎已經成為「一個處於創傷後痛苦和集體失憶的社會，而失憶正是為了應對創傷」。[157] 我們可以從這一點明顯看出：無論是真心還是假意，客觀來看都是災難性領袖的毛澤東，在中國卻仍有這麼多人追捧。一名自稱是毛澤東主義者的中國教授不出所料地盛讚毛，但有趣的是，他同時也聲稱，毛的主要成就其實只是建立了中共政權本身，為此，毛理所當然地成了中共的神。許多人仍然在毛的冥誕日，以在觀察者看來荒謬無比的方式去紀念、緬懷他。[158] 有為數可觀的中國人（甚至包括毛時代的許多受害者）真誠地相信中共的秦漢式政體之文化和價值觀。另一些人則是被中共宣傳的民族沙文主義主張、經濟發展對威權統治的合理化、自詡的民粹主義使命和社會主義資格等等歷史敘事所徹底誤導。他們仍然敬毛澤東為透過中華人民共和國「拯救」及重建中國的人民英雄，這想像出來的成就「應該」能抵銷毛其他所有的負面行為。[159]

更重要的是，中共對往民主和自由等方向展開政治改革的抵制，似乎得到了新興中產階級和富裕城市人口的大力支持。這種深刻但可能是人為、假裝及暫時性的社會對民主的需求缺乏，其原因似乎是多方面的。這或許只是很好地證明了秦漢政體的力量，尤其是獨特的戶口制度，使中共能夠嚴密控制社會，塑造城市特權菁英的偏好。[160] 要在許多中國菁英和普通民眾的腦中，植入各種類型的「虛假意識」（false consciousness），思想政治工作至關重要。[161] 正如中國法家諸子早就主張的，以及歐洲啟蒙思想家們早已譴責過的，中共的思想工作旨在透過使人民蒙昧和腐敗，塑造基於馭民術和「自願為奴」的民眾的服從心態，以創造和延續其專制與暴政。[162] 一些兼為暴發戶新資本家的中共走卒，傲慢無理地在國內外捍衛和稱讚一黨專政是一種優越的「後民主」政治

模式。[163] 一些受過西方教育的華人學者則發揮創意，將中國粉飾為擁有「中立政府」，是「具有全球意義」的民主替代方案。一些被收編的外國人也試圖將中共黨國推銷為優於民主制度、所謂「任人唯才」的政體（political meritocracy）。[164]

中華人民共和國政府遵循經典的法家思想，追求所謂依法治國而不是循行法治，不過往往只是流於依靠武力和詭計進行人治。在中國，「依法治國」（統治者凌駕於法律之上）與「由法治國」（人人都在法律之下）這兩種截然不同的概念經常被混淆、互換，尤其因為兩者的縮寫都是法治，所以經常被故意誤用和誤譯。[165] 這反映了中國文化和語言中長期缺乏法治概念與傳統的情況，官方對法治的巧妙反對，統治者以法治國的理想願望——即利用嚴厲的成文法律來「更好地」指揮和治理——以及北京對批評其統治的辯護和壓制。一名中國批評者諷刺道，中共的「依法治國」其實只是靠武力和權術來「依（領導的想）法治國」。[166] 2020 年 6 月，數十家以前名字裡使用「法制」二字的政府媒體分支，被勒令改為「法治」，以「強調依法治國的努力」，而不僅僅是「建設法律制度」。[167] 對於「黨在法律之上、還是法律在黨之上」這個常見問題，中共的回答是典型的毛澤東式「辯證法」詭辯——即認為最高統治者，代號為「黨的領導」或黨中央，無可爭辯地凌駕於法律之上，但又要求普通黨員和機關「遵循法律」行事。用習近平的話來說，「黨的領導是中國特色社會主義法治的靈魂」。[168] 中共以混淆、扭曲這兩個異質概念來玩弄詞藻，藉以愚民、也許同時也迷醉了自己；它運用專制的法家話術，即經典的以法治國理想，來遮蔽和取代由法治國原則，以黨領導一切的名義，在任何時刻、任何地方都永遠凌駕於任何法律與任何人之上，從而合法化、美化並「增進」最高統治者的權力。[169]

至關重要的是，中共的共產主義／儒化法家主義，依賴暴力製造的恐懼並巧妙地操縱人性弱點，創造了一個全面以官本位作為統一標準的社會經濟等級制度，以集中和控制中國社會。[170] 就像過去的秦漢統治

者一樣，中共以自上而下、集權化的方式任命所有官員，壟斷一切政治權力、社會地位，以及包括信息在內的資源占有與分配。官本位文化是指按官職決定特定特權，以及與等級相稱的福利待遇，通常還包括各種尋租和貪腐機會。此外，透過這個經統治者准許的賢才任用制度，它還讓社會流動維持單一模式。在中華人民共和國，幾乎每個人的財富、成功、認可，以及還算體面的社會地位和經濟生活，都要根據中共訂立的同一個官本位來進行衡量、排名，並最終得到維護或遭到剝奪。正如無數案例所證實，在中國擔任官員或幹部，就等同於能權傾一方、享有各種各樣的福利和奢侈，並獲得放縱極欲的機會。[171] 政治力量的集中和無所不在，促成並維持了一種權力拜物教——它已成為中國「最大邪教」，而且「比任何其他宗教或信仰體系更加強大」。[172] 稍後，我將在第三章裡進一步探討中國無所不在的官本位，以及四處彌漫的權力拜物教所帶來的影響與後果。

透過具有強烈毒害的宣傳話術，並將黨國路線內化在人心中，中共廣泛地愚弄和操縱了幾代的中華人民共和國公民，猶如一項大規模的社會實驗工程。十多億人被當作巨大圍籠中的白鼠或豚鼠，經受對現實的扭曲、思想的操縱和行為的變態，這無疑造成沉重傷害和嚴重後果，理應讓全世界和中國人民都驚駭無比。對社會科學家和歷史學家來說，數十年來，中共在不經意間對人的思想心靈進行了大規模的操縱實驗，獲得了豐富、深刻、具教育意義、甚至有可怖的惡趣味的許多發現，足以揭露人類的本性、能力、可操縱性和可塑性（如果中共最終沒有在一個新中華秩序下，把全世界人類都變成同樣的豚鼠的話）。[173] 對於中西競爭的觀察者來說，中華人民共和國有如此多被長期誤導和接受虛假信息的人，他們的能力與日俱增，卻有著大相逕庭的觀點與價值觀；光是想像他們將如何與其他人類社會互動，就會令人恐懼不已。與外界深刻的水火不容、公開仇恨、無法溝通和合作、全面性的猛烈衝突等等，或許將是中共治理、尤其是其思想政治工作的代價。

如果沒有在中國進行獨立且全面的田野調查，這些昂貴而不遺餘力的思想工作的實際結果和持久影響，很難被定量確定；而那種實際調研是被嚴格禁止的。實際觀察表明，中共基於信息壟斷、歪曲歷史和事實、不合邏輯的錯誤信息和虛假信息之上精巧的思想工作，在人的青春成長期似乎最為有效，尤其是當中國經濟恰巧逐步上升，至少城市居民的生活水平經歷了顯著改善的時候。[174] 在過去的二十年裡，在中華人民共和國內外，尤其是在年輕人中，確實出現了相當多以大中華迷思為中心，抨擊西方、崇拜權力與武力、經常不合邏輯也不講道理的中共辯護者。他們現在在網路上遍布全球，被稱為「戰狼」、「小粉紅」、「（俄羅斯統治者）普丁粉絲」和「喝狼奶長大的憤青」。[175] 這類衝突的近期例子在西方被廣為報導。例如，我個人就觀察到（並間接聽說），許多在北美、西歐、日本、韓國、香港、澳門、新加坡和台灣讀書的中國高中生和大學畢業生，對中國和世界帶有明顯、令人震驚且經常是頑固的誤解、謬識和偏見。這個黨國的思想工作顯然已經走出國門，意圖通過錯誤信息、虛假信息和操縱，來分裂和瓦解世界。[176] 因此，中共宏大的思想工作對世界和平、人類文明未來、中國人民命運的影響，著實令人不安，憂心不已。

　　儘管如此，我推測中共對中國人民的思想控制和思想改造，隨著時間的過去將依然是高成本、低效益的，而且就像中華人民共和國的許多政策一樣，會因西方的正確應對而日益相形見絀。對易受影響的年輕心靈所做的思想工作，在他們面臨現實問題或遇到啟蒙時，會顯得脆弱而容易消散。[177] 儘管後果往往很嚴重，許多中國學者仍頑強地堅持冒險撰寫和發表不同意見及非中共思想，常常是使用隱晦巧妙的語言。[178] 例如，無數的尖酸諷刺、有影響力的爆料和「說真話」的無畏揭發，以及在社交媒體平台上對中共及其領導人的尖銳批評、甚至猛烈人身攻擊，都不斷在和中共網絡審查員玩貓捉老鼠的遊戲，暗示著許多在中華人民共和國的中國人對黨國的操縱性宣傳，已有相當的免疫力和抗拒力。[179]

正如我稍後將詳細記述的，政治犬儒主義和赤裸裸的推諉避責支配著黨國社會的各階層，而北京似乎完全意識到了這一點。更具體來說，為數眾多的中國人一直在「用腳投票」，將他們的資產和家人都送出中華人民共和國。只要付出足夠的努力，一個針對中共宣傳的良好解毒顯然是可能發生的，這也將是應對中國崛起的高效方法。在這方面，二戰後的德國人、義大利人、日本人和冷戰後的東歐人、智利人、韓國人及台灣人的經歷就深具啟發性、指導意義，而且也令人鼓舞。

黨政與警察國家

作為政治和社會經濟向上流動的主要階梯，類似於過去的科舉制度，中國共產黨一直是中華人民共和國的唯一升遷行當，以權力和財富吸引著大眾。中共黨員人數從 1949 年的 450 萬增長到 1978 年的 3,700萬，到 2011 年的 8,000 萬，再到 2021 年的 9,500 萬和 2023 年的 9,700 萬。現已擁有近 500 萬個多層級分支機構，覆蓋各個城區（街道和居民區）、鄉鎮村莊、企業和工廠（包括外資和私營企業），以及文教單位，包括小學、幼兒園，甚至是貧民乞討者社區。在有三名或三名以上黨員的地方，就要求成立一個黨支部作為獨一的政治組織。中共一直宣稱自己是「工人階級的先鋒隊」（1990 年代後期以前是「無產階級」）或「工農」先鋒隊，正如其由蘇聯設計的錘子鐮刀黨徽所表明的。然而，在 2021年，9,500 萬名黨員中，只有微不足道的 6.8％是「工人」，27％「務農」，其中包括許多管理農村人口的黨員幹部。[180] 2021 年，在 2,977 名全國人民代表大會代表中，粗略分析表明可能只有 25 名工人、12 名農民、15名「服務業從業人員」和 167 名「技術人員」，其餘為黨國官員和幹部（1,591 人）、軍方（295 人）和「單位和企業管理人員」（819 人）。2022 年的中共二十次全國代表大會上共有 2,296 名代表，其中只有 192名職工、85 名農民，以及 266 名「專業技術人員」，其餘（75.3％）

都是官員、幹部和軍隊代表。[181]。共產黨雖然號稱實行社會平等和性別平等，但一直是由男性主導；一百多年來，中共 60 多位最高層領導人（政治局常委或同等級別）都是男性。2020 年代，女性黨員僅占 28.8%；在 204 名中共第十九屆中央委員中，女性只有 9 人；在 205 名中共第二十屆中央委員中，女性只有 10 名。沿襲其幾十年的傳統，只有一位女性（孫春蘭）進入中共第十九屆中央政治局（2017 至 2022 年），且在 29 位「中央領導人」中排名較低；到 2022 年，居然沒有任何女性進入第二十屆中央政治局。[182] 在 33 名省級中共黨委書記中，只有 1 名是女性；在 31 所中國一流大學的 62 名「副省部級」領導中，只有 6 名是女性。[183]

中共是世界上最大的「真正的」政黨，或者在技術上來說是第二大政黨，僅次於印度那組織鬆散的人民黨（Bharatiya Janata Party）。[184] 其內部不民主，並壟斷了中華人民共和國所有的政治權力。中共的指揮和報告鏈很長，高度集中且如同筒倉一般缺少橫向協調；其頭重腳輕的決策過程，在結構和運作上可能容許一致性和微觀管理，但不可避免地會削弱創新和反應能力，並使地方失職的程度和治理成本整體上升。中共擁有中國所有武裝力量、警察和祕密警察，可以號令媒體、教育、文化、金融和工業，也控制著所有的土地和絕大多數的中國財富。從1990 年代中期開始，中共在其黨政體系中加入了社團主義（corporatist）傾向，將其世界共產主義的身分與自我定義的中國民族主義相混合，到了 2020 年代更將自己定位為「不僅是（民族）政黨，更是新的（人類）文明」。[185] 2021 年，中國共產黨為慶祝百年生日，再次重塑自身形象，從一個蘇聯扶持、資助的共產主義叛亂集團，即共產國際（Comintern）在中國的一個分支，到現在成為民族主義和民粹主義的執政黨，如其所說：「中國共產黨是中國工人階級的先鋒隊，同時是中國人民和中華民族的先鋒隊」，從 1921 年「出生第一天起，就一直在為中國人民的幸福（或好日子或共同富裕）及中華民族的復興而奮鬥」；它現在「關心

人類的未來」，「始終堅定不移地站在歷史正確和人類進步的一邊」，為了「獲得了重大的全球影響力」和領導力，「必須不斷推進人類命運共同體建設」，打贏多種「偉大鬥爭」，為「百年一遇的世界大變革」做好準備，更好地改變人類命運。[186]

自 1920 年代以來，所有中共黨員都宣誓並重申本質相同的神聖誓言：「執行黨的決定，嚴守黨的紀律，保守黨的祕密，對黨忠誠，積極工作，為實現共產主義而奮鬥終生，隨時準備為黨和人民犧牲一切，永不叛黨。」[187] 該黨不斷擴大黨員規模，2021 年上半年，在 2,000 萬申請者中（其中一半是「入黨積極分子」），就新吸收了 230 萬名新黨員。[188] 中共由少數高層專制且不透明地領導，其組織方式類似於一個由終身會員制的統治菁英組成的祕密會社。在中國，很少有人會或能夠自願退黨而不招來不利後果。[189] 該黨約占中國人口的 5 至 6%，是一部無所不在、無所不能的「紅色機器」；它控制著中華人民共和國的一**切**，統治**每一個地方**的**每一個人**。它是一個龐大的「推選者」團體，即使其災難、悲劇和失敗的紀錄累累，仍能維持一個專制的「獲勝聯盟」不墜，得以**繼續統治**。[190]

或許是企圖在過於龐然且超過負荷的官僚體系中確保更多的個人控制、甚至是更少的組織約束，中共統治者保留了毛澤東的一項傳統──即依賴現存官僚機構之外眾多、通常是臨時和祕密的官僚機構，其中許多成為永久機構，例如各種領導小組、委員會和辦事處。據報導，習近平本人除了在中國黨政中的四個最高頭銜之外，還擔任了至少九個領導小組的主席。中共最高領導人歷來也照例主導外交事務、國家安全、經濟和金融政策、行政改革、網絡安全和台灣事務領導小組。也許是為了讓這些領導小組地位更崇高，習近平在 2018 至 2019 年間，開始將其中許多小組改名為「委員會」。[191] 這些制度化程度較低的官僚機構，因為避開長串命令鏈中的職能部門，無疑是能以更方便且靈活的方式做出真正決策的地方。因此，不同於美國國務卿，中國外長在黨國官階中，

跟最高領導人之間通常隔了數人、甚至二十多人。在中央層級以下，各級官僚機構也出現了同樣的倍增和冗餘，無數非正式的官僚機構擁有令人印象深刻的頭銜和正經的預算，通常只是為了炫耀性的任務和無聊而無謂的工作。

在中共不受挑戰、不受限制和不受監控的控制下，中華人民共和國政府是一個立法、行政、司法三權合一而未分化的政權，儘管全國人民代表大會（簡稱全國人大，其前身「全國人民政治協商會議」被保留下來以維持與「非中共」菁英「協商民主」的表面假象）、[192] 國務院、最高人民法院和最高人民檢察院在名義上是獨立組織。中共以威權且極權的社團主義方式，整合了所有政府職能和權力，並收編了專業人士和商業協會、社會和文化團體，以及宗教組織的領導人。中國境內的所有教堂、寺廟和清真寺，都必須經過國家登記，並受國家宗教管理機構的監督，而高級宗教人員一般按國家公職人員待遇領取工資。其中一些人實際上是臥底的中共黨員（他們按說應該是些無神論者）。所有自行組織的地下宗教團體都是非法的，會受到起訴壓迫。有時，監禁和死刑會被用來消滅不受控制的信仰組織和團體。[193]

從縱向上看，中華人民共和國此一無分化的前現代國家治理層級共分為五級（中央、省、地市、縣、鄉鎮／區），每一級都有相同的「七套班子」黨國結構：中共黨委、中共紀委、人民代表大會、人民政協、人民政府、人民法院、人民檢察院，再加上政府主辦的「群眾」組織分支機構，比如共青團、工會、婦女協會和工商聯。[194] 據中國社交媒體報導，2010 年代一個典型的縣級政府，會有 90 個「標準政府機構」、16 個「群眾組織」、35 個或更多縣財政供養單位，以及 55 個或更多「其他機構和辦事處」[195]。這個龐大而未分化的黨國政府，比以往任何帝國統治者都滲透得更深、更遠，企圖控制所有人並直接榨取資源，下至鄉鎮，直至每一個農村和城市街區。在官本位與權力拜物教無所不在的情況下，龐大的官僚機構對各行各業的菁英進行排位、整合、安置和控制，

形成了一個在政權中擁有各種既得利益的社團主義統治階級。[196]

這種專制由軍兵種齊全的中國人民解放軍保衛。這是一支國家出資、全民徵兵，但獨屬中共擁有的軍隊。解放軍一再承諾「完全且絕對」效忠於中共，並處於非常嚴密、高度集中，並且通常是中共最高領導人的個人控制之下。[197] 據報導，部署一個連級部隊，就需要得到中共中央軍事委員會的直接批准。[198] 除了這支世界上規模最大（據報導有 200 萬現役和 185 萬預備役）、預算第二大的軍隊之外，中華人民共和國還有第二支軍隊——人民武裝警察部隊（簡稱武警），這是一支裝備齊全、兵種齊備的軍隊，擁有 150 萬現役成員。[199] 這支平行的軍隊也是由國家出資並向全民徵兵，但同樣宣誓只效忠於中共。在 2020 年代，解放軍和武警的軍官和文官都報酬豐厚，成為中華人民共和國裡的「最佳鐵飯碗」，工薪還「明顯優於」公務員和中國菸草等國有壟斷企業及大型銀行的雇員。[200]

中華人民共和國的普通警察部隊的總規模是國家機密，但洩露的信息顯示，無論從絕對規模還是人均規模來看，都是世界上最大的。[201] 與前述兩支軍隊一樣，黨國的警察在「排」以上的各個層級，都有一名軍官／警官和一名政委的雙重指揮，這兩者都必須是中共黨員。地方派出所由上級公安局和同級黨委書記指揮，最終由中共中央統一指揮。這些「人民警察」遍及這片土地的每一個角落，擁有比世界上大多數（如果不是全部）其他警察都更大的權力和自由。

中共承襲自歷代帝國統治者並向蘇聯學習，大舉依賴祕密警察進行控制和統治。[202] 除了裝備精良、經費充足的中共紀律檢查委員會及其下至鄉鎮級的分支機構，中國至少還有其他四套垂直的祕密警察系統，每個系統的運作都不透明且資金充足，有遍布各地的祕密特工和線人網絡：國家安全部（相當於蘇聯的克格勃〔KGB〕）、公安部的祕密局處（政治保衛局處和網絡警察）、解放軍政治委員和情報網絡（為控制軍隊和收集國內外情報），[203] 以及稱為「內參」的機密調查報告體系。大多

數（如果不是全部）的中國官方媒體，比如新華社和《人民日報》，以及各個政府機構，會製作並傳播內部報導，包括翻譯的外國出版物和新聞，其機密程度各不相同（一些日報僅供七或九位最高層領導閱讀），並由全國性機要郵局系統派送。[204] 此外，至少還有兩支祕密安全部隊保護並同時監視高級幹部和高層領導人：中央警衛局和新設立的特勤局。[205] 竊聽、網絡窺探和音頻視頻監控在中國非常普遍。據報導，地方政府和官員也會私自設置祕密間諜網絡相互刺探跟蹤。[206]

在這個警察國家已是前所未有、無比龐大的官僚機構之外，中共還招募、培養了一支龐大的祕密線人大軍，其中成員包括學者、藝術家、大學生和高中生，[207] 以及由地方警察局出資的「輔警」大軍，其人數可能是普通警察的二到四倍。例如，有超過 85 萬「志願者」和線人在北京街頭巡邏。這支超大的警察部隊現在被授權可以在未發出任何警告或表明身分的情況下，射殺任何疑似「恐怖分子」的人。這導致在受到高度審查的中國網絡媒體上，出現了不少警察槍殺平民的報導。[208] 祕密線人，無論是有償或是志願的，作為所謂的「耳目」、「治安積極分子」或「信息員」，存在於每個社區，包括幾乎每個稍具規模的大學教室裡，都有祕密招募後才安置的學生線人。[209] 如前所述，為了控制和操縱互聯網，中共雇傭了「至少兩百萬名」全職網絡審查員。[210] 在 2020 年，這支網絡警察大軍平均每天審查超過 3,000 萬條帖子，處罰 10 萬個社交媒體群，關閉 500 個網站。此外，中共的青年組織共青團在網上公開招募和部署超過 1,000 萬名假冒的博主和帖主，其中包括數十萬名十八歲以下的少年。[211] 光是在互聯網上為中共工作的數百萬機器人博主（包括強迫監獄勞工），即所謂的「五毛黨」，就已經相當昂貴：以每篇五毛（約合 0.08 美元）起價，他們按照中共官員的指示，每年在網站和社交媒體上發布至少 4.88 億篇欺騙性文章，以及分散人們注意力的評論。[212] 由此，中共擁有迄今為止世界上最龐大的內部間諜網絡，部署了最新式技術（通常是進口的），進行互聯網追蹤和駭客攻擊、竊聽、郵

件檢查、人臉辨識攝像頭和大數據挖掘（big data-mining），以廣泛監視和控制中國人口，尤其是各個特定群體。[213]

為了完成這些關鍵但單調而無休止的任務，以集中統治中國這般龐大國家的每一個人並控制一切，同時防微杜漸地剷除任何爭議和反抗，這個黨國本身已成為世界上絕對和相對（人均）規模最大的官僚體系。大量的幹部被自上而下地任命和管理著，在中央集權且等級嚴格的系統中操控一切。1997 年，中華人民共和國正式將幹部總人數「限制」在 4,000 萬人，也就是每 33 名公民就有 1 名幹部，這個比例已經突破了歷史高峰和世界紀錄。[214] 但這個上限很快就被超越了。2005 年，「廣義」的幹部估計為 5,000 萬至 7,000 萬人，即每 23 至 26（或每 10-15 名勞動年齡的）中國人就有 1 人，這個比例是帝制時代的 30 至 200 倍。[215] 自 2008 年起，北京正式「停止蒐集」此類數據。2016 年，「有史以來第一次」，也是迄今為止唯一一次，官方宣布「狹義」的公務員或幹部人數為 720 萬，但使用的是模糊的標準和數據計算，而且沒有可供核實的細目；不過，根據中國學者的估計，領國家工資的「廣義」幹部，實際規模在七年內增加了 1,600 萬人，到 2021 年已超過 8,000 萬人。[216] 儘管幾乎不斷有法令要求減少幹部人數以節省國家開支，另一項中國研究對幹部、公務員和政府雇員進行了不同的分類，發現「政府雇員」的總規模在二十七年內（1978 年至 2006 年）「強勁而穩定地」增長了 170%，之後十三年內（2006-19 年）又增長了 57%，是學校教師增加速度的兩倍，促使「官民比例」從 1978 年到 2019 年增加了 6.8 倍。[217]

在 2020 年，湖南省一個普通縣的 44.5 萬居民有逾 1.2 萬的地方「公務員」，即每 37 名居民就有 1 人，一個極端的估計認為這個比例在中國是每 3 至 6 名勞動人口就有 1 名幹部。2018 至 2020 年，陝西省佛坪，一個總人口 32,600 人（縣城鎮 8,000 人）的小縣有 2,991 人領取政府工資，即每 10.9 名居民中有 1 人（每 2.7 名城鎮居民就有 1 人）；該縣政府年度總收入為人民幣 6,300 萬元（換算約為 940 萬美元），但支出為

人民幣 7.97 億元（約 1.19 億美元）。在中國 2,800 個縣中，類似的「小而不經濟」縣估計有 200 多個。2022 年，在經濟更加繁榮的江蘇省，一個擁有 90 萬居民的縣有超過 1.5 萬名「政府雇員」（每 6 名居民就有 1 人）；他們的平均工資是普通工人的四倍。資金來源是稅收和出售「公共土地」的使用權——而這兩種的增收顯然都並非取之不盡、用之不竭。[218] 一項研究發現，在中國的縣級，政府預算的 60% 至 80%（甚至高達 120%）通常用於支付「公務員」的工資。[219] 官方媒體在 2021 年報導，地方政府經常採用道路速限做為陷阱，並佐以其他濫用性罰款來創造巨額收入，以彌補其高漲預算達三分之一。這種「行政罰款」其實是各省地方政府的「重要收入來源」；許多地方的人均罰款可達人均收入的 2%，成為嚴重的附加稅。[220] 另一種「補充收入」是極為普遍的「吃空餉」，這是中國帝制時代的傳統做法，地方官員通過這種做法，將政府支付給空頭下屬的工資中飽私囊。光是在 2010 年代的一次審計中，就被發現 30 個省有超過 16.2 萬吃空餉案件；單一個省（河北）就有 5.6 萬件，北京市一區（海淀）有 66 起。2022 年 4 月，上海地方官員被揭露招募了許多不存在的「幽靈志願者」，在疫情封城期間假裝大張旗鼓地從事「社區工作」，並從政府工資中克扣下大筆資金中飽私囊。[221]

可想而知，如此龐大的警察國家黨政制度，光是維持自身就讓中國納稅人付出了天文數字。一名異議人士估計，中共需要國民黨的全部黨產加上美國總統選舉的巨額競選總支出，才能勉強支付其中央層級官僚體系一個月的正常開支。據一名中共高官估計，這個黨國消耗了高達 44% 的國家財政支出，是「西方這類比例最高國」義大利（19%）的兩倍多。[222] 據報導，在 2010 年代中期，僅中共祕密的紀律檢查委員會就雇用了 81 萬名「檢查員」（在其總部至少有一千名），平均每 1 人監督 8 名幹部，而且「預算無限」。[223] 地方政府甚至更加臃腫而昂貴；華中地區一個人口僅 78 萬的普通縣城，可以有 1,013 名「領導幹部」

擔任科室級正副領導，再加上共計 673 個政府機構、辦事處和單位，共有人數約 1 萬左右的幹部和國家雇員，花費「超過 80％的政府總收入」。[224] 2019 年，一份對隱晦的官方數據的分析在中國網上流傳，其得出的結論是：中國「養」公務員的成本在五年內躍升了 77.5％，大幅

表 1-2　中國官場之規模

時代／比較	公民人數／政府官員（幹部）＊
中華人民共和國	
中國學者的估計	18 至 26
2019 年「改革」目標	39
2005 年	26
1998 年	33
1990 年	37
1950 年代	294
帝治中國（不包括官員的「私人」衙役胥吏和師爺文案）	
清（1644 至 1911 年）	911
明（1368 至 1644 年）	2299
唐（618 至 907 年）	3927
漢（25 至 220 年）	7963
山西省（中國，2005 年）	27
遼寧省（中國，2018 年）	20
陝西佛坪縣（中國，2020 年）	11
日本（1998 年）	150
馬里蘭州（美國，2018 年）	180
曼谷大都會（泰國，2018 年）	120

注：＊不含國有企業工人和非幹部人員。
資料來源：Chief Editor 1998; *Guoji xianqu daobao* 2005; Z. Cai 2018; *Diyi caijing* 2021; S. Cai 2022.

超過 GDP 增長；同時，官方自己的數據顯示政府為幹部們的支出，不包括軍事和外交預算，以及醫療和教育領域的國家雇員，約占國家總預算的 28%，這樣的占比超越世界所有國家，在 2018 年達到了人均人民幣 35 萬元（54,000 美元），是中國人均 GDP 的五倍多或人均收入中位數的十四倍以上。[225]

於是毫不奇怪，擔任國家幹部已成為中華人民共和國裡獲取政治權力、社會地位和輕鬆賺錢方面最受歡迎的職業道路。在 2021 年和 2022 年的全國公務員考試中，有 160 萬至 210 萬通過審核的申請人參加了考試，而錄取率僅為 1.4 至 1.6%。[226] 舉例來說，以工科聞名的一流學府清華大學 2020 年畢業的 3,000 名博士中，有半數以上到黨國機構擔任幹部和文員（通常只是基層入門幹部）；2021 年，該比率進一步增加到 65.4%。[227] 2022 年 4 月，北京市朝陽區的基層「公務員」，像是辦事處文員和城管等職位招聘，最後錄取了 208 人，其中 138 人擁有碩士學位，包括一名畢業於素負盛名的北京大學的物理學博士。[228]

統治階級與菁英貴族

在中共統治下，據說沒有了階級的人民共和國卻是世界上社會經濟不平等程度最嚴重的國家之一，這一點將在本書的後續章節詳細探討。在政治上，這個臃腫的黨政警察國家，被上層階級、菁英貴族，最終是一小群排他的統治集團，以極為死板、中央集權，嚴格同化（strict assimilation）和階層化（stratification）手法統治。根據內部人士和異議人士的說法，根深蒂固的中共最高統治圈由「大約 5,000 人組成的 500 個特權家族」組成，並由「幾十個頂級家族」「壟斷中國」。[229] 無數年輕有為、有理想、有抱負的人才，常常為著崇高、甚至是無私的理想與追求加入黨國。然而，其中的大部分人（如果不是全部的話），都被中共的黨政基因和政治文化極為高效而迅速地挫敗、同化、腐敗或淘汰

掉了。[230]

9,700 萬（2023 年）中共黨員，加上極少數「非黨員」菁英（時常其實是「地下」黨員），約占總人口的 6%（包括其直系親屬在內則為約 18%），構成了中華人民共和國的上層階級。他們壟斷所有的政治權力和特權、大多數機會和社會地位，以及全國大部分的財富和收入。例如，21 世紀中國學者的田野調查表明，在富裕的長江三角洲地區，中共黨員身分和財富收入幾乎是同義詞：該地區的中共黨員占總人口的 6.2%，但在前 10% 最富有和最高收入者中正好占到 67.7%。在一個由「工人／無產階級政黨」領導的所謂社會主義國家，中華人民共和國全國人大代表的平均財富是美國國會議員的數倍，而中國人民的人均收入還不到美國的 20%。[231]

5,000 萬至 8,000 萬國家幹部被巧妙地稱為「公務員」，估計占國家雇員總數的四分之一到三分之一；他們又分為領導幹部或一般幹部，對應於帝制時代的官與吏。[232] 占中國人口約 4% 至 5% 的幹部幾乎全是中共黨員，均由中共中央組織部及其下屬各級黨委組織部門（下至鄉鎮、公司）任命和管理。[233] 從 1950 年代開始，數十年來黨國的幹部被分為 30 個薪酬等級。到了 2020 年代，公務員有 27 個工資等級，每個等級又分為 6 至 14 檔次；每月的「基本工資」從一等六檔的人民幣 3,820 元（588 美元）到一等一檔的人民幣 290 元（45 美元）不等；「職務工資」從「正國級」（Full National）的人民幣 4,000 元（615 美元）到「辦事員級」（Clerk）的人民幣 340 元（53 美元）不等；再加上其他一些比較不統一、不透明，但在實際中會相當可觀的報酬、補貼和獎金。[234] 因著官本位和權力崇拜文化，中共依靠這種近似帝制風格的官場，由領導幹部領導，以人民的名義（取代古代的奉天之命）統治人民。

2010 年代在職的現任領導幹部人數估計約為 64 萬人。領導幹部是指國家、省部、地局、縣處、鄉科等五級各單位、辦公室和其他團體的主管及副手。在總共 27 級公務員基本工資等級中，這 10 層級領導幹部

排在 1 到 24 級。[235] 他們是黨和政府官員、公司和工廠負責人、銀行經理、醫院院長，以及學校／學院管理人員。約相等數量的退休領導幹部普遍享有完整的福利，但政治影響力各有不同。現職和退休領導幹部共約 130 萬人，占中國人口的 0.1％（包括直系親屬在內則為 0.3％），他們基本上都是中共黨員，共同構成中華人民共和國的統治貴族。[236] 這些中共貴族擁有帝國官僚貴族式的權威和地位。他們享有各種嚴格制定、細緻而不等的福利和好處，包括免費醫療，有世界範圍內金錢可以買到的最好的醫生和藥物；提供住房、服務人員、旅行有專用汽車乃至專用飛機和專用列車；各種特供物品、特別服務和內部信息；頻繁的免費度假福利，可以攜帶全家人和隨行人員到全國各地（有時會以頗具創意的藉口前往海外）；以及他們本身、家人和親信的許多其他津貼和特權。他們所擁有的這些「合法合規」的權力和特權，比起薪水來得重要得多，基本上是終身的，而且顯然可以透過創意發想為後代所繼承。

在領導幹部中，現職「高幹」（廳局級以上的高級幹部）有 4 至 5 萬人。估計還有 15 至 20 萬「非領導高幹」也享受同等級別的特權與福利，但因為沒有實際擔任部門首長，政治權力大多較小，這包括退休的高幹。這群中共貴族統治菁英加起來大約有 25 萬人，占中國人口的 0.02％（包括直系親屬則為 0.06％）。在中共貴族菁英中再上一層，大約有 3 到 8 千人屬於極小的頂級圈子：副省部級或以上（或「等同待遇」）的在職或退休幹部。高幹的頂峰，即中共貴族的最高層，是 63 名現職加上 110 名退休（2021 年）的副國級和正國級幹部。[237] 高幹、特別是省部級以上的高幹，聽命於少數幾個國家級幹部或往往只是最高領導人一個人，以此外不受質疑也不受監督的權力統治著這個黨國；他們所享受的世界級奢華，往往是連金錢也無法買到的。從殘酷的競爭中倖存下來、成為人人稱羨的國家雇員後，基層幹部想爬上省部級高幹的階梯是漫長而陡峭的，據說快的話也要花三十一年的時間，機率僅為五萬分之一。[238]

中共統治菁英的行為與人類歷史上的所有貴族一樣專制、虛偽、自我放縱。中共統治者們口口聲聲說為人民服務、推進共產主義，卻用人民的納稅享受著世界級的奢華。他們與下級同志之間有著世界級的不平等，更不用說官民之間的雲泥之別。正式的工資加上獎金和補貼等不透明的收入，使幹部們擁有中華人民共和國裡中高至高收入。[239] 中共高層領導人的工資（或配給）在中國內戰期間已經是最低幹部的十倍。這一差距在 1950 年迅速躍升至 28 倍以上，1952 年為 26 倍，1955 年達到 32 倍，1956 年達到 36 倍。到了 2010 年代，頂階官員與普通國家雇員之間的實際收入差距，膨脹到驚人的 62 至 260 倍，遠遠大於中國整體社會頂層 5% 和底層 5% 之間已經存在的巨大收入差距（估計約為 27倍）。相比之下，中華民國政府雇員工資差距的最高點是在 1946 年，為 15 倍。[240]

更重要的是，工資以外的福利和好處，對黨國幹部來說更有意義。例如，中南海（中共中央和中華人民共和國政府的總部所在地）和許多其他政府機構都有內部食堂，內設有分級別的各個餐廳；其菜餚通常可以媲美最好的餐館，而對就餐的幹部們幾乎是免費的。從 1950 年開始，中華人民共和國就效仿蘇聯，採用了祕密的特供制度，生產和提供各種質量最好、無汙染、通常是進口的，以及超低折扣或免費的商品和服務，根據官銜級別終生供應，即使在億萬中國人挨餓或僅靠微薄的口糧勉強維持生計的情況下也是如此。[241] 此外還有免費或高額補貼的「常規」福利，包括寬敞的住房與別墅／度假村、便利的交通、醫療保健、子女教育、家政服務、內部信息、娛樂、家用電器、食品、酒類和香菸。這些特殊和「常規」供應的成本高到無法估量且受到嚴格保密。除了部分已洩露的軼事之外，體制外的任何人都不知道幹部特供的存在，更不用說其成本了。[242]

中共貴族的傲慢和自私可以明目張膽到令人震驚。例如，在 1959至 1962 年的大饑荒期間，為了保證和增加中共統治菁英的「國酒」和

標準特供物品「茅台酒」的生產，北京特地為該酒廠收集了 1 萬多噸足以救命的糧食。在同一個城鎮有成千上萬民眾餓死的情況下，茅台酒卻在嚴密的安全條件下繼續大量釀造。在中華人民共和國之前，當糧食供應短缺時，茅台酒通常會被禁止生產。[243] 此外，據報導，至今二十多年來，中共統治者沉迷於一項耗資巨大的保健項目，名為「981 首長健康工程」。該項目旨在將高層領導人的壽命延長至一百五十歲，並擁有「包括性器官在內運作良好的身體部位」。這個項目完全由國家出資，採用從世界各地尋購的所有最新技術，甚至據稱還活摘年輕人的身體器官，以用於移植和「回春」。[244] 即使在死後，號稱無階級和無神論的人民共和國，實際上卻將墓地隔離開來，用高牆將普通人和幹部隔開，還有專為高幹和領導人修建和定價（通常免費）的墓地。

根據官本位等級，中華人民共和國的菁英可享受的特供制度，以及更普遍的所謂「待遇」，可以被其上級幾近隨意的授予、修改或取消。中共領導人因此擁有一個簡單而強大的工具，可以吸引、賄賂、縱容、腐化和奴役中國的上層階級，尤其是統治菁英。享盡特權與特供的貴族官員們，對困擾中國人民的社會經濟停滯、有毒的食品、質量低劣的藥品，以及環境汙染等痛苦，變得極度疏遠而無感。[245] 對於政治反對者和持異見的官員，包括退休高幹，往往只要威脅減少或終止他們的特殊待遇，特別是免費而攸關性命的最先進醫療服務，就能有效地阻止他們採取未經批准的行動或發聲。[246]

除了制度化的特權外，許多中共領導人和幹部還無休止地從中國人民手中攫取巨額的非法（黑色）和半非法（灰色）財富。一些被公開的官員腐敗案件顯示，光是中低層官員，就會貪汙受賄數百萬、甚至數十億，而且往往將大量現金堆藏在地下室。至於最頂層，據報導，溫家寶總理的家族擁有「至少 27 億美元」的資產，而習近平主席的姊姊僅通過與房地產集團萬達的一筆交易，就「賺了」2.4 億美元。[247] 關於中共高幹如何培養後代（包括所謂的情婦和私生子）以奪權，或者偷偷送

親眷到國外（主要是西方）居住的報導不勝枚舉。例如，2020 年的一份此類報導，就涉及三位高層領導人習近平、栗戰書和汪洋的家屬。據報導，在 2021 年初破產的大型國有海航集團（HNA Group），其旗下的數百家公司中，僅 3 家就涉及總額達 100 億美元的貪汙案件。[248]

一位中國記者在 2015 年估計，至少有 1 萬名腐敗官員帶著超過 2 兆美元的資產逃到了國外。這也許只是反映了冰山一角；據報導，自 2014 年以來，中共的「天網」行動已捕獲並帶回了數千名此類逃脫者（2019 年為 2,041 人，2020 年為 1,421 人），「平均每年收回遭侵占捲逃的資金」達人民幣 30 億元（4.48 億美元）。[249] 外洩的機密文件，比如 2016 年由國際調查記者聯盟（ICIJ）調查的巴拿馬文件（Panama Papers）就透露，中共黨國高層領導的家人持有的大量財富，已通過精心設計且極可能是非法的方案，藏匿在境外並避稅。巴拿馬文件是從總部位於巴拿馬的律師事務所莫薩克·馮賽卡（Mossack Fonseca）洩露，該事務所在中國設有 8 個辦事處（比其他任何國家都多），專門從事全球空殼公司和避稅天堂的業務；在其來自 200 個國家的 15,000 名客戶中，近 5,000 名是來自中國和香港的富豪及名人，其中涉及至少 8 名中共高層領導人的家屬，包括習近平的姊夫。截至 2020 年，由於國際調查記者聯盟對巴拿馬文件的報告，這家擁有數十年歷史的律師事務所關門大吉，超過 6,500 人接受了調查（包括逮捕、起訴和監禁），收回了超過 12 億美元的未繳稅款和罰款，共有 82 個國家的政客辭職。然而，中國方面卻毫無行動，甚至嚴格禁止提及巴拿馬文件。[250]

鑑於巨額的供養高價和廣泛運用的官員評測考核等表面功夫，人們可能有理由希望貴族般的中共統治菁英能夠物有所值，至少在某種程度上能類似那相對於民主制度的所謂賢才治理制度（meritocracy of governance）；這賢才制度很受中共內外一些人夢幻般的追捧，包括某些外籍和華裔學者都通過西方著名媒體和出版社發表這類論點。[251] 然而，正如一位中國學者一針見血地指出，將賢才制度對比於民主制

度，在概念上是一種「假二分法」，因為民主「**才是**賢才制度的真正形式」。[252] 另一位中國學者則稱，追捧實際上並不存在的「中國賢才治理」，是公然盜用、亂用儒家詞藻，不但誤讀了中國歷史與現實，也是愚蠢地「鼓吹前現代威權主義和極權主義」。[253] 世界各地的人類政治歷史都一再表明，沒有足夠限制的壟斷式政治權力，必然是優點稀少，但卻會是無止境的無能、腐敗和災禍——中國的情況似乎正是如此。[254] 正如本書試圖呈現的，相較之下，中共的專制統治幾乎沒有什麼特別的優點，尤其是考慮到其高昂的成本、錯誤的政策、猖獗的腐敗問題和糟糕的治理紀錄。甚至，中共官方媒體有時可能會在某些高層領導人的刻意允許下，承認該黨國一直受到其官場「逆淘汰」積習弊端的困擾，即「提拔壞幹部使用壞政策，卻淘汰好人好政策」。[255] 不論在概念上或實踐上，政治上或行政上，歷史上或在當代，臃腫且代價高昂的中共專制統治都與賢才治理差了十萬八千里。

擾民、不安全、少安寧

對中國人民來說，龐大的中華人民共和國警察國家，是無遠弗屆、昂貴而苛刻擾民，其臃腫而裝備精良的執法機構受到中共的徹底控制，首先、也主要是為政權提供有效服務。它在保持中共統治者安全掌權方面確實也做得很好。這個無與倫比的巨無霸在經濟上汲取且花費無度，為維護中共統治自己的人民而耗費了超過保衛國家的國防開支。中共的「維穩」（維持社會政治穩定）或維護國內安全的支出，在 21 世紀以每年兩位數的速度增長；自 2010 年以來，每年都大於中國的國防預算，增長速度比中國經濟高出許多。[256] 北京於 2013 年停止公布其維穩預算，但一項歐洲研究結論道，在習近平領導下，國內安全支出持續以每年 50％至 100％的速度暴漲，比高漲的對外國防支出成長更快，在 2017 年達到人民幣 1.24 兆元（1970 億美元），比解放軍的資金高出

19％；然而，「這些數字仍未包括在與安全相關的城市管理和監控技術計畫上花費的數十億美元」。在中國的每一處，所有城鎮最宏偉的建築通常都是黨國機構的所在地。對於中國內外的中共統治菁英、附傭人士和狂熱分子來說，中共最優化式的治理已經恢復和推進了誘人的中華帝制文化，並賦予統治者小圈子大量且不受監管、也不需負責的權力、特權和財產。這個偽馬克思主義和偽儒化的法家強權獨裁國家，也許可以自我合理化，聲稱是在為中國人民（後來又是為全世界）提供更繁榮和更安全的和諧社會。一個無處不在且十分昂貴的「安全國家」（security state）制度，確實是中共暨中華人民共和國政治治理的軸心。[257]

然而，對於中國人民乃至大多數中國菁英來說，這種確保中共統治者專制權力的最優方式，實際上帶給大多數（如果不是全部）人民共和國裡人民的（從老百姓到菁英、甚至統治者自己），都是一種次優化、很不理想的治理方式。中共的黨國統治看來是代價極為昂貴、甚至是悲劇性的大倒退──向前現代的大躍退。一位中國學者評論道：「我們現在的社會模式，特別像明朝。」[258]擁有世界上數量最多的官員和警察，無所不在的黨國在提供社會安寧和保護公民免受犯罪侵害方面，始終是意料之中地表現不佳。中國人民付出了天價，忍受著粗暴不斷的政府擾民，但除了政治權、公民權和人權被廣泛剝奪外，也長期缺乏安全感和社會正義。正如我將在下文總結的，人民在中華人民共和國裡普遍感到不安全和不安寧。

除了在次優化治理穩定運作下經受苦難的普通民眾之外，中國各級菁英──受過教育、有能力、有野心、有影響力的人，尤其是富人──一旦拒絕順從和被收編，或是不夠順從和受控，太富有或太有影響力，或者站錯官員們的派系，通常就會被以各種藉口和大多為捏造的指控，加以奪產、流放、摧毀、監禁，甚至處決。就連執政的中共貴族們也經常成為受害者。正如我在《中華秩序》中所闡述的，中共的歷史是一段不斷展開內部清洗的血腥歷史，其規模和殘暴程度堪比一些人類歷史上

最糟糕的專制制度。1921 年，該黨第一次代表大會的 13 名華人與會者中，有 7 人後來脫黨或被開除（其他 4 人「成為烈士」），僅有 2 人（毛澤東和董必武）以黨員身分善終。毛澤東之前的 6 名中共最高領袖，以及毛後 6 名最高領袖中的 3 人，都被抹黑或清洗掉。[259] 毛澤東本人也在死後短短幾週內，成為「反革命分子」家屬，因為他的妻子被打上這個標籤後入獄待處決（被囚十四年後在獄中自殺）。在 2020 年代，除了毛澤東以外，只有 3 名中共最高領導人（即江澤民、胡錦濤和習近平）還能保持毫無瑕疵，再加上仍受尊崇的鄧小平（他掌權時並沒有黨最高領袖的頭銜）。惡名昭著的「絞肉機」式權力鬥爭和清洗，顯然還繼續存在於中共上層之內，平均每三至五年，就有一位最高層領導人被推翻、抹黑乃至終身監禁。毛澤東領導下的中共，在 27 年內清洗了 17 位最高層領導人（政治局常委級別）中的 5 位；在毛澤東死後的 42 年裡，中共清洗了 41 位中的 9 位。[260]

自 1997 年鄧小平去世以來，中共領導人使用更加不透明的腐敗指控或僅僅是「違反紀律和規則」，來除掉持異見者和對手。紀委的祕密警察看似有序且大多是法外但有效的反腐行動，已成為「中共內部權力鬥爭最致命的武器」。2021 年底，中共正式下令「維護習近平在黨中央和全黨的核心地位……是所有紀委的最高政治原則和根本政治職責」。[261] 中共領導人巧妙利用民眾對秦漢式官場裡典型的腐敗猖獗的不滿，將反腐敗徹底政治化，有選擇地清洗反對者和挑戰者，以重新分配職位和尋租權，並鞏固個人權力。[262] 反腐似乎也是壓制宗教群體和少數民族，並且強制其服從的一個得力工具。例如，2017 年 4 月，新疆和田地區數十名當地中共幹部和官員因腐敗和「違紀」而被處分，其實際違法行為包括「不敢在（伊斯蘭）神職人員面前吸菸」、「沒有妥善關注重點（穆斯林）人口家庭的情況」，或者「少報（當地）清真寺的訪客人數」。2018 年，新疆兩名維吾爾族出神的中共高級官員被判處死刑緩期執行，還有另一人被判處無期徒刑，均是因腐敗罪名；但官

方媒體本身在三年後透露，他們的真實罪過實際上涉及「大膽而狡猾的作為」，企圖抵制和破壞北京針對維吾爾人的鎮壓命令。[263] 威權式、自上而下、選擇性反腐的強大政治效用，體現在自毛澤東以來的每一位中共領導人都堅稱要消滅腐敗、但沒有一人採用早已證實有效的方法，例如獨立的司法制度、自由媒體、公開並監督官員的個人和家庭資產，以及通過選舉賦予人民政治權力。更有甚者，統治菁英和官場的腐敗不僅無可避免，同時也能必要且有效地確保對專制統治者的忠誠和支持，這正是兩千多年前法家所討論的政治黑暗權術，今日學者們在其他國家也證實了獨裁統治利用腐敗的現象。[264] 正如所料，中共其實嚴重「依賴腐敗來保持官員對非選舉產生之政權的忠誠度」。[265] 從奧斯曼帝國到納粹德國和蘇聯集團，中共的反腐敗行動確實與其他專制國家是同樣的政治化、玩世不恭且無效。[266] 因此，經過多年的「鐵腕」反腐運動後，中共中央和習近平還是正式宣布並公開威脅說：「國內（仍然）沒有乾淨的角落，沒有地區或機構沒有（腐敗）問題，只是程度上的不同。」[267]

黨國官方披露，從 1982 年到 2012 年共「懲罰」了多達 420 萬名幹部（其中許多人被快速處決、判處長期監禁和「非自願被自殺」），平均每年 140,000 起，相當於幹部們有著近 4％的驚人「犯罪率」，是普通人口犯罪率的十倍以上。這種以反腐敗為名的政治清洗越演越烈：短短十年間，從 2012 年到 2021 年，中共「處罰」了總計 399 萬幹部，包括省部級以上幹部 484 人，地局級以上 2.2 萬人，縣處級以上幹部 17 萬人；相當於每年約 44.4 萬起，比 1982 至 2012 年間幹部的「犯罪率」又增加了一倍多，高達普通人口犯罪率的二十倍左右。在三年半裡（2018 年 1 月到 2021 年 6 月），就有 1 萬 2 千多名中共幹部被判徒刑五年以上；13 名省部級以上高幹被判處終身監禁，另有一名省部級以上高幹被處決。[268]

2013 年，反腐敗案件的數量暴增了 36％，高達逾 180,000 件，

6.5 萬名「領導幹部」受懲，隔年不同層級的受懲案件又分別增加了76%至233%不等，完全反映了習近平自2012年上台後激烈的權力鬥爭。在2012至2017年間，中國31個省級單位的高級領導幹部共440人受到「處罰」；並非完全由習近平任命的中共第十八屆中央委員會（2012-17年），其376名成員中有43人（11%）遭到清洗，包括1名現任政治局委員和3名剛退休的政治局委員（其中1名為剛退休的政治局常委）。接著，在2017年，習近平已鞏固權力並欽點第十九屆中央委員會成員後，僅有2名中央委員會成員在2017至2022年間遭到清洗，且未涉及更高級別。在習近平第二任期內「受罰」的省級領導人也下降了86%至60人左右，這可能是顯示中共領導人的守法和道德行為突然大為改善，但更可能的是使用反腐敗來清除異己並在高層提拔忠誠者的需求大幅度下降了。[269]

對警察本身的大範圍清洗也很明顯：例如，在2021年不到四個月的時間裡，有72,312名中共執法幹部（警察、檢察官和法官）被「處罰」，27,364人「被調查」，12,576人「主動投案交代」他們的錯誤行為。在2022年的頭八個月裡，就有三名副部級以上的高級警官被判處死刑緩期兩年執行；另一名副部級以上高級警官則被判處無期徒刑。[270]在2020年代，顯示政府官員腐敗蔓延既深且廣的新跡象，是所謂的「娃娃巨貪」猖獗：年輕（1990年代或之後出生）、心浮氣躁、厚顏無恥、毫無底限的低級幹部（甚至只是辦事員）受賄和貪汙的案件層出不窮，「這種（數千萬）巨額大案，以前只在年老的高幹們身上看到」。[271]儘管清洗了數百萬幹部，但黨國內部的腐敗似乎絲毫沒有減弱。

可能是中共黨員和幹部比一般民眾更容易犯罪，而且這種不法性與他們的職位高低直接相關，也可能是他們的權力與特權本身就伴隨著會定期遭到清洗的特殊工作風險，或者兩者皆是。一旦在權力鬥爭中「站錯隊」，或者與失勢領導扯上關係，就算殫精竭慮、背信棄義才爬上中華人民共和國專制政權的最高層，也無法有多少人身安全保障，更不用

說是經正當程序了。洩露的報導和回憶錄顯示，一旦被清洗，以前位高權重、眾人捧場的幹部，無論級別大小，同樣會受到黨國各種法內和法外刑罰系統中普遍存在的不公正、不人道、虐待、肉刑等對待，甚至非正常死亡。[272]

不過，這些「人民公僕」享有的貴族式階級特權，似乎在他們被清洗或定罪後常常仍然存在。據報導，被清洗的幹部們會根據其職位等級受到不同的待遇，特別是足夠順從且合作的高級幹部，或者他們關係網上面的人仍大權在握：他們的監獄膳食會更好，牢房更寬敞，醫務人員也更細心。被定罪的高級幹部及其家屬，通常可以輕而易舉地減刑；例如，據報導，周北方一案在短短五年內就從死刑緩期兩年執行減為保外就醫。[273] 此外，據報導，在被判處死刑的少見情況下，高幹可以要求更「人道」的致命注射，而不是面對標準且較便宜的槍決行刑隊。

在黨國官場之外，富豪能人如果與中共權力鬥爭的勝利者沒有牢固聯繫，就會被刻意勒索、沒收財產、流放、監禁，甚至處決。這很可能是因為那些擁有大量金錢和名望、但不受統治者有效且直接控制的人，會有能力去煽動和資助異議人士或挑戰。因此，中共總是特別警惕、嫉妒，懷疑地關注著「功成名就」的中國人，將他們視為可宰的肥羊或危險的遊蕩肥貓，隨時準備剪毛和削弱。這個強大的警察國家始終勤快、持續不斷且蓄意地破壞和摧毀中國社會中創造財富的群體，以滿足黨對權力和控制貪得無厭的需求。中共暨中華人民共和國治理的次優化於是傷害了其統治下的每個人，包括那些有能力又幸運、已經成為世界級富豪和名人的菁英人士。這對中國人民的競爭力和創造力尤其不利，因為有雄心抱負的優秀人士，在「中共無情追求等級權力和私利的恐懼文化」中，常常被系統性地囚禁或閹割了。[274]

據媒體報導，中華人民共和國的許多超級富豪似乎都「非自然死亡」。2003 年至 2011 年期間，億萬富翁裡有 15 人（平均 44 歲）被謀殺，17 人（平均 50 歲）自殺，14 人（平均 42 歲）被政府處決。在 21

世紀的頭十年，有十幾位億萬富翁被判入獄多年，資產被沒收，其中 5 位超級富豪被處決，1 位才 40 多歲就死於獄中。「上（中國富豪）榜後被起訴、調查或逮捕的比例為 17％，而同期其他企業家的這一比例為 7％」。[275] 而在中國 15 歲以上的普通人群中，2000 年至 2020 年間，每年僅約 0.14％至 0.44％被警方調查、逮捕或起訴。[276] 2014 年，中國前 100 名大富豪中，至少有 20 人（高達 20％）與政府發生了各種糾紛：1 人被處決，7 被判入獄，8 人正在接受調查，3 人成為流亡逃犯，1 人宣告破產。[277] 這份清單甚至還不包括一些最富有和最著名的中國商人所遭受的許多法前和法外、持續數天乃至數週的拘留審訊，以及旅行禁令和政府對資產的沒收，比如復星的郭廣昌和萬達的王健林，後者曾經是中國首富，還擁有過美國連鎖影院 AMC。[278] 事實上，「中國的億萬富翁變動率很高──（一年內）有 106 人成為億萬富翁，但有 51 人（從約 300 人中）掉榜，這說明了在中國做生意的風險。」[279]

2017 年 1 月，掌控價值人民幣 3 兆元（超過 4500 億美元）巨大企業集團的華裔加拿大商人肖建華，在其位於香港的豪華酒店套房中，被中華人民共和國特工綁走，並遭祕密監禁七年之久，直到在 2022 年 7 月被判十三年徒刑，而其資產也被清算並沒收。2018 年年初，管理超過 1 兆元人民幣（1500 億美元）資產、主要在香港活動的中華人民共和國商人葉簡明，在未經審判的情況下被祕密逮捕入獄，同時他的財產也被悄悄奪走；目前，他可能仍在監禁中。2018 年 5 月，在被祕密監禁一年多後，中華人民共和國商人吳小暉，其公司擁有超過 1 兆元人民幣（1500 億美元）資產，包括傳奇的紐約華爾道夫酒店（Waldorf Astoria New York），他同時也是鄧小平的前外孫女婿，經祕密審判後被判處十八年有期徒刑，而其數十億美元的資產於 2019 年 7 月被沒收，並於 2020 年 9 月前全部清算。對吳小暉的指控包括「集資詐騙」和「挪用公款」。[280] 2020 年 11 月，聲譽卓著但對政府略有微詞批評的河北商人孫大午及其家人和高級管理團隊突然被捕，龐大的企業集團被國家接

管。幾個月後，他被判入獄十八年，集團下總價值「至少人民幣 51 至 70 億元」的 28 家公司，以人民幣 6.86 億元的價格，被拍賣給唯一的競標者——一家三天前才創建的公司。[281] 許多被清洗的超級富豪被公認是所謂「白手套」大亨，即實際上在為後來於權力鬥爭中敗北的中共高層領導人，經營龐大的生意。又一個與黨國高層領導人有著密切的聯繫和巨額交易的明顯「白手套」，同樣在 2017 年秋季消失於北京的某個祕密「黑牢」中，卻在 2021 年 9 月突然通過電話再次出現；似乎試圖阻止她的前夫，在美國出版了有關「當今中國財富、權力、腐敗和復仇的內部人士故事」。[282]

無論是出於利他主義、敏銳的自我保護意識，還是被說服，阿里巴巴的馬雲和騰訊的馬化騰，在中國相當於亞馬遜的傑夫·貝佐斯和臉書的馬克·祖克伯的人物，都在 2019 年「自願地」放棄了他們的公司（每家資產近 1 兆元人民幣）。台灣商業記者將此舉稱為「被迫退休」。[283] 中國的線上記者進一步統計，僅在 2019 年，就有 41 家大型上市私營公司被「國有化」。[284] 2020 年 11 月，在剛剛「放棄」阿里巴巴（相當於亞馬遜、eBay 和 PayPal 等合而為一的中國巨頭）之後，身為中共黨員、中華人民共和國最富有公民的馬雲公開被批，在最後一刻被下令停止他創立和控制的金融服務公司螞蟻集團計劃已久的香港和上海首次公開募股（IPO），據報導是全球有史以來規模最大的首次公開募股，規模超過 340 億美元。到 2020 年底，阿里巴巴成為中共「基於線報」不透明的「反壟斷」行動目標。到 2021 年初，龐大的螞蟻集團已被中國政府接管。[285] 據報導，馬雲對監管官員們的無禮是一個可能的原因。但這一行動或許更能反映中共與大亨關係的整體模式，以及北京高層不穩定的派系權力鬥爭。[286] 由超級富商和有權勢的幹部加上權力掮客所組成，為數不多且祕密、排外、「共濟會式」的「社交友誼」「互助」俱樂部，比如泰山會（1993 至 2020 年）、西山會（2007 至 14 年）和湖畔大學（2015 至 21 年）等，不是被中共打壓萎縮，就是「自願解散」。[287]

許多從事娛樂和媒體行業的富豪和名人，已經一飛衝天擁有世界級的奢華和知名度；然而，這些明星顯然也必須更加對黨國表現出服從和合作以確保安全，有時不僅僅只是通過言論或金錢捐助，來表達他們對黨國領袖的愛。一旦他們上面的人失勢，或者當他們被發現做「不當」的事情時，例如在私人晚宴上說毛澤東的壞話、與錯誤的領導人吃飯或上床，或者生育的子女數超過生育計畫額度，他們就會被棄如敝屣、「雪藏」，並處以巨額罰款、甚至長期祕密監禁，就像數百萬名被清洗的中共幹部或被監管的數億公民一樣。近年來，比較知名的一些案例包括對張藝謀處以人民幣 748 萬元（124 萬美元）的巨額罰款，因為這名為 2008 年北京奧運會和 2022 年北京冬奧會開幕式和閉幕式操刀的御用電影導演，多生了兩個孩子。可以說是中國最著名女演員之一的范冰冰，因語焉不詳、不明不白的「逃稅」而遭到人民幣 8 億元以上（1.35

表 1-3　中國社會各階層之犯罪率

階層	年犯罪率	
一般民眾 *	0.075%	(1999 至 2008 年)
15 歲以上一般民眾 *	0.11%至 0.44%	(1999 至 2019 年)
企業家 **	0.7%	(1998 至 2008 年)
最富有的中國公民 **	1.7%	(1998 至 2008 年)
中共幹部 ***	4%至 5%	(2013 至 2016 年)
高級幹部 ***	2%	(2013 至 2016 年)

注：* 此處的犯罪率指警方立案案件。
　　** 此處的犯罪率指經法內調查、逮捕和起訴的案件。
　　*** 此處的犯罪率包括法外黨紀調查處分和法內調查、逮捕和起訴。此處的高級幹部指中共中央委員以上。
資料來源：J. Liu 2008: 131–147; L. Hu 2006; J. Bai 2010: 144–159. *Beijing Times* 2012; Xinhua January 10, 2014; CDIC August 25. 2016; F. Wang 2017: 183–184. NPC December 2020; Supreme People's Procuratorate 2020.

億美元）的天文數字罰款；她沒有經過任何正式審判，還神祕地「失蹤」了長達數月。著名喜劇演員趙本山因涉嫌與中共內部權力鬥爭的一些失敗者「太接近」，進而被沒收資產並遭到封殺。著名電視主持人畢福劍則因政治不正確的私人談話，遭到他人在網上發布而被開除和消音。此外還有諸如芮成鋼、葉迎春、沈斌和賈曉曄在內的多位央視明星主播被長期祕密監禁，據說主要是因為他們與被清洗的中共領導人有關係和往來。[288]

　　在國家級舞台上，一些最富有、最有權勢、最知名的中國人，看來經常得忍受這種中國次優化。在國家層面之下，每個地區的中共小獨裁者們對待他們的同事、富人和地方名人的方式也都類似；對不受控制的權力和財富，有著制度決定的貪婪、猜疑、蔑視和報復。中華人民共和國政界、商界和社會文化菁英中的下層成員，可能會在一定程度上躲避風頭、隱匿起來，但他們始終處於無數地方幹部的監視和壓力之下，稍有冒犯或不敬，甚至只是出於嫉妒和怨恨，都會受到懲罰。對他們來說，求得當權者昂貴但不確定的寵幸之需求和回報，與那些在國家級舞台上的人一樣強烈且明顯，但也同樣不可靠且危險。在中國網絡空間控制不那麼嚴密的角落裡，可以看到無數關於地方和社區菁英在中共無所不在的掌控中，遭受可怕、甚至離奇命運的故事。在 2010 年代和 2020 年代，中共還廣泛使用在電視上強迫自白諸如嫖妓之類劣行，來公開羞辱知名人士，藉此作為一種新的法外懲罰和控制工具。[289]

　　強大的中華人民共和國作為警察國家，更是貨真價實地監視著每個人。採用美國最新人臉識別技術的昂貴監控攝像頭，在中國無處不在。光是在北京，警方在 2008 年就安裝並運行了 300,000 多台此類攝像機來監控公眾。[290] 截至 2018 年，中華人民共和國政府購買了全球三分之二的人臉辨識攝像頭，打造出世界上最大的網絡——天網，共計有超過 1.76 億台監控攝像頭，即每 8 名中國公民就有 1 台，其中 2,000 萬台由警察直接操作。他們即時共享信息，並在幾分鐘內就可以通過公共揚聲

器或手機執行警務，在天安門廣場等敏感場所甚至會在幾秒鐘內執行。現在，更複雜的監控攝像頭還可以通過體型和步伐，來識別和記錄戴口罩的人。[291] 2020 年，中共實施了更加雄心勃勃的「雪亮工程」，全面整合全國所有監控系統，以「即時且徹底地使用」，「全面覆蓋全國每一個角落」。這將包括總計 2.76 至 4.5 億（甚至是 6.26 億）台監控攝像頭，即約每五、三或兩個中國公民就有一台，這些都計劃在 2022 年前裝設完成，並結合 AI（人工智慧）和大數據分析。[292] 為配合該網絡，中華人民共和國自 2014 年以來持續在開發一套由國家控制的「社會信用」系統，根據政府標準對每一位居民進行評級和排名。[293] 人們的日常活動、經濟狀況、私人生活、政治「表現」和思想傾向，都將不斷地受到全面監測和分析，以個別決定和規範他們的權利和地位，獲取教育和就業、旅行住房、社會服務和福利、信用，以及取用自身資產的機會。如本書稍後將深入討論的，中共黨國在 2020 至 2022 三年裡，以阻止新冠肺炎流行為名，對許多大型城市乃至幾乎全國的嚴厲封控，常常是一次就封幾個月，生動地詮釋了這個警察國家的驚人權力和暴力施政。

即使有這麼多昂貴、法內及法外、膨脹而擾民、致命且經常令人反感的維穩舉措，中共所創造的仍然只是一個不安穩、不安全和不安寧的社會。任何到訪中華人民共和國城市的人都會注意到，隨處可見鳥籠式、甚至像監獄般的防盜金屬門和鐵條窗欄。債務償還和民事判決等合同都普遍無法執行。各種欺詐、包括大型金融詐騙和假冒在內的偽造案件，以及有毒食品和藥品，在全國每天都是屢見不鮮。[294] 我將在後續章節裡詳細探討這些問題。生活在中國各地的受訪者，似乎人人都有說不完的恐怖故事和警世案例，關於不安全的街道、公共場所、食品和服務，關於令人毛骨悚然的大大小小的犯罪，關於在直系親屬和社交圈之外全面缺乏信任，關於警察、輔警、城管和其他各種「與安全有關」的人物如何錯待和踐踏人們。[295]

公共安全及人身安全匱乏的普遍感受，以及關於可怕且往往是無意

義犯罪的豐富軼事傳聞，種種似乎都表明，中華人民共和國的真實犯罪率很可能屬於全球最高之列；但槍支犯罪可能除外，因為中國嚴禁私人擁有槍支。中國官方公布的犯罪率，一直都是不準確且很可能遭到篡改，但似乎與世界平均犯罪率差不多。然而，可取得（但極少）的黨國官方的數據分析已經表明，中國近年來歷經了世界級的犯罪率增長。從1986年到2019年，犯罪率（定義為人口與警方立案數量之比）每年增長16.7％，從每千人就有0.75人增為3.6人（15歲以上族群則從每千人有1.1人增為4.4人），遠高於經濟增長率。[296] 根據另一中國研究報導，警方立案數僅占實際犯罪的20％左右，因此「實際犯罪率至少比官方數據高出130％」。[297] 2020年新冠肺炎疫情期間，中國官方報導刑事逮捕人數躍升了108％，起訴件數增加了130％，搶劫和入室盜竊案件分別增加了143％和158％；因應青少年犯罪激增，北京將刑事起訴年齡降低至12歲。[298]

　　有一個格外引人注意的證據，能夠表明中華人民共和國治理不佳的情況——那就是人口販運和虐待這一普遍存在的大問題，特別是有大量的女性和兒童被拐賣。這種「古老」而「傳統」的犯罪形式，在中國似乎十分蓬勃而普遍，甚至成為「批發規模」的行業，不斷有剝削、殘暴、傷害和死亡等駭人後果的報導。[299] 據報導，中華人民共和國的人口販賣和奴役案的人均犯罪率，是西方和其他東亞國家的十倍以上。[300] 在2010年代至2020年代，中國每年有100至400萬人（包括許多兒童）被通報「失蹤」，其中只有一小部分人「被尋回」。在中國，失蹤兒童的拯救尋回率估計在5％左右，與美國的99％相比，低得不可思議。[301] 中國擁有世界上最廣泛的數位監控網絡，警方在識別和定位與「維護政治穩定」有關的通緝犯方面，似乎效率極高；然而，拐賣人口和許多其他「真正的」犯罪行為，則似乎經常淪為次要的警務目標。強大的戶口制度可能對中共的治理起了至關重要的作用，但其與人口普查相關的主要作用則顯得相當的次優化：在2010年代中期，估計中華人民共和國

有 1,300 萬人沒有戶口，因此「隱形」。[302]

以前述的中國次優化為代價去維穩，用以維護專制的中共最優化本身，其實也並不安穩，甚至每況愈下。中國揮之不去的政治不穩定和社會緊張局勢，伴隨著民眾普遍感受到的不安全和不公正，以及政府公信力和權威性的不斷下降，這又需要更多的武力和金錢來補救，造成一輪又一輪的治理低劣化。2022 年初，江蘇省北部的徐州一宗駭人聽聞的案件意外曝光，一名被拐賣的女子多年來被當作性奴和生子機器，即所謂的「鐵鏈八孩媽案」。此案在互聯網上瘋傳，引發輿論憤然與憂心的軒然大波。[303] 儘管官方屢次笨拙地想要掩飾並加強網路審查，中國社交媒體仍立即湧現大量關於長期存在、隨處可見、大規模的綁架、販賣和奴役人口的故事和報導，尤其是針對生育年齡婦女和兒童，以及警察如何不作為、無能，甚至暗中幫凶。無數聳人聽聞的可怕故事，甚至無端散布恐懼，教人如何在即使是大城市的中心，應對無處不在的綁架者和人口販子的「訣竅」，如雨後春筍般冒出並享有大量點閱率，這顯示了「不安全感、缺乏保護的感覺，在社會上非常強烈」。[304] 一名中國博主如此寫道：「我們用來交換安全和保障的種種自由，基本上是從我們這裡騙走的：我們不安全。國家對每個人都撒了謊；（既沒有自由也不安全）事實證明這是一個奴役國家。」[305]

有越來越多的中國人傾向於自動地不相信任何及所有的政府聲明和法令，這是兩千年前羅馬歷史學家塔西佗（Tacitus）經典地描述過的可悲治理困境，是一個致命的陷阱，也是錯誤和不良治理的惡性循環。[306] 一項半官方的中國調查令人遺憾地得出結論，絕大多數中國人是「習慣性懷疑論者」；他們要不是「不相信政府所說的任何事情」，要不就是「對社會和公眾缺乏信任」。[307] 2022 年 4 月，經歷上海封城的一名博主宣稱：「（在被公然欺騙這麼多次後）我再也不會相信政府說的任何一個字。」一個月後，另一名「向來相信政府」的專業人士公開宣稱，她的家人在「中國最好的城市」上海，在嚴厲而「荒謬」的隔離政策下，

經歷了殘酷但「非常普遍」的磨難，變得「（對政府）完全幻滅」，繼而決定尋求「自由」（移民出國的常用說法），高於「所有其他追求」。長期以來，一些大膽的中國學者都在描述中共統治下，不可逆轉的社會政治的「衰敗」和治理癱瘓。[308] 習近平要不是遵循經典的專制劇本，需要無窮無盡的敵人，就是感覺到一些真正的不穩定危機，因此幾乎是不斷地呼籲要更加努力維護中共政權，代號為「維穩」；據中共中央黨媒報導，在 2021 年初的一個月裡，習就發布了三次直白的警告，關於與企圖「篡奪黨和國家政權」、危害黨國領導地位的人做生死鬥爭。僅僅幾個月後，習又多次公開地「更嚴厲警告黨內的敵人」。[309]

誠然，中共在治理中國時，一直都在面對頻繁而且暴力的抵抗——從中華人民共和國成立的第一天起，政府就靠武力鎮壓反抗，大規模監禁和處決數千萬人。[310] 雖然獨立工會違法且法令禁止罷工，但中國每年顯然仍會發生數百起罷工事件。[311] 與社會抗議有關的民事和刑事案件也「激增」。[312] 在 2012 年被禁止之前，中華人民共和國的研究人員和官員會定期報告「群體事件」的數量，如暴動和抗議（定義為「涉及 20 人以上」，未經當局許可、通常與當局產生暴力衝突的事件），傳聞中包括襲擊、甚至殺害警察和幹部，搶劫和焚燒商店與車輛，破壞公共設施，「恐怖攻擊」和封鎖公共運輸。[313] 這個數字從 1993 年約 8,700 起（每天 24 起），迅速增長到 2005 年的 87,000 起，到 2010 年超過 180,000 起，2011 至 2015 年每年為 190,000 起（每天 520 起）。[314] 或許與一般想法相違，較為繁榮和發達的華南地區在此類暴動中反倒占大頭，最富有的省分廣東於 2000 至 2013 年間，在涉及百人以上的「重大」暴動中占 31%，為全國之冠。[315] 在 2022 年 3 月至 5 月新冠肺炎疫情期間，與其他省市同樣經歷嚴厲的封閉之下，中國經濟中心和最國際化大都市上海的居民，明顯表現出更多的抵抗、抗議和反抗，傳聞是對「新疆化」、「過分專制」的控管的劇烈反抗。[316] 這似乎暗示著，中共黨國政治制度與比較先進、繁榮的市場導向社會經濟發展之間的衝突越來越深。儘管

警方可能會偽造、誇大數據，以爭取高漲的資金預算（一些中國學者已經將這些花費視為「不受限且失控」[317]），中華人民共和國已經貌似一個巨大的高壓鍋，在警察和言論審查員的沉重鍋蓋下不斷沸騰著。就群體事件或暴力騷亂的數量和人口比例來看，與更自由的鄰國南韓或其選定的競爭對手美國相比，中國的社會和政治似乎都明顯地更加不安寧，也不平靜。[318]

第二章

經濟紀錄：
中國特色社會主義

本章將繼續檢視中共暨中華人民共和國，評估其經濟紀錄。從生活水平、經濟效率、創新和社會文化進步等方面來看，毛澤東領導下的中華人民共和國的前三十年是一場災難，充滿了苦難、倒退、禍害和危機。再加上前一章所述，毛主義經濟政策創下了破紀錄的死亡人數，以及對人民公民權利及人權的大規模剝奪，釀成了「中國悲劇」，並在「一場脫軌的革命」過程中造成了廣泛而巨大的破壞。[1]

自 1980 年代以來，後毛澤東時代的中國情況要好得多，經濟增長令人矚目，技術進步迅速，生活水平明顯提高。隨著毛主義災難逐漸平息，中共為求政權生存，不情願但明智地躲藏起來，即所謂「韜光養晦」。中華人民共和國選擇性地接受了西方主導的自由主義版西發里亞體系國際秩序（liberal international order），以換取西方的關鍵救援，為其提供合法性、技術、資本、市場、資源和食品。北京被迫放鬆和調整對中國經濟和社會的極權控制，在相當程度上退出了人民群眾的日常社會與經濟生活；透過進口和模仿，讓中國回到 1949 年以前的國家資本主義發展（state-capitalistic development）及國家自強（self-strengthening）軌道上，資金來源則是依靠出口和外資。成果就是，毛後的中華人民共和國經歷了爆發性的經濟增長，並取得兩項格外耀眼的成就：GDP 的快速增長，以及打破世界紀錄的外匯儲備。據估計，多達 4.3 億中國人，

即總人口的 30％，現在擁有可觀的可支配收入，其購買力構成了龐大的國內消費市場，規模之大可媲美美國或歐盟。[2] 筆者親眼見證了中國自 1970 年代後期以來的驚人崛起，並親身體會到中國人民對其社會經濟成就理所當然感受到的巨大喜悅和深切自豪。包括筆者在內的許多人不斷發表文章書籍，記錄和讚揚中國數十年來的經濟增長和社會進步；同時，中共宣傳部門也藉機自我誇耀，各種各樣追逐私利、有如推銷員的人物自然更是大加捧場和宣揚。

本章旨在超越浮華的外表和一般的常識，對中華人民共和國的社會經濟紀錄進行一個力圖平衡的評估。結果發現，在中共領導下的中國經濟在過去三十年裡以「中國特色社會主義」的官方旗幟取得了長足的進步，但基本上是在由發展型國家主導的原始資本主義（developmental state-directed raw capitalism）或帶有中華人民共和國特色的資本主義的軌道上擴展。中共仍維持對國家與市場關係的專制統治，過度汲取且管理不良，尤其是在財政和貨幣政策方面。低效率、缺乏創新、資源配置紊亂與金融泡沫、不平等與貧困仍舊是廣泛且持續的現象，甚至嚴重惡化。中國的整體社會經濟表現仍然相當**平庸**，而且大多次優化，往往表現不佳且成本高昂，從長遠來看有很大的不確定性。綜合觀之，中國經濟仍牢牢地位居發展中國家之列。高 GDP 增長率和世界最大外匯儲備兩大耀眼成就，在詳加檢視後，尤其顯得暗淡許多。

中國模式

坊間已有無數著作出版，大加讚美中國自 1980 年代以來顯著、甚至「奇蹟式」的經濟增長，並常常將其歸功於一個勝過其他經濟體系、獨特而卓越的「中國模式」。[3] 然而，正如我將在本章中所詳述的，中國過去四十年來的經濟紀錄雖然迷人，但既沒有展現出什麼奇蹟，也沒有提出什麼新的經濟模式，更不代表中共的治理方式有多優越。中國經

濟的崛起與日本、南韓、新加坡、台灣等發展型國家的經驗高度相似，也深受其影響，都帶上了一層傳統「道義經濟」（moral economy）的意識形態色彩。非中華人民共和國的華人（在香港和臺灣）和海外華人僑胞的「推助」角色尤其關鍵：他們提供了資本、技術、管理知識，並打通至關緊要的出口管道。[4] 中華人民共和國政府的功勞不過是放鬆了對經濟的部分控制，讓中國人民有空間自主做出自己的經濟決定；同時解除了中國的自我孤立狀態，讓國際資本和外國技術進入。該黨國「中國特色社會主義」一個廣為人知的作用，或者說某種值得注意的功勞，就在於透過威權資本主義的中央計畫機制，能壟斷資源、與資本家交好、控制和安撫勞工，因此得以專注於支持一些大型發展主義項目，例如以出口為導向的增長，以及基礎設施和房地產的大規模發展。然而，正如我後續將在本章所記述的，這個角色充其量只是好壞參半，它確實帶來了令人印象深刻的成果，但也伴隨極大的成本和問題，並導致經濟增長的效率持續低落和下降。[5]

趙紫陽等務實的中共領導人在 1980 年代精明地引用了 1920 年代莫斯科的權宜之計「新經濟政策」和 1950 至 1970 年代東歐「同志們」的經濟改革，在意識形態上掩蓋其回歸中華人民共和國之前的國家資本主義。有位名聲顯赫的中國老記者曾一針見血地說道，毛後時期的改革「只是試圖回頭與 1930 年代相銜接」。[6] 中共自 1980 年代以來看似沒完沒了的「改革」，「並不是制度創新」，儘管官方說詞和標籤都如是說。[7] 正如一位美國漢學家的分析，發展主義的中國政府允許、甚至「指導」民眾視情況即興發揮，嘗試「用你所擁有的」來致富，才是中國在 1980 至 2010 年代經濟增長的關鍵，而不是中共的「集中威權控制」。一位中國經濟理論史學家在 2021 年也得出類似的結論：過去四十年來，「當代中國宏觀經濟思想和政策的演變」既沒有理論上的創新，也沒有提出高超的遠見；政府只是嘗試（以不同的想法）去「管理同一個問題」，即要政治控制還是要經濟增長，目的則是讓國家「變得富強」，

從而「超越」西方。[8]

　　任何對經濟增長感興趣的集權且活躍的發展型國家（無論其動機為求合法性和權力或其他），種族比較單一同質，又遇到張開雙臂歡迎的西方國家，當然可以享有可觀的經濟增長。在積累資本和繞過劉易斯轉型（Lewis Transition）以吸收大量「過剩」勞動力的經濟「起飛」之關鍵時刻尤其如此。正如一位中國經濟學家所總結的，中國的經濟發展「正是因為（中華人民共和國）國家逐漸退出經濟。」[9]鄧小平領導下的中共，以及更加克制和記取教訓的江澤民及胡錦濤政權，確實讓出了更多空間，讓中國人民以自己的方式追求利潤和舒適生活。隨著束縛稍懈，雖然仍處於黨國政治治理而持續的「中國次優化」狀態下，勤勞又具創業精神的中國人民迅速證明他們完全有能力創造財富和進行經濟競爭，也取得了驚人的成果和巨大的進步，足以媲美（如果不是超越）世界上任何一個民族。一個多世紀前經濟學家提出的「後發者的優勢」，即利用現成技術和長期積累的豐富的比較優勢，可預期地推動了中華人民共和國的經濟增長。[10]

　　因為其政治基因，中共暨中華人民共和國依然是一個控制和汲取型國家，因其有限、策略性和暫時地退出人們的經濟和社會生活，得以從中國蓬勃發展的經濟中獲得了超額的報償。在沒有真正政治轉型的情況下，毛式秦漢政體的基礎仍然持續著，這種政體始終對中國政治菁英具有高度誘惑力，並且有著深深的結構性路徑依賴（path-dependent）。尤其是在習近平的領導下，中共似乎感到更安全、更強大了，因此一如預料地斷然恢復和延續舊制，拒絕社會政治改革，加強汲取和壟斷，鎮壓異見，抗拒遵從世界的主流規範和價值觀模式。正如一名觀察家在2022年所總結的，中共黨國就像一個巨大的中國公司（China Inc），或者更準確地說是中共公司（CCP Inc），滲透並控制著中國經濟，徹底利用其「低人權優勢和其他國家的容忍度（⋯⋯並表現得好像）國有企業是其業務部門或子公司，民營企業是其合資企業，而外國公司則是

該黨的加盟商」。[11]

因此，毛後時代的中華人民共和國之社會經濟表現，在本質上，儘管與許多人的直覺相悖，仍然是相當**平庸**且大多為次優化的，往往表現不佳，並迫使中國人民無止盡地忍受艱辛，即口語所說的「吃苦」。中國的政治經濟，尤其是國家與市場之間的關係，仍然是政治化且由中共主宰。中國有種特殊的腐敗情事，是所謂的「買路錢」（access money），即企業家賄賂官員以獲得空間和幫助，進而開展和發展某事，如今看來對中國經濟造成的弊已經大於利，因為它越來越無法與其他對增長不那麼友好但更為普遍的腐敗行為競爭，例如掠奪和欺詐。中國的財政和貨幣政策造成一大赤字海洋和無數的泡沫，深深拖累著中國經濟，並造成了嚴重的低效率和缺乏創新。[12]一位中國經濟學家在 2021 年秋天指出：「自 2009 年以來，尤其是過去八至九年，中國經濟基本上進入了更深的泡沫化。」從資本回報、能源消耗等方面來看，中國仍然是世界上典型的發展中經濟體。擁有世界第二大 GDP 的中國，看似是經濟超級大國，但這主要是數字上的結果。兩大亮眼成就，高 GDP 增長率和全球最大外匯儲備，細究之下卻是問題重重。用中國經濟學家因謹慎而含糊的話來說，中國經濟增長是得益於在國內和國外的兩個「逐底競爭」；由於國家對土地、資源和金融體系的壟斷，這種競爭也越來越不可持續。[13]

一個國家的社會經濟表現之所以不可改變地走向次優化，肯定有很多原因；一個國家的集體命運也是如此。但具影響力的學者，從謬達爾（Gunnar Myrdal）和諾思（Douglass North），到沈恩（Amartya Sen）及其他人，長期以來都認為政治治理和經濟制度（及其內化或文化），特別是一個適合的國家（proper state）及其有能力的政策，能與運作良好的市場系統合作無間，才是決定經濟發展最重要的因素。[14]一項採用多種方法的計量經濟學研究在 2019 年總結道，「民主確實會導致不同發展水平的（經濟）增長」，尤其從長遠來看，「民主制度與經濟發展

的近因之間，存在許多相輔相成之處」。[15] 一位受過美國培訓的中國學者依此脈絡主張政治制度在經濟發展中的核心作用，並認為民主「在促進發展方面具有獨特優勢」。中國的一位「馬克思主義專家」也同意「決定國家富庶或貧困的祕密在於國家的治理之道」。[16]

儘管在中華人民共和國裡，一種 19 世紀式的原始資本主義相當盛行；但該黨國仍然是一個「基本上不自由的經濟體」，其「經濟自由指數」的分數始終「低於地區和世界平均水平」。截至 2021 年，香港和澳門幾十年來享有的極高經濟自由，由於北京對兩個「特區」的政治絞殺，也被視為「丟失」了。[17] 面對中共激烈但絲毫不見功效的遊說努力，西方、世界貿易組織（WTO）和世界各大經濟體，都在 2020 年代認證中國不是真正的市場經濟體，更不用說是具有可靠法治的市場經濟了。[18] 近年來，所謂「中國模式」的國家資本主義，更被理解為退化至「黨國資本主義」——中共的政治控制邏輯，進一步取代了中國經濟中的市場機制。[19]「追趕式」（catch-up）增長的快速勃發開始消滅，以及在習近平身上狂熱再造一個毛二世（Mao the Second），都強烈昭示著中國經濟和中國人民似乎將面臨更艱困的未來，即便不是全面回歸中國悲劇那樣的毛主義災難。

像中國這樣的「經濟發展後來者」國家，可能享有可觀的「後發優勢」，得以輕鬆且通常以低廉價格獲得世界一流的技術、大量國際資本，以及發達國家已經開發好的廣大市場。然而，它也可能遭受所謂的「後來者詛咒」（latecomer's curse）或「後發劣勢」，即一度繁榮的發展中國家隨著時間的過去而停滯衰退之現象，甚至因其社會政治制度的現代化不足而面臨更糟的情況。這或許類似於惡名昭彰的「資源詛咒」（resource curse）或「富足悖論」（paradox of plenty），毀了許多自然資源豐富國家的經濟增長和政治發展。[20] 從發達國家進口和模仿現有技術以發展經濟，即使能以令人印象深刻的速度增長一段時間，後來者國家的統治者往往沒有多少理由、動機、意願或能力，同時複製發達國家

的政治規範和制度。但事實上，這些制度和規範正是永續技術創新和社會經濟發展得來不易且歷經考驗的先決條件和必要夥伴。這種「後來者詛咒」有助於解釋為什麼許多發展中國家會陷入所謂的「中等收入陷阱」（middle-income trap），而無法躋身為發達國家。正如中華人民共和國學者所總結的，過去一個世紀以來，「中國的（社會政治與經濟）體制改革始終只是空談，往往流於表面」。[21] 因此，後發劣勢所帶來的詛咒性制度赤字的影響，似乎將持續發生並且仍在加劇，風險越來越大，嚴重性也越來越明顯。[22]

毛澤東的大饑荒與大停滯

在毛澤東的領導下，從 1949 年到 1970 年代後期，為了政權安全和在國外的野心，中共暨中華人民共和國這個黨國嚴重且過度地壓榨汲取，又狂躁無能地微觀管理經濟，導致巨大的經濟失敗和人道主義災難一再出現。如前一章所述，其中包括一些歷史上和平時期最大的人命損失。根據許多研究表明，當時中國社會經濟停滯不前，人民生活水平大幅下降而導致的巨大災難的嚴重程度和規模之大，在全世界皆是前所未有、舉世無雙。[23]

從一開始，中共的行動就對中國經濟造成了毀滅性的影響，而這似乎是有意為之。在血腥內戰造成的大規模破壞和死亡中，中共政權從 1948 年到 1950 年的財政赤字超過 65％，印鈔量增加了 220 倍，導致極高的通貨膨脹，可說是一種非常殘酷的壓榨汲取。[24] 毛澤東為自己創造了一個高度集權的獨裁權力，不僅統治國家還干預經濟，執著於無能愚蠢而又極度微觀且不人道的榨取式胡亂管理。[25] 結果是，在 1955 年，中國的 GDP 原本占世界總額的 4.7％，逐步下降到 1980 年的 2.5％；與此同時，日本的占比則從 2.5％上升到 10％。1950 年代初，中國人均GDP 約為日本的 20％，到了 1965 年就已經縮水至僅 10％。[26]

在毛式中央計畫經濟下，即便成本極為高昂，重工業和基礎設施項目（包括灌溉水庫和水壩、輸電網路，以及公路／鐵路建設）出現了一些值得矚目的成長。此外，在傳染病控制、嬰兒死亡率下降、基礎教育擴大等方面，也取得了大幅度的進步。1964 年，中國成功試驗了核武器，並在 1970 年發射了一顆衛星；這大多要歸功於受過西方／美國培訓後的許多中國科學家在 1950 年代初返回中國，因為當時西方的移民法不太友好。美國於 1943 年廢除了臭名昭著的《1882 年排華法案》，但直到 1954 年才開始允許授予畢業後就業的中國學生永久居留權，即所謂綠卡。[27] 截至 1955 年，中共積極誘回了大約 1,200 名在美的中國學生，約占其總數的 20％（在之後的二十五年中則幾乎一人都沒有），還有在其他西方國家的另外 500 人。這些歸國人才對中華人民共和國的科技事業起了至關重要的作用；然而，大多數歸國學者最終卻受到虐待和監禁，許多人被殺害或被迫自殺。[28] 毛時代這些有意義但常常名過其實的工程，若是在一個非中共統治的中國，可能會更快實現而且會少掉許多痛苦。毛澤東沒有什麼應得的功勞，更恰當地說，他只帶來了負面的影響，對 1950 至 1970 年代中國大陸經濟發展的倒退和微小的技術進步，負有根本性的責任。任何能夠提供最基本的政治秩序和最低限度國家服務的政府，應該都能比毛統治下的中共黨國取得更多的經濟成就。

中共血腥的土地改革首先摧毀了中國農業，隨後是烏托邦式的集體化和公社化；如同一位中共自己的「人民作家」早就揭示過的，這些政策僅僅使地方上的中共幹部和「地痞流氓」們受益。[29] 接著，城市中的民營企業被消滅，產權制度被破壞和扭曲，市場機制被打破，以使中共牢牢壟斷中國的資源和財富。數百萬能幹的農民，被貼上「地主富農」的標籤，當成階級或人民的敵人而遭殺害、迫害和社會閹割（socially-castrated）。人民的生產技能和動力都被壓制消滅。中國歷史上原本就很低的人均糧食產量在 1962 年跌至最低點，僅為 207 公斤，即使在將大多數農村人口排除在外的微薄且不人道的配給制度下，也不足以維持

全國人口的基本日常熱量需求。[30] 除了數以千萬計的人餓死外，絕大多數中國人的生活水平在二十多年的時間裡停滯不前。1957 年至 1978 年間，人均基本食品的年消費量不斷下降：穀物從 203 公斤降至 195 公斤，食用油從 2.4 公斤降至 1.6 公斤，肉類從 1.1 公斤降至 0.8 公斤，家禽肉從 0.5 公斤降至 0.4 公斤，海鮮從 4.3 公斤降至 3.2 公斤。人均住房面積也從 1952 年的 4.5 平方公尺下降到 1978 年的 3.6 平方公尺。人均商店數、報紙和書籍出版數量也都顯著下降。一個幾乎包括所有生活必需品的全國配給制度（地方各自略有不同）持續運行了三十年，勉強讓城市人口存活，但同時基本上拋棄了在農村的大多數（80%至85%）中國人；黨國的官員們則過得相對舒服。1961 年，在大饑荒中期，在最「受保障」的首都北京，擁有當地戶口（居住權）的居民，每人每年可獲得最多 126 公斤糧食和 8.5 兩（約 11 盎司）肉（主要是豬肉）的口糧，少得令人難以置信，但「仍然比各省的所有城市要好得多」。與此同時，一小撮中共領導人和「被批准」的菁英人士則有好上數十到一百倍的「特供」，包括「每日供應的鮮肉」。相較之下，上海作為中國的經濟中心，卻也無法餵養成千上萬、「突來一波」被遺棄在街頭的嬰兒。[31]

在毛澤東時期，尤其是 1950 年代中期以後，中國經濟歷經了一系列衰退和蕭條的週期，「整體而言停滯不前」，只有人口數字和國家汲取規模有顯著的增長。根據後來中國經濟學家的回顧性分析，毛時代的經濟發展非常「不起眼」，經歷了數次長期「停滯甚至倒退」；中國的工業化程度實際上很低、失衡且浪費。「人民生活水平毫無改善」，勞動生產率、投資回報率、能源效率都下降。官方亦於 1999 年承認，中國城市工人年平均工資從 1957 年的人民幣 624 元下降至 1976 年的人民幣 575 元。[32] 此外，與今天許多中華人民共和國公民仍然普遍持有的對毛時代「窮但平等」的錯置懷舊相反，當時的中國不僅極度貧困，而且非常不平等——真實的基尼係數破世界紀錄地達到了 0.7，是官方數字的兩倍。[33]

除了供應不足又營養不良，中國人民本身還遭受了許多荒唐、被強迫參與，甚至血腥的社會工程實驗，通常以某種革命意識形態或所謂「現代科學」的名義進行。[34] 最初，中共在 1950 至 1960 年代鼓勵人口增長。[35] 接著，中共發起了出於政治動機的去城市化，作為應對城市經濟失敗和社會控制問題的權宜之計。1960 年代和 1970 年代的「上山下鄉」運動，將數以千萬計的城鎮居民（主要是無工作的初中和高中畢業生）丟入農村裡的集體制公社，造就了幾代「迷失」的「下鄉知青」，從而使他們及其後代的生活機遇艱辛不已。[36] 最後，中共在 1960 年代後期採取了嚴厲的「國策」，即極其擾民，經常是暴力、甚至致命的強制性計畫生育，最終發展成 1980 年惡名昭彰的「一胎化」政策。[37] 在嚴苛的政策實施下，1980 至 2009 年的三十年間，中國官方公布共有 2.75 億人做了選擇性人工流產，約 1 億婦女接受了絕育手術。[38] 即使在 2010 年代後期，該政策放鬆後，官方公布每年仍有 900 萬例（非官方數字為 1,300 萬例）選擇性墮胎。[39]

毛時代強力擾民的生育控制政策其實前後矛盾，本質上只是為了保護其政權。毛後時代的中共更加強制地實施一胎化政策，2001 年還專門為此制定一項特別法律。直到 2015 年，中共才改變立場，又一次自相矛盾地呼籲每對夫婦生育兩個乃至三個或更多孩子，以刺激緩慢的經濟增長。然而，到了這個時候，很可能「要避免人口危機已經太遲了」。[40] 三分之一的中國人，即大約 4.5 億人，現在生活在獨生子女家庭中；社會快速過早地老齡化，而且性別嚴重失衡。[41] 所有殘暴冷酷的社會塑造工程，為中國人民帶來了深刻而持久的痛苦，也證明了中華人民共和國作為秦漢式法家政體的專橫本質；正如中國人自己指出的，這個黨國比帝制統治更加狂躁有力地將人民當成「牲畜」或「工蜂」一般地畜養和剝削。[42] 國家的生育控制行動，使 50 萬名計畫生育官員等既得利益者就業乃至致富，同時深遠地提高了政治治理成本，損害了人民的權利、隱私和尊嚴。婦女的權利和身體經常受到持續監控、強制墮胎

和絕育，以及經濟損失等侵犯。幾代獨生子女消極的社會和心理影響，也已經以恐怖且可怕的方式顯露出來。[43]

然而，根據各種研究，整個嚴格控制生育的社會實驗，就像許多次優化且悲劇性的中共政策一樣，最終證明對於減少人口增長其實是完全「不必要的」。[44] 長達四十年的計畫生育政策在人口方面所造成的後果變得越來越嚴重，中國出生嬰兒在 2020 年暴跌至僅 1 千萬人（其中47.3％為女孩），相當於 1961 年大饑荒期間的出生總數（為中華人民共和國歷史上最低），而且僅為 1980 年出生總數的一半。這還是官方從2015 年起自換立場，號召一對夫妻生兩個孩子的政策之下的結果；到了2021 年，中共又匆匆發起了「一對夫妻生三個孩子」的倉促運動。[45] 重大的社會經濟和人道主義災難正在中國內部醞釀著：人口迅速老齡化，醫護照顧遠遠不足，又面臨著世界上最快的出生率下降問題。[46]

根據中華人民共和國的一項大型研究，在長期且嚴厲的計畫生育政策影響下，再加上「相對於人均 GDP，幾乎是世界最高」的育兒成本持續飛漲，中國人現在「生育孩子的意願幾乎是世界最低」。[47] 官方數據顯示，中國的出生率在 2020 年迅速下降至 1％以下，2021 年則為0.75％，是 1950 年以來的最低水平，遠低於世界平均水平（1.8％），以及美國或印度。其 14 億人口中，有超過 14％的人的年齡在 65 歲以上，是一個「深度老齡化」的社會。2012 年中國人口淨增長 1,000 萬人，2019 年淨增長 460 萬人，2020 年僅 200 萬人，而 2021 年僅 48 萬人，「不可逆轉」地將在 2022 至 2023 年間走向負增長，也將是自 1960至 61 年大饑荒以來的首次人口負增長。[48] 2021 年，警方戶口報告的新生兒數量甚至更少，比國家統計局報告的數字還少了 887 萬，即 16％——「即使所有新生兒在十八年後都上大學，中國大學的教室仍然會坐不滿。」[49] 人民持續付出長久代價並遭受可怕的痛苦與死亡之後，強制性社會人口工程依然還明顯是一個蠢蠻的失敗；這只是確鑿證據之一，證明了過度躁動的中華人民共和國政府在擾亂破壞人民生活方面的愚昧

和禍患。正如一位中國網友在博客上諷刺道：

> 我們是多麼有理性：有 8 億人口的時候，規定一家一個孩子；有
> 13 億的時候，允許生第二個孩子；現在有 14 億人口的時候，政策
> 改為每對夫婦生三個孩子。
> 1960 年代有人餓死，怪罪天氣；1980 年代眼看西方進步，怪人口
> 太多；現在經濟下滑，又怪人口太少。[50]

三十年來的巨大增長

迫於日益激烈的國際比較和競爭，以及亂成一團的國內經濟有可能會迎來又一輪改朝換代式的政治崩潰，毛澤東的繼任者在外國人的勸誘、激勵和指導下，降低了國家對經濟的控制，並放棄毛那些無能至極的經濟政策，這首先始於容忍大多出於自發的農村去集體化（de-collectivization），即解散農村的人民公社。[51] 基本上，從 1970 年代末開始，中共逐漸而勉強地放鬆了對人民的嚴密控制，**允許**（而不是其所吹噓的「領導」）中國經濟成長。沒過多久，中國就直接回到了晚清民國時期的經濟發展軌道，以國家資本主義經濟發展為特徵，動力則是外資和技術的大量湧入，以及來自出口的硬通貨收入。

中華人民共和國之前和毛澤東之後的中國歷史都表明，這一借力外國的國家資本主義發展軌道，可能確實例證了所謂的「次佳」（second-best）但有效的經濟增長制度和政策的作用，是實際可行的「合適配方」。從 1979 年到 2003 年，中國單是從西方政府獲得的官方援助就超過 1,070 億美元。[52] 一旦得到允許，勤勞又富創業精神的中國人民幾乎自然而然就創造了經濟繁榮，儘管中共黨國依舊是高度政治控制、過度榨取，延續著官僚干預和大規模腐敗。[53] 中國 GDP 以官方統計的平均 9% 的年增長率，增長了將近二十五年，從 1990 年的世界第十位躍升至

2012 年的第二位，並預計不久將超過美國的 GDP；而自 1880 年代以來，後者一直是世界第一大經濟體。若以頗有爭議的購買力平價法（PPP）來計算，中國 GDP 在 2015 年就已成為世界第一高。[54] 中國的人均收入、生活水平、技術水平和基礎設施都得到了顯著改善，特別是在國家欽點的城市中心。中華人民共和國積累了迄今為止世界上最大的外匯儲備，成為許多製成品的主要生產國，並且是世界上最大的出口國，相較毛時代近乎自給自足的經濟，這是真正史詩般的躍進。

　　相對發達起來（但仍受到嚴重壓制和錯待）的非國有部門，是迄今為止中國 GDP、稅收和就業顯著增長之最活躍的引擎。[55]「中國在改革時期（始於 1978 年）的經濟崛起，主要是關於市場和民營企業的影響力擴大的故事，」一位中國經濟的長期觀察者在 2014 年總結道，「民營企業成為經濟增長的主要來源，實際上更是創造就業機會的唯一來源，是中國在全球貿易中的角色日益吃重的主要貢獻者」，同時還促進了中國不斷增加的對外直接投資。國有企業占了中國固定投資資產的 70％，政府和國有銀行貸款的 80％；然而，截至 2016 年，國有企業僅貢獻了中國 GDP 的 30％，其資本回報率（return on equity）只是民營企業的一半，而且自 1997 年後，國有企業基本上沒有帶來任何新的就業機會。[56]

　　透過接受主流的世界秩序，開放國際貿易和投資以回到 1949 年前與世界經濟與文化有所聯繫的發展軌道，無論是多麼不情願和有選擇地，一直是過去四十年來中國經濟增長的關鍵。[57] 被西方拯救的毛後時代的中華人民共和國，有幸擁有自 1980 年代以來和平合作的國際環境，遠比中國在 1920 年代至 1940 年代所面臨的國際環境更加有助和有利。因為各種要素（尤其是勞動力）的成本差異被壓制和積累了三十多年，中國在加入世界後透過輕鬆收割國家的潛力，幾乎是什麼也沒做就迎來了經濟繁榮。根據 2014 年一位中國知名經濟學家的說法，只要將發達經濟體和蕭條的中國之間處於兩個海平面的工資水平聯繫起來，中國「從長期

積累的勢能」中就能自動獲取巨利；在 1980 年代，這兩個海平面工資的差距為 80 至 100 倍，2010 年代時仍然是 10 倍，而這一巨大勢能的相連結才是中國經濟得以快速增長的原因，「並非什麼奇蹟」。[58]

因此，中國經濟在 1990 年代至 2010 年代的快速增長，在很大程度上是對 1950 至 1970 年代低增長、不增長，甚至負增長的延遲修正，因幸運且成功地重新加入世界經濟而成為可能。主要功勞應該歸於高產和能「吃苦」的中國人民，他們在中華人民共和國之下第一次能夠自行做相當多的經濟決定。即便如此，如下文將加以詳述的，這個快速增長仍然代表著社會經濟發展總體上相當平庸、次優化的表現，其成本遠高於平均水平。一方面，正如一位中國學者所指出的，出口導向的中國經濟之所以能快速擴張，是建立在不斷增加的「人權赤字和環境赤字」之上。中國的經濟繁榮基本上仍然是粗放式（expansive）而非集約增長（intensive growth），主要由國家投資（即中國人民被政府壟斷的儲蓄）推動；這些資金在 2010 年代占中國 GDP 的一半以上，但投資的邊際回報率不斷下降。[59] 到 2010 年代後期，製造業基於壓制和濫用勞動力的競爭優勢，在延遲性釋放了多年後開始消耗殆盡。[60] 依據官方 GDP 數據，經濟增長從 2010 年（10％）至 2019 年（6.2％）逐漸放緩。在新冠肺炎疫情的餘波之中，中華人民共和國與西方加速脫鉤，導致中國 GDP 增長急遽下降，在 2020 年創下四十四年來的最低點，第一季度為 -6.5％，全年為 2.3％。[61]

扭曲與失調的金融系統

然而，中共黨國放鬆國家控制，也改善經濟上的不當管理，這都只是相對可行的手段；經濟的深層結構扭曲和經濟體系的嚴重功能失調，仍舊在中華人民共和國中持續存在。這方面的一個例證，是在尋求權力和掠奪財富的國家控制頑強且不斷擴展的狀況下，中國扭曲怪異的金融

行業。[62]「九龍治水」（或廚房裡的廚師太多）一說，似乎充分描述了中華人民共和國管理金融系統的方式：中共中央組織部任命所有主要金融機構的高級管理人員；中華人民共和國財政部是銀行和其他「合法」金融公司的「主要所有者」，其複雜混亂的產權安排只是在笨拙地模擬一個「持股」結構；中國人民銀行（中華人民共和國政府的中央銀行）持有主要的貨幣權力，是所謂「央媽」，但只是馴服地傳達中共的指令；而同樣省部級別的官僚機構銀行和保險監督管理委員會，則無休止地爭奪對金融貨幣事務的管理權和人事權。這些貪得無厭的控制和汲取的欲望，持續不斷的地盤爭奪和繁文縟節，政治化的安排任命和行為，以及掌權者的無能和腐敗，使得完全由國家壟斷的中國金融系統變得異常混亂且功能失調。[63]《經濟學人》指出，中國證券市場的「許多怪異之處和功能失調」使其「成為世界上將投資者與其財富分離的最佳手段之一（……並且）一直是亞洲表現最差的證券市場之一」。[64]事實上，中國證券交易場所在很大程度上已成為巨大的國有賭場，進行財富汲取和金融操縱，進而促使國家、國有企業和少數內部人士致富。[65]

儘管顯然是一個不完美的指標，股市還是可以顯示經濟的穩定和增長。2007 年到 2008 年，中國股市市值縮水了三分之二。2015 年至 2016 年，儘管習近平親自指揮了驚慌失措的大規模國家干預，包括逮捕不聽從政府命令買賣的經紀人，但中國股市還是又一次急邃下滑至減半。[66]此後，中國股市一直表現平平。[67]主要指數上海證券交易所綜合股價指數（SEE，創建於 1991 年）在 2007 年 10 月升到 6,000 點左右的歷史高位，在 2015 年年中達到 5,100 點左右的第二高點；但暴跌之後，多年來始終停留在 3,000 點左右，大約是二十年前達到的水平，不到十五年前歷史最高水平的一半（而中國名義上的 GDP 在二十多年裡幾乎翻了四倍）。相比之下，美國的道瓊工業指數雖然也有波動，但一直在增長並創下新高，在過去十五年內市值翻為兩倍多（而美國 GDP 只增長 48％多一點）。自 1990 年代初以來，規模較小的深圳證券交易所

的表現基本持平。2021 年，或許是為了改造中國資本市場，以促進經濟增長或重新分配內部資本流動以更好地控制，習近平親自下令在中國開設第三家證券交易所，即北京證券交易所。[68]

中國股市與實體經濟的關聯如此微弱，有可能是因為股市發育不全，顯示世界第二大經濟體缺乏功能正常（更不用說有效率）的資本市場；或者，也可能是是股市被徹底操縱，這是該威權國家經濟被嚴重扭曲的信號——即使國家嚴格控制資本輸出，還是嚇跑了中國投資者；又或二者兼而有之。還有另外兩種可能的解釋：其一是中國的 GDP 增長是所謂的財富中性（wealth-neutral）、甚至財富消滅性（wealth-destructive）的經濟增長，因此創造的新財富很少；另一則是政府一直在假造並誇大其經濟數據，或二者也兼而有之。

在經濟改革開始四十年後，中華人民共和國的私有產權（尤其是土地權）仍然界定不清、嚴重扭曲，而且往往根本就是付之闕如，直接阻礙了高效和創新的經濟。[69]根據中國經濟學家的說法，世界上仍然拒絕授予人民私有土地所有權的國家只有九個：「玻利維亞、中國、古巴、北韓、越南和中亞的前蘇聯加盟共和國——都是些落後國家。」而其中，越南在十多年前就開始頒行「五十年至永久」的土地使用證，實行了事實上的土地產權私有化。[70]銀行業等關鍵行業大多由國家「代表人民」壟斷。因此，2008 年歐盟委員會的一項評估認為中國未能達到歐盟為市場經濟設定的五項標準中的四項，而在 2014 年，美國國會一機構結論道：「中國目前還不是市場經濟體，也未走在不久後成為市場經濟體的道路上。」[71]如前所述，世界上許多政府也同意這一點。2020 年，中國政府進一步加強了對產權的壟斷，宣布「所有公共數碼數據均為新型國有財產」。2021 年，按照其壟斷和隱瞞信息的傳統，中共開始禁止中國的連網自動駕駛汽車將收集的任何數碼數據，傳輸到其母公司或在國外的主伺服器。[72]

想了解中國經濟的真實本質，以及其效率低下和缺乏創新的結構

表 2-1　兩個經濟體，兩個指數

時間	道瓊 工業指數	上海 綜合指數	美國 GDP （十億美元）	中國 GDP （十億美元）
開始年分	1885	1991	--	--
歷史高峰	**36231** **(2022)**	**6030** **(2007)**	**22996** **(2021)**	**17700** **(2021)**
1991 年 1 月	2501	129	6158	383
2001 年 6 月	9243	2221	10582	1339
2007 年 3 月	12114	2937	14452	3550
2007 年 10 月	**14066**	**6030**	**14452**	**3550**
2008 年 11 月 *	9625	1720	14713	4594
2010 年 1 月	10067	3129	14992	6087
2015 年 6 月	**17947**	**5166**	**18219**	**11016**
2016 年 1 月	15988	2656	18707	11138
2018 年 1 月	25520	3558	20544	13608
2020 年 1 月	**29551**	**2880**	**20894**	**14723**
2020 年 3 月 **	18592	2745	20894	14723
2021 年 1 月	**30488**	**3528**	**22996**	**17700**
2022 年 1 月	**36231**	**3361**	**22996** **(2021)**	**17700** **(2021)**
2022 年 4 月 *	**34049**	**2886**	**22996** **(2021)**	**17700** **(2021)**

注：* 大蕭條 ** 新冠肺炎疫情 *** 俄羅斯入侵烏克蘭
指數點來自所列月分的同一天（或相鄰的一天）。考慮到政府不斷允許新股上市但極少下市，中國股市總市值在過去二十年裡實際上早已顯著下降。
資料來源：Google Finance, US Department of Commerce, World Bank, accessed April 2022.

性原因，還有另一種方法是審視其遭政治扭曲的國內金融市場，例如其難以捉摸的借貸利率。由於銀行業基本上由該黨國所有並嚴格控制（私人銀行家可能會面臨死刑），中國的利率無法反映資本的供求，也不能促進金融資源的有效配置。中國人民擁有世界上數一數二的高儲蓄率，但由於三個原因，他們的儲蓄最後只會得到非常低的回報、甚至是淨虧損，而這三個原因都是由黨國造成的。第一，完全失靈的證券市場（如前所示）系統性地削弱了中國的國內資本市場。第二，銀行業被國家嚴屬壟斷，幾乎沒有給中國金融人才留下施展資本主義魔力的空間；他們只能引導資金為中共的政治目的服務，例如在全國各地製造和維持巨大的經濟泡沫（下文將對此展開進一步的分析）。第三，中國的缺乏法治，使得合同執行和社會信用——對資本主義運作至關重要——過於昂貴乃至缺失，從而將無數的投資項目變成了純粹的欺詐和令人震驚的騙局。大量極具創造性、廣泛且大規模詐騙案件中的一例，就是網絡直接借貸（P2P）；此種借貸方式引進自美國，但「不知何故只在中國變成了騙局」。[73] 實際上，數額龐大的中國人民的儲蓄，只能存入國有或國家控股銀行。2020 年，國家規定的存款利率為 0.15％至 0.3％（長期存單為 1.5％至 3.9％），與美國相當。然而，2020 年（可能被低報的）中國通膨率超過 5.4％（食品為 20.6％），而美國同年的通貨膨脹率為 0.3％。[74]

在過去數十年裡，中共在中華人民共和國發起了無數次金融「改革」和「現代化運動」，但正如兩位荷蘭學者所總結的：「金融系統改革（和數碼創新）的根本目標不是『自由主義』本身，而是要加強（……和）鞏固中共的整體合法性和統治能力。」[75] 在無法詳盡列出中國功能失調的金融體系所造成的所有扭曲和浪費的情況下（這項任務顯然遠遠超出了本書的範圍），或許我們可以透過「中共主導」的多層次利率結構，充分說明該黨國導致財富消滅的缺陷。中國人民巨額儲蓄的借貸／投資，大多由政府控制和主導。中國有 70％以上的固定資產和 80％的

政府和銀行貸款，都流向了超低效率的國有企業（SOEs）；這些國有企業對中國 GDP 的貢獻率僅為 30％，而且自 1997 年以來，基本上都沒有帶來更多就業機會。[76] 國有企業不僅以最優惠的價格（可能接近、甚至低於零）獲得中國資本的最大分額，而且還享有極其寬鬆的借貸條件和監管。因此，違約不還和註銷壞帳（write-offs）是司空見慣。至於抵押貸款等其他「政策允許」的私人借貸，2020 年的利率為 4.4％至 5％（相較於美國的 2.5％至 3.5％）。即使股本回報率高出兩倍，非國有企業借款人在克服無數障礙並廣泛行使賄賂以打通關節後，通常會被收取更高、據案例顯示是兩位數的利率。

在 2010 年代後期，國有企業的利潤率僅為非國有企業的一半，實際差距可能大上許多，因為國有企業往往壟斷銀行等最賺錢的行業。[77] 如果一個新的民營企業變得有利可圖並具有影響力，政府通常會簡單地訴諸武力，包括沒收和判處死刑，將之收為國有，有時還會提出「共同擁有權」（joint ownership）為幌子。用一位中共高級官員（也是金融大亨）的話來說，在中國，成功、有規模或「重要的」民營企業，其實都是「民有、國營、黨管」。[78] 在過去二十年裡，在煤炭、石油、化工、IT、電子商務和金融等行業裡，這樣的案例不勝枚舉。在 2020 年代，中共直接將數十家大型國有企業的領導人，作為部長或副部長級的高級「領導幹部」來任命和管理，似乎打算進一步擴大國有企業對中國經濟的壟斷。[79]

對於消費者和小企業來說，借款的主要來源是銀行發行、權利非常有限的信用卡，以及阿里巴巴（支付寶）和京東（白條）等大型網路商家所發行經國家批准的準信用（商店）卡。[80] 政府設定的信用卡利率聲稱約為每日 0.05％（或每年 18.25％）。但實際費率則複雜且高得多，通常隱藏為各種難以理解的「費用」。據案例顯示，在民間借貸中，兩位數、甚至三位數的利率相當普遍，通常是國有企業優先從國有銀行低廉地獲得資金後，再以高利貸出。[81] 關於民間借貸在中國運作方

式，有一個生動而極具說明性的例子，那就是所謂的裸體借貸（nudity-borrowing）：沒有任何資產的人只要用可以完全識別出其身分的裸體色情圖片和視頻作為抵押品，就能以短期的高利貸利率借入少量資金。在2016年曝光的一個此類案例中，數百人——主要是大學生——以每週50％或更高的利率（每年大約2,700％）借入40至1,000美元，其中一個貸方就持有超過10GB極為露骨的圖片視頻檔案作為抵押。[82] 在一個擁有世界上最高儲蓄率的國家，損害投資的國有企業占主導地位，股票市場極不正常，金融詐騙氾濫，私人借貸令人毛骨悚然，再加上空前的泡沫，這些都證明了中共統治下的金融系統極為昂貴的功能失調，以及對中國財富巨大且持續的浪費與毀滅。

榨取與揮霍

持續傳承且不斷完善的毛主義國家壟斷，造就中共統治者對中國財政系統無能的微觀管理和驚人的管理不善。過去四十年裡，國家控制的相對放鬆並未從根本上減少中國經濟發展的結構性次優化。此外，中共幾乎是被詛咒般堅持對中國經濟進行超高度壓榨的傳統，不斷汲取更多中國人民辛勤勞動的成果，然後將集中起來的財富投入到種種日益擴大的非經濟（noneconomic）和不經濟（uneconomical）的項目上，從而導致長期且規模巨大的非理性支出和浪費。

中共暨中華人民共和國作為一個復辟的秦漢式政體，在西發里亞國際體系下必然不友好的世界中掙扎著要壯大起來，一直都有著其強烈無比的動機去竭盡全力壓榨經濟，以自衛和靠自己致富。積累和使用更多日益集中的物質力量，似乎就是中共解決其生存問題的辦法。毛澤東故意誇大內外敵人的威脅，無休止地浪費國家資源，和世界及中國人民進行兩方面的黨國生死之戰。除了國內的大躍進饑荒等災難和國外無數白白浪費的投資，在1960至1970年代所謂的「三線建設」期間，中共暨

中華人民共和國還大量投資於偏遠山區軍工設施的浪費性發展；這場中國的「軍國主義化」建設，是為了打一場幻想中的世界革命戰爭，到了1980年代又被大量拆除、基本放棄。[83]

毛後時代的中共暨中華人民共和國被迫縮減這種對世界大戰的滑稽準備，認為這種準備仍然是免不了的，只是不那麼緊迫了。然而，中共自衛自肥式的政治治理，使得高度榨取和巨大浪費的同樣使命或詛咒仍在繼續，甚至越演越烈，儘管重點有所調整。北京一如既往地決心自肥致富，從而確保該威權國家在世界上擁有更大的權力和影響力——即其所謂富國強軍的目標。[84]確實，金錢與槍桿子一直是中共暨中華人民共和國這類專制政權的命脈。實際上，這個目標等同於當年日本民族主義和軍國主義領導人如大久保利通和伊藤博文提出的富國強兵呼籲；該口號曾最終不可避免地導致日本帝國從明治維新一路大踏步走向珍珠港。[85]

今天的中共暨中華人民共和國仍擁有同樣的毛主義政體、世界觀和財政目標，但所擁有的政治合法性比起毛澤東或明治後的日本天皇要弱得多，原因是其最高領導人個人「魅力」的散失缺乏，官方意識形態和教條的破產，甚至連日本明治（尤其是大正）式的有限憲政民主也始終付之闕如。只靠槍桿子和宣傳來治理，就像坐在兩腳椅上一樣，也許仍然可行，但肯定是岌岌可危、昂貴又費力。中共需要其他合法性來源。一個明顯的選擇，是依靠表演性的民粹主義、物質財富、就業和收入，使人民敬畏，進而安撫和取悅人民，尤其是政治上比較活躍有力的城市居民。但是，購買政治合法性本質上很昂貴，而且是一項看來永無止境的任務，因為資源總是稀缺的，而人們的總物質欲望是無限的。集中化也官僚化地購買政治服從，於是導致越來越多的短期行為和無止境的面子工程，去誇耀和取悅上司，帶來不可避免的全面性低效率和長期缺乏創新。

部分因為其龐大而激增的軍事和警察預算，以及用誤導信息和虛假信息去統治而產生且日益昂貴的巨額支出，中共黨國注定要越來越多地

榨取，以供其開銷和揮霍。為了 GDP 增長數字和虛榮心而進行的大型公共項目，毀滅財富的就業計畫（如盲目地補貼出口和低效國有企業等），以及無處不在的各種泡沫，只是政治化的短視財政行為的一部分結果。[86] 中共為求政權安全，強化了其國家資本主義（或黨國資本主義）、重商主義與軍國主義相結合的政策；無數尋租黨政幹部的貪得無厭，以及對臃腫的國家機器的無限放縱，使得扼殺性國家壟斷和對中國經濟的極度汲取，成為必然、也更是必要。這也是本書前一章所述社會不安寧、民怨沸騰的原因之一；國家獲取了全國收入的三分之二，「中國人民背負著沉重而不公平的稅收負擔」，騷亂和稅收暴動由此而生。[87] 顯然，這一切高度汲取仍然不足以滿足該黨國龐大且不斷增長的財政需求。於是，北京現在已經深陷赤字海洋，因為濫用舶來的債務融資技術再加上由中共主宰的貨幣政策而進一步惡化。到 2010 年代中期，分析人士已經注意到，在日益沉重的公共債務之下，「信貸推動的擴張」正為中國經濟的可持續性蒙上厚重的陰影。[88] 自 2020 至 2022 年新冠肺炎疫情以來，情況又更加惡化。

2011 年，中華人民共和國政府收入（不包括大規模壟斷性國有企業和土地使用權出讓的巨額收入）占中國 GDP 的 35.3%；到 2019 年增長至 38.3%，「近年來穩步上升，占 GDP 的比重越來越大」。若不計入社會保障類基金，按國際標準，北京已經汲取了中國 GDP 的 31.3%。即使依照更不精確的非國際標準——即剔除隱性政府收入——黨國汲取中國 GDP 的分額也連續二十年且年年都在快速增長，超出 GDP 本身的增長速度，從 1994 年到 2013 年增長兩倍以上。[89] 中國各級政府徵收的稅費近 1,000 種，包括在北京購買房地產要繳房價的 47%。在 2010年代，一個普通的中國中產階級家庭通常要支付總收入的 51.6% 在眾多（大多為「隱藏」）的稅收上。[90] 一些地方政府甚至以「準備與日本作戰」等頗具創意的名目，去徵收未來幾年的稅款。[91] 相比之下，美國政府收入（包括社會保障基金）僅占 GDP 的 15.4%（自 1945 年的歷史高

點 20.9％以來，僅有三年超過 20％）。如果排除社保基金，2011 年美國政府占 GDP 的比重僅為 9.9％。[92] 當然，美國政府現在越來越仰賴由日益龐大的財政赤字提供資金；中國也正朝著同樣的方向前進，而且所受的制約和約束明顯更少，其政府債務在 2016 年飆升至中國 GDP 的 260％，在 2021 年更超過了 280％。[93] 本章將在後續更詳細地討論中華人民共和國的赤字和通貨膨脹問題。

在中國政府估計榨取的三分之二的 GDP 中，北京的中央政府獲得了不成比例的大分額。中共高級研究人員得出的結論是，中央政府通常以「世界最高」的稅率，獲得全國總稅收的約 70％（2019 年為 68.2％）。加上其龐大且不透明的「輔助預算」收入（來自國家壟斷銀行、出售土地使用權、各種收費、大量的沒收罰款和其他「靈活來源」），使其總收入在 2010 年代幾乎增加了一倍，共占中國 GDP 的 47％。2017 年，中國企業的實際稅務負擔（主要是「隱性」間接稅和費用）為 67.3％，遠高於發達國家（37.6％）、發展中國家（38.5％）和世界平均水平（40.5％）。因此，廣泛的逃稅在中華人民共和國成為常態，因為「如果（中國）企業都誠實繳納規定的稅款，那麼其中 80％都會破產」。[94]

黨國的國家收入增長速度比中國經濟的增長速度快上許多，更不用說增長得更慢的人均 GDP，國家收入有時甚至一年就增長數倍。[95] 北京以富國強軍的名義，變成了一個壓榨掠奪的國家，現在已是世界上最富有的政府之一。有些中國經濟學家認為，中國已成為「國家強、中央富、人民窮」的政體，有三種高度非理性和扭曲的財富轉移形式「必須加以遏止」：從人民到政府（通過不斷增加的高稅收）、從普通公司到國家壟斷企業、從中國到外國（通過出口補貼和資本外逃）。[96] 在 2018至 2021 年，在一些中國分析師稱之為「所有收入都流向中央」的舉動中，[97] 北京進一步集中財政榨取，將所有地方稅納入中央稅收系統，全面接管以前由地方徵收的巨額「國有土地出讓金」（即出讓土地使用權），此出讓金在 2019 至 2020 年占中國政府總收入的 56％，占地方

政府收入的94％以上。[98] 儘管這種大規模的中央集權化，可能被合理化解釋為消除地方政府製造的泡沫的迫切之舉，但也再次強調了中國的國家與市場和國家與社會之間關係的威權集權性質。[99]

即使對中國經濟和中國人民來說是非理性和次優化的，但中華人民共和國國家非凡的榨取程度使其確實能夠追求雄心勃勃的政策目標，即控制國內並影響國外，同時使統治菁英致富。如同所有政府（尤其是那些監管不力的政府），全國的巨額財富一旦被統治者不成比例地積累起來，最終總是被以巧立各種名目的方式浪費和侵吞掉。而身為財富創造者的中國人民，卻沒有得到良好的服務。例如，據報導，中國政府僅支付了中國醫療費用的17％，而歐盟政府支付了80％以上，美國政府支付了46％，泰國政府也支付了56％。更糟糕的是，據報導，在為14億人提供的本已不足的政府醫療保健資金中，超過80％都是指定給850萬名高官專用。[100] 北京作為該政體最重要的首都城市，一直非常低效地消耗大量國家資金，這個大都市的合法居民可能也會因涓滴效應（trickle-down）而相當受惠。[101] 由於大肆揮霍巨額公款，以建設和美化北京、上海、廣州、深圳等都市中心——即所謂的一線城市（以及程度稍減的許多二線、三線「中心城市」）——中華人民共和國在全國各地製造並延續了無數大大小小的泡沫。引述已故經濟學家米爾頓・弗里德曼（Milton Freedman）的比喻，專制中共管理中國經濟的方式，基本上就像是把「別人的錢」花在自己身上；在這種情況下，揮霍浪費在結構上是無可避免的。[102] 一些中國高級官員似乎也意識到了由此產生的「嚴重泥沼」和蕭條。一位中國學者公開斷言，中國經濟中「確定無疑的泡沫」及其災難性的破滅，「不是會不會出現的問題，而是什麼時候出現的問題」。[103]

為了讓地方和全國的GDP數據看起來更漂亮，許多鬼城和空城，包括現在幾近荒廢的「中國未來的曼哈頓」，在黨國領導人的指示下橫空出世，其資金則來自功能失調、國家控制的金融機構所掌控的人民儲

蓄；這些項目十分欠缺債務融資上的審核。[104] 財務上問題巨大、明顯的浪費，甚至簡直就只是在毀滅財富的一些大型項目，包括了過度建設的高速鐵路和高速公路；[105] 無數的新機場（好看、昂貴而無用的「大白象」），其中「近80%都在虧損」；核電站快速擴建的「瘋狂」計畫；數百座用人工風景和假古董堆砌、造價高昂的「旅遊特色小鎮」都迅速破產再拆除，因此「二度增加了（當地的）GDP」；[106] 以及如三峽大壩等數十座在主要河流上修建、但常常思慮不周的水壩。[107] 就經濟效率低下和環境後果等方面來說，從長江流域調水到北京和中國北方的政治項目「南水北調」工程，計劃不周且多災多難，似乎「比三峽工程還要糟糕」。[108] 這樣浪費和毀滅財富以提振一時的 GDP 數據的項目，大大小小不計其數：從造價人民幣 3.35 億元（5,000 萬美元）但僅樹立數月的雕像，到「初始投資人民幣 3,200 億元（478 億美元）」去開挖連接長江和珠江的兩千公里運河的宏大計畫，皆是如此。[109]

在中華人民共和國境外，中共未經人民的諮詢或同意，就將中國人民的錢花費在無數政治化項目上；雄心勃勃的「一帶一路」計畫和海外人才招聘，只是其中二例。在缺乏研究、倉促制定的情況下，據報導，習近平標誌性的「一帶一路」倡議，現在已經使各種大型項目的承諾和支出滾雪球般增加到了 1 萬億美元。這些昂貴的項目許多即便在技術上可行，實際上也是完全不經濟的，諸如讓高速公路、管道和高鐵線路穿越中國西部和中亞人煙稀少的沙漠，以及問題重重的巴基斯坦部落地區的崇山峻嶺。[110] 又如，按照從蘇聯引進的「舉國體制」模式，黨國不計成本地投資，只為在奧運會等國際體育賽事中獲得獎牌，讓中國人民為此付出了驚人的天價，同時占用了人民的體育和健康經費，也毀了無數中國年輕運動員的生活，而這一切都只為了黨國的榮耀和能在世界舞台上出風頭。[111] 北京以「千人計畫」之類的名號，積極「吸引」和招募海外華僑和外籍專家，尤其是那些可以當花瓶擺飾用的有名專家，希望他們能給中共統治者帶來真正的技術祕密、認可和榮耀。當「招賢納

士」的泡沫越來越大，為各種既得利益者謀取利益，雇用了許多不合格、甚至假冒的專家時，在國內「近 70％的中國知識分子已經因工作條件惡劣而瀕臨死亡」，主要原因就是工資和醫療保健不足。一項官方研究結論道，總體而言，中國「浪費了超過 2,500 萬人才」，每年耗費的機會成本為人民幣 9,000 億元，約占中國 GDP 的 3％至 4％。中國觀察家已經將 2020 年代勢不可擋的所謂「無發展式增長」（growth without development）的「內捲時代」（age of involution），視為「中國增長模式的終結」。[112]

經濟紀錄的量化評估

中華人民共和國在毛澤東時代長達三十年的經濟災難，在質量觀察和量化分析上都顯而易見。質量評估之外，比較性量化分析（comparative quantitative analysis）也許也能進一步證明中國政府在過去四十年中的表現是相當平庸而次優化；如此，還可以將廣受讚譽的 GDP 增長和巨額外匯儲備等在中國經濟紀錄中經常被突出的醒目成就，置於一個整體框架中加以考慮。近來關於「中國模式」社會經濟發展的可持續性和可複製性的問題，無論是在理論方面和實踐方面都很有意義──針對這些問題，我們可以更好地用事實來回答。[113]

評估中國紀錄的一個有意義且發人深省的方法，是對相關因素和替代路徑進行所謂反事實分析（counterfactual analysis）。一些學者已經做了很具啟發性的案例研究，以質性方式展示對人類及中國的社會政治和軍事歷史，進行反事實分析的「禁果」。借助高速計算機、大數據和通過實驗進行的模擬，經濟史的量化反事實分析也變得更加可行和有用，例如世界銀行和亞洲開發銀行所做的經濟政策「影響估值」（impact valuation）報告。[114] 兩項反事實分析研究分別得出結論，中共暨中華人民共和國似乎是一條不必要的大彎路、昂貴的干擾，以及對中國經濟

發展的嚴重阻礙。其一發現，如果中華民國繼續統治中國大陸，中國 2010 年的 GDP 會是現在的 142％，中國人民也會免於數以千萬計的非正常死亡和一連串的暴行和苦難。另一項反事實分析則指出，如果中共在 1949 年沒有贏得中國內戰，到 2011 年，中國的人均 GDP 將約為 15,000 美元，與其他東亞國家相當，而不是在中共統治下僅為 4,000 美元左右。[115]

關於中國經濟的量化研究著作很多，但正如我在本書引言中所提到的，在使用中華人民共和國的量化資料時，需要非常仔細地閱讀、檢驗和求證。[116] 在此，我將嘗試從三個角度對中國的社會經濟紀錄，進行說明性的量化評估。首先，我將通過對總要素生產率（total factor productivity，TFP）和增量資本產出比（Incremental Capital-Output Ratios，ICOR）的國際比較，來證明中華人民共和國的經濟增長實際上是次優化的，並且存在巨大問題。其次，我將解釋中國財政和貨幣政策日益增長的不負責任（irresponsibility），如何將國家淹沒在一片赤字之中，並在各地吹起巨大的泡沫，對中國和世界都造成嚴重後果。第三，我將展示中國經濟增長總體上是低效且不可取的，分析指標包括單位能源消耗量，以及中國最大和最賺錢公司的運營概況。

量化評估之一：GDP、要素與外匯儲備

中華人民共和國的經濟成長率足以匹敵、甚至超越過去的日本和南韓等許多發展型（developmental）國家，而官方多年來公布的經濟增長率始終很高：從 1979 年到 2012 年，年均增長率達到驚人的 9.8％，成為 220 種工業產品的世界最大生產國和按 GDP 衡量的世界第二大經濟體。中國多年來還積累了世界上最大的外匯儲備，在 2014 年底達到近 4 萬億美元的峰值，到 2021 年仍保持在 3.2 萬億美元左右。[117] 高增長極大地促進了中國基礎設施的現代化，創造了數以百萬計的非農業就業

機會，使數億人擺脫了赤貧；即便不是大多數人，也確實使許多中國人明顯和絕對地（如果與其他國家相比不是相對的話）提高了生活水平，並使中華人民共和國政府致富變強。尤其是巨額的外匯儲備或國際經濟交易的順差（貿易順差和外國投資流入），使中國人作為消費者、學生、遊客、移民、投資者和探險者，更容易進入國際市場。高增長率和史無前例的大量現金，為中共在國內外創造了重要的新合法性和巨大資源，也賦予北京更多的外交影響力和軍事力量，以及在國際舞台上更高的地位，構成了關於「中國崛起」的大部分議論敘事。實際上，整個中共黨國的官場也發展出一套幾近單一、維持數十年之久、以 GDP 為中心的考核晉升體系。「盲目追求 GDP 增長」是該黨國不透明的等級制度中，少數簡單且可量化的衡量標準之一，但也因此造就無數巧立名目的地方權宜性增長計畫，代價則是環境和經濟的長期可持續性，並導致廣泛的統計數據造假。[118]

經濟學家（尤其是中國境外的）對由國家主導的大規模投資，以及前所未有的外匯積累所推動的 GDP 持續高速增長的數據可靠性、明智性和實際影響，提出了嚴重質疑。提供給國際貨幣基金組織（IMF）和世界銀行的中國 GDP 數據被懷疑遭誇大了。一些研究將中國 GDP 的年增長率下修了「至少兩個百分點」或多達一半。[119]GDP 本身是以量化方式衡量經濟活動和交易，即經濟過程，而不是財富創造和積累，但後者才是經濟的目標；它無法報告或讓人得知真正珍貴的效率和創新。「GDP 是很糟糕的物質福利衡量指標」，是「一個存在嚴重缺陷的繁榮衡量標準」，因為它是一種極其不準確、非常不完整且極易誤導的經濟衡量指標。一位中國著名經濟學家稱用 GDP 來衡量經濟發展是「一個錯誤」，因為在 2010 年代中國世界排名世界第二的 GDP，其實僅僅是「與 1890 年的中國 GDP 處於同一位置」。[120]誠然，這種通過大規模國家投資實現 GDP 增長的模型（凱恩斯經濟學的激進版）創造了就業機會，並使許多人擺脫了失業和貧困。但它的整體效果和效率令人懷

疑，而且往往適得其反。事實上，對於一個大型且活躍的經濟體來說，GDP 增長也完全有可能在損耗或消滅財富，而不是創造和保持富有。瑞士信貸（Credit Suisse）的一項時間序列研究顯示，雖然以 GDP 衡量，中國經濟活動可能一直在快速增長，但中國實際的財富積累其實很緩慢，沒有什麼突出之處。[121] 此外，自 2010 年代中期以來，中國的 GDP 增長逐步減緩，邊際收益進一步下降，在面臨硬著陸或更理想的軟著陸的不確定性中「落下地來」。[122] 比十年前減少了一半以上的全面緩慢、甚至停滯的增長，似乎正在醞釀一場「緩慢融塌」，足以造成中共近四十年來面臨的「一些最大的經濟挑戰」。有些人甚至預測，整個中國經濟崛起將在 2020 年代裡結束。[123]

如前所述，推動中華人民共和國 GDP 高速增長的單一最大力量，是國家在中共特殊的政治需求下，強力推動的超大規模固定資產投資。這是基於國家對金融體系的壟斷，挪用了中國人民的儲蓄。在 21 世紀，中國的儲蓄率一直位居世界前列，僅次於新加坡和東帝汶，儲蓄了全國約一半的收入，比美國高近十倍，比歐元區高六倍，[124] 也是日本在 1973 年（23.1％）和南韓在 1988 年（19％）所達到最高儲蓄率的兩倍。[125] 直到 2019 年，中國儲蓄率仍有 44.9％。[126] 中國儲蓄異常高的原因很複雜，包括缺乏社會保障和養老金計畫等社會安全網；醫療保健、教育和其他公共服務提供不足；國家的高度汲取；生育控制政策造成極不穩定的人口結構；以及民眾普遍的不安全感和不確定感。[127] 例如，在 2016 年，中國醫生公開表示，長達十年的醫療改革「極度失敗」。[128] 另一方面，大量主要來自香港的外國資本流入，將可觀的中國資本洗白並偽裝成外國投資返回中國。[129] 結果是，2009 年固定資產或資本投資占中國 GDP 的比重為 47 至 48％，比增長高峰時的日本高出十個百分點，而發達經濟體的典型比例為 20％左右。這一數字隨後在 2013 年進一步攀升為 49％，到 2020 年仍保持在 43％，其增長形成了年度 GDP 增長的 72％。[130]

即使以發展中國家處於快速增長階段的標準來衡量，這一固定資產投資比率也遠遠過高，造成了巨大的資源錯置和低效率，諸如不良貸款、低回報或無回報的過度投資，以及浪費性泡沫。以總要素生產率（TFP）測量方法之一的索羅殘差（Solow Residual）來看，中國經濟在過去二十年的 TFP 增長有限、下降，甚至達到負增長，這表明系統性和大規模的低效率和資源配置不當，大量投資流向投機性和政治化的項目。這是因為「真正的政治或體制改革從未真正被列入改革議程」。[131] 中國官方承認，關鍵的製造業利潤率非常低（「低於 6%」）且不斷下降，這些製造業占到 GDP 的 40% 並占出口的 95%。[132] 相比之下，印度製造業的利潤率為 13% 至 19%，美國則超過 16%。[133] 思慮不周、管理不透明和過度投資驅動的增長，可能已經將資本的邊際報酬推至折舊率以下，實際上是在消滅資本，並同時抑遏了長期消費。[134] 若使用增量資本產出比（ICOR）與其他亞洲經濟體在快速增長期間相比，中國的 GDP 增長效率是越來越低，和印度相當或低於印度。經濟合作暨發展組織（OECD）一份關於亞洲 ICOR 的研究得出的結論是，在 1995 至 2011 年間，中國的 ICOR 明顯低於泰國、印度尼西亞和馬來西亞。[135] 中國的不良投資和浪費的資本高達數萬億美元；兩名中國國家研究人員發現，光是 2009 至 2013 年，就有高達 6.9 萬億美元的資本（占總投資的 37%）「效率為零」，完全虛擲。[136] 中國日益增長的海外投資似乎也是同樣的低效，加上大量貪汙、盜竊和無能，造成了巨大損失。[137]

依靠國家壟斷的金融體系進行大規模投資來實現政治驅動的高增長率，造成低且不斷下降的 ICOR，輕易地消耗了中國人民的世界級高儲蓄。吞噬資本的國有企業再度成為關鍵問題。自 1990 年代初以來，民營企業的資產報酬率（return on assets）為 13.2%，而國有企業為 4.9%。[138] 舉例來說，大規模的國有獨資高鐵（HSR）被視為一個亮眼的項目，為富裕的乘客提供了舒適且便利的快捷交通，也給了中共漂亮的 GDP 數據和吹噓的權利。但批評者們已經正確地質疑，縮短都會中

心之間的交通時間是否真的有助於提高生產力，以及付出的代價為何。2019 年，非常昂貴但使用率很低的高鐵線路（僅供客運列車使用）占中國鐵路總軌道（139,000 公里）的四分之一，其債務估計為 7 萬億至 8 萬億美元。高鐵的年利潤總額甚至不足以支付其巨額債務的年利息。除了北京到上海／杭州，以及北京到廣州／深圳這兩條線之外，三十多條高鐵線路中的大部分，其收入甚至無法支付日常運營成本，更不用說償還其巨額投資了。高鐵項目只能透過更多的債務再融資和靠國家撥款

表 2-2　亞洲的增量資本產出比（特定國家）

國家		投資 （占 GDP%）	GDP 增長 （年%）	ICOR
中國	1991 至 2011 年	40.4	10.4	3.9
	(1991 至 1995 年)	39.6	11.6	3.4
	(1996 至 1999 年)	37.6	8.4	4.5
	(2001 至 2003 年)	40.5	8.0	5.06
	(2009 至 2011 年)	48.2	9.6	5.02
	2012 年	49.0	7.7	6.4
	2013 年	49.0	7.7	6.4 (7.1) *
日本	1961 至 1970 年	32.6	10.2	3.2
韓國	1981 至 1990 年	29.6	9.2	3.2
台灣	1981 至 1990 年	21.9	8.0	2.7
印度	1990 至 2012 年	28.8	6.6 (1995 至 2014 年)	4.2
	2013 年	30	5.0	6.0

注：高 ICOR 數字表示投資生產率低：生產一單位 GDP 需要更多單位的資本。
* The New York-based CEIC Data Group estimate (ceicdata.com), 2014.
資料來源：RIETI 2004. Kwan of Nomura's Institute of Capital Markets Research 2013. India figures calculated based on Krishnan 2013 and World Bank GDP growth and gross capital formation databases 2014.

來維持。然而，顯然成本效益不高的高鐵建設卻依然「全速前進」，在2014 至 2020 年期間，每年新增投資約 1,200 億美元。[139] 這是一個巨大的債務危機定時炸彈，十分迅速地燒錢。除了高 GDP 增長和就業人數等政治理由，以及獲取更多「世界第一」的排名（這對中共政權確實非常有用）之外，高鐵過度盲目擴張的主要原因，很可能是官員及其同夥難以抗拒藉由高鐵建設相關的大型項目大舉致富的絕佳機會誘惑。高鐵建設也確實產生了一些中華人民共和國歷史上最大的腐敗和虛報高價採購案件，其中以 2013 年被判處死刑緩期執行的鐵道部長劉志軍和他的繼任者盛光祖的案件為首，後者在 2022 年，也就是他退休數年後，受到拘捕調查。[140]

與低效、甚至毀滅財富的 GDP 增長的方式相關，中國在 2023 年之前長年達到約 3 萬億美元的巨額外匯儲備，似乎是一個成功的故事，也確實為中共提供了巨大的海外投資和花費資金。但這其實是反映了重商主義出口導向型增長的失控和國家壟斷金融體系的深層缺陷，是一系列問題的原因和表象，比如過度低效率和資源錯置，人權和勞工權利的剝奪，人民低下的生活水平低下，受損的自然環境，隨之而來的全球經濟失衡，以及中國經濟在國際價值鏈上深陷低附加值位置等。中國龐大外匯儲備中的一大部分，其實是用於投機的高風險、未對沖的外來的所謂「熱」錢。對於中共來說，大力壓制國內消費和不發展社會福利來造就更多的出口及其附帶的更多低薪工作機會，或許是合理、甚至是最優化的。如此一來，北京可以控制大規模失業會帶來的社會政治危險和讓人民「不必要地」致富（從而在政治上賦權）的風險，同時通過壟斷越來越多的硬通貨，最大限度地提高其海外花費能力。[141] 根據其控制外匯的悠久傳統，中國的所有外幣都集中在黨國手中；北京在 2019 年重申，與政府之外進行的任何貨幣換匯交易，都是犯罪行為。[142]

例如，以時尚的 iPhone 手機的全球生產鏈來看，在 2010 年代後期，每件總成本可能在 216 至 263 美元之間，其零售價為 649 至 849 美

元（在中國售價高達 1,600 美元）。台灣公司鴻海及和碩在中國雇用工人為總部位於加州的蘋果公司組裝產品，每件產品的收入僅為 4 至 5.85 美元。[143] 然而，由於渴望更多的「真金白銀」（硬通貨）和低技能工作崗位，中共暨中華人民共和國透過嚴屬壓制勞工權利和環境需求，以及更直接地向出口商支付現金，對出口提拱了昂貴的補貼。增值稅的退稅（通常是總價格的 16％至 25％）在實務中可能要高得多，並且「一直是我們利潤的唯一來源」或「我們仍然繼續出口的唯一原因」——筆者從 2003 年到 2021 年所採訪的所有中國出口商幾乎皆如是說；而這種補貼比操縱貨幣來刺激出口要重要得多。不意外的是，出口補貼也是造成許多欺詐和腐敗的一大漏洞。[144] 國家補貼出口還加劇了國際摩擦：2016 年，歐盟發起的 38 起反傾銷調查中，有 28 起涉及中國。最後，在 2018 年，中國出口利潤最高的市場，也就是美國，放棄了世貿組織而自己動手，向中國發起了一場規模宏大的關稅貿易戰。[145]

中共的經濟策略主要是使黨國自肥變富，它現在通過壟斷金融部門和外匯儲備，在海外擁有巨大的購買力，但中國人民為此付出的總成本非常高。[146] 勞動密集型加工業的蓬勃發展，使中國成為「世界垃圾場」，多年來大量進口外國廢料作為原料。[147] 此外，近 69％的外匯儲備已沉入中國的各種對外投資或資本外逃。因此，可支配或「可用」的外匯儲備（或「現金流」）在 2020 年降至 1 萬億美元左右，為十年來最低（全部為美國國債；2000 年時，北京持有的美國國債為 600 億美元）。[148] 在此同時，中國分析師語帶不祥地報導，「至少還有 1 萬億美元是所謂經濟暗物質（economic dark matters）」或隱藏的資本外流義務（obligations of capital outflow），足以抹消所有「可用」的外匯儲備並引發系統性衝擊。2022 年，美國聯邦儲備銀行（以及歐洲中央銀行和其他七大工業國）大幅提升了利率，正好與為了刺激其低迷的經濟而放鬆銀根的北京逆向相撞，儘管黨國更加嚴屬地實施行政手段去控制資金外流，還是導致了人民幣的大幅貶值和中國外匯儲備的大量流失。整體而言，正如一

位中國高級經濟學家在 2022 年 5 月的結論，在過去二十年中，中國持有的巨額外匯存款和海外投資資產大多都是「負回報」，亦即無收益還蝕本。[149]

如果考慮到中國還需要花費巨額外匯，透過大量進口以維持其出口加工導向的經濟去賺取外匯，其外匯儲備就更不是經濟成功的標誌了。2019 年，中國花費了 2.1 萬億美元進口基本產品和必需品，如半導體微晶片（3,060 億美元）、石油和天然氣（2,910 億美元）、電子產品（1,540 億美元）、鐵礦石（1,010 億美元）、銅（570 億美元）和大豆（430 億美元）。同時，中國的外債從 2000 年的 1,460 億美元，大幅增長至 2012 年的 7,370 億美元（占當年外匯收入的 33％）和 2019 年的 2.1 萬億美元（占當年外匯收入的 77％）。[150] 在 2020 年代，中國外匯儲備基本保持穩定，但外債和資本外流均不斷增長。為了支付進口、履行對外義務和管理「經濟暗物質」，中國必須每年至少賺取超過 2.1 億美元的硬通貨，或者必須出售其持有的美國國庫券（這很容易，北京在 2022 年確實也賣出了不少）或海外資產（這會很困難，並且可能蒙受巨大損失，特別是因為有些海外資產其實是通過外國借款融資的）。其他替代方案則是削減關鍵的進口並削弱其賺取硬通貨的出口，減少國內的基本供應，取消「一帶一路」等海外支出承諾，違約外債和其他義務，或者讓人民幣貶值——又或是以上這些的某種組合。在出口方面嚴重依賴美國，並受制於中共在國外的政治化撒錢，中國經濟的脆弱性極為明顯。在 2020 至 2022 年新冠肺炎疫情期間，迫於貿易戰和全球供應鏈重新布局等日益沉重的外部壓力，北京發起了「強調國內經濟循環」或自給自足，以減少和替代「全球循環」或外貿。[151] 然而，明顯的「國內消費不足」與長期的結構性問題，將嚴重阻礙這一成長策略。但正如一些中國分析人士所說，一旦失去「全球化紅利」，一個依賴「高投資、低效率」內循環的經濟體前景並不樂觀。[152]

表 2-3　外匯儲備、資產與債務（十億美元）

	外匯儲備	外債	國外投資	美國國庫券	
2004 年	619	263	53	223	**
2005 年	826	297	65	310	**
2006 年	1081	339	91	397	**
2007 年	1547	389	116	477	**
2008 年	1966	390	186	727	*
2009 年	2453	429	246	895	*
2010 年	2914	549	317	1160	*
2011 年	3256	695	425	1152	*
2012 年	3388	737	532	1220	*
2013 年	3880	863	661	1270	*
2014 年	3899	1780	881	1244	*
2015 年	3406	1383	1096	1246	*
2016 年	3098	1416	1357	1058	**
2017 年	3236	1758	1809	1185	*
2018 年	3168	1983	1982	1124	*
2019 年	3263	2057	2095	1070	**
2020 年	3216	2401	2199	1072	**
2021 年（六月）	3214	2527	2300	1078	**

注：年終數據。* 中國是美國國債的最大外國持有者。
** 中國是美國國債的第二大（僅次於日本）外國持有者。
資料來源：PRC State Administration of Foreign Exchange (safe.gov.cn), 2021; US Department of the Treasury/Federal Reserve Board (ticdata.treasury.gov), 2021.

量化評估之二：財政與貨幣政策

作為兩個雙生相關的政策，中華人民共和國的財政政策和貨幣政策

都有著同樣特點：長期的非理性和不負責任（儘管對於統治者來說，這可能還是理性的和優化的）。兩者同樣地以統治者為中心，不受監控也不受約束，使用短期補救性措施為主，而且往往是次優化且有問題的措施。如前所述，毛後時期的中共貪得無厭地對中國經濟進行超高額榨取，還從華盛頓和東京等地的政客那裡學來靠借貸花錢的招數，於是更變本加厲，大冒將國家淹沒在赤字海洋中的風險。出於透過粗暴的發貨幣刺激來壓平商業週期並確保政權穩定，從而超越所謂「中等收入陷阱」這一強烈政治願望，再加上在維穩（內部安全）、軍事和海外項目上的大量撒錢，中共自 2008 年以來採取了一系列規模過大、寬鬆、設計和執行不力，而且往往不負責任的財政和貨幣政策。黨國似如舊劇重演般，奔向毀滅性通貨膨脹；在此之前，惡性通貨膨脹至少已經發生過三次，分別在 1950 年代初、1960 年代初，以及 1980 年代末至 1990 年代初。[153] 進入 21 世紀後，中華人民共和國中央政府每年都出現預算赤字，官方赤字／收入之比從 2010 年的 7.8％和 2015 年的 15.5％，飆升至 2019 年的 25％，在 2021 年更暴增至 43％。[154]

從 2008 年超發 4 萬多億元人民幣開始，赤字支出和印製鈔票這種令人迷醉、簡單而又快速的解決方式，造成了難以擺脫且嚴重的「債務成癮」。[155] 結果是，中國中央政府的直接債務與 GDP 的比率從 2010 年的 33％飆升至 2020 年的 60％以上；外國分析師預估，再過四年將達到 78％以上。中共的地方官員不像美國地方政府受預算平衡法之類的法律約束；他們出於政治壓力和晉升之誘惑，往往以許多創造性的方式借入海量資金，來吹大當地的 GDP 數據。據報導，2018 年僅所謂的「帳外」隱藏性地方政府債務，就估計至少為 6 萬億美元。[156] 一如預期，官方公布的地方政府債務要低得多，大約只有一半（不包括「隱藏」的地方投資債券），2020 年為 3.26 萬億美元，2021 年為 4.56 萬億美元。[157] 近年來，地方與中央的財政關係日益失衡，鑑於經濟發展水平和國家投資的地區型差距持續且加劇，這不足為奇；反而更加顯示了兩個層級的

黨國政府財政健康狀況都十分糟糕。在 2010 年代後期，美國的 50 個州都必須平衡自己的預算，其中 22%（11 州）獲得的聯邦資金，明顯多於其繳納的聯邦稅。[158] 在中國，官方數據顯示，31 個省級單位中有 74%（23 個）需要中央政府的預算救助，進而產生巨額赤字：在 2020 年，中央對省級政府的財政支付比各省繳納的稅費高出 10% 以上。到了 2021 年情況更加惡化，31 個省級單位中的 84%（26 個）的債務與收入之比率超過 100% 的「警戒門檻」，其中 11 個超過 200%，4 個甚至超過 300%（最高的是青海，506%）；如果納入地方投資債券的隱性債務，則只有兩處（上海的 85%，廣東的 90%）低於警戒門檻。官方數據顯示，近十年來，中國養老金系統也逐漸累積巨額赤字，從 2013 年的 20% 上升到 2020 年的 28%，並且 31 個省級單位中有 25 個的養老金計畫要靠中央財政撥款，才能保持其支付能力。[159]

2017 年，中華人民共和國的家庭債務與收入之比達到 100%，超過了美國；到 2020 年還繼續快速攀升至 128%，而美國的這一比例則降至 100% 以下。[160] 據《經濟學人》報導，整個中國都負債累累，到 2016 年，總債務與 GDP 的比率為 260%（2008 年時為 150%），遠高於任何其他經濟體，使中國成為「負債人民共和國」；一場驚人的債務危機的大爆發迫在眉睫，而急需的重大改革卻尚未出現。[161] 救濟之道難尋。為部分修補此一問題，2014 年 5 月地方政府獲准發行地方債券，以「證券化」其部分國有銀行的貸款。然而，標準普爾（Standard & Poor's）迅速將半數的省級債券評為垃圾證券，僅有四分之一被視為投資級。在 2020 年新冠肺炎疫情期間的短短五個月內，「經授權」的地方政府債務增長了人民幣 1 到 1.6 萬億元（1,400 至 2,240 億美元，占「帳面」債務總額的 30%）。各省就像陷入了一場瘋狂的融資競賽一般；以一個普通省分安徽為例，據報導，安徽省在 2020 年 4 月的短短兩週內就借款 640 億美元，為其已經耗資 1,200 億美元的 2,583 項刺激經濟的項目繼續火上澆油，另外還有 3,300 個新項目的 7,620 億美元貸款在等待批

准。其他省分（如福建）赤字程度甚至更為嚴重。[162]

　　與中國許多其他的重要統計數據一樣，由於保密規則和假帳傳統，官方報告的債務狀況一直是模糊不清。中國官方數據顯示，「宏觀」（主要是政府）債務與 GDP 的比率在 2019 年攀升至令人震驚的 245％，到 2021 年達到 280％（或 2022 年的另一個官方估計為 273％），遠高於美國（分別是 109％和 119％），並且其「年利息支付」是「GDP 年名義增長率的兩倍」。非中國專家估計，中國實際債務與 GDP 的比率應該更高，2019 年為 300％，2020 年為 317％。[163] 這意味著中國的赤字海洋規模大約是負債累累的美國的兩倍，超過了世界第二高的日本，而日本在 2020 年的債務與 GDP 比率達到峰值 239％（2021 年下降到221％）。[164] 若置於世界框架之下，在 2010 年代和 2020 年代，國際貨幣基金組織和世界銀行報告「低收入國家」的政府債務與 GDP 比率在35％到 70％之間，「發達經濟體」平均為 55％到 110％，而對於「新興市場」經濟體，該比率的理想上限為 60％。[165]

　　即使對於一個強大的警察國家來說，靠稅收和貸款來花錢仍然是一種既費力又不方便的汲取和消費方式。當這些也不足以應付時，由於北京缺乏國際信用評級和有效的金融市場機制來充分利用國內外的資本去彌補赤字，最簡單的出路就是印更多的鈔票。在其七十多年歷史中，中華人民共和國確實為了緊迫的政治需要或權宜的財務目標，多次大量地超印貨幣（人民幣即「人民的錢」）。每一次的濫印都帶來嚴重的通貨膨脹和痛苦的經濟衰退及蕭條危機，甚至像 1989 年天安門事件那樣幾乎顛覆了黨國的政治動盪。

　　在 21 世紀，中華人民共和國印製了空前大量的紙幣。官方數據顯示，2000 至 2010 年間，北京印鈔數量的增長率為 450％（每年 14.7％），遠高於 GDP 的平均增長率（9％）。2010 年流通中的人民幣（M2 存量）達到 70 萬億元（10.62 萬億美元），是中國 GDP 的 1.74 倍，比 8.99 萬億美元的美元 M2 存量（占當年美國 GDP 的 60％）還高出 18％。[166] 四

年後，中國的 M2 存量激增至 120 萬億元（約合 19.7 萬億美元），是中國 GDP 的 1.89 倍。[167] 相比之下，2014 年美元 M2 總存量為 11.5 萬億美元，約占美國 GDP 的 68％，比人民幣少 71％以上。2020 年，人民幣流通量進一步激增至 209.4 萬億元（29.5 萬億美元），是中國 GDP 規模的 2.11 倍以上，比美元的 15.4 萬億美元（占美國 GDP 的 72％）的流通總額多出 14.1 萬億美元（92％）。到 2021 年 7 月，這一數字進一步飆升至 225.6 萬億元（33.76 萬億美元）。[168] 顯然是為了進一步簡化人民幣的印製，以及加強對百姓日常金融交易的控制等其他目的，中華人民共和國央行於 2020 年推出了數字人民幣 DCEP（數字貨幣電子支付）。[169] 從中、美這兩個經濟體的 M2 與 GDP 之比來看，中國網路流傳的一個簡化的計算甚至令人擔心起「真實的人民幣兌美元匯率」可能是 19.97 比 1，而非 7 比 1 左右。[170] 中華人民共和國在印鈔方面的擴張勢頭還不減：2022 年初，人民幣 M2 存量增長了 9.8％，M0（現金）流通量則暴增 18.5％，增速是中國 GDP 增長的二和四倍。幾個月後，在西方對俄羅斯的制裁和美國央行加息的擠壓下，北京的應對之道是印更多鈔票——又達數萬億人民幣——而不是放鬆對中國資本市場的控制

表 2-4　兩個經濟體，兩種貨幣

貨幣	2010 年	2014 年	2020 年
中國 M2（萬億）	¥70 ($10.62)	¥120 ($19.7)	¥209.4 ($29.5)
占 GDP %	174	189	211.3
%在國外流通	幾乎無	可忽略	極少
美國 M2（萬億美元）	$8.99	$11.5	$15.4
占 GDP %	60	68	72
%在國外流通	40–70	40–70	40–70

資料來源：U.S. Federal Reserve, US Department of Commerce, People's Bank, State Statistical Bureau, 2012–2020.

和／或讓人民幣更大地浮動，一些中國分析家將這種行為描述為簡直是「拿國家的命運賭博」。[171]

最終，人民幣的購買力直線下墜。2021 年，一項中國非官方研究採用四種方法，呈現過去四十年 1 元人民幣可以買到什麼，充分顯示了在失控的印鈔下，通貨膨脹的瘋狂趨勢（見下方表 2-5）。與同一時期

表 2-5　人民幣的購買力

1 元人民幣的購買力	1978 年	1988 年	1998 年	2008 年	2013 年	2019 年
以 GDP 增長加權	1	0.39	0.16	0.07	0.04	0.03
價值損失	-	-61%	-84%	-93%	-96%	-97%
按 M2 供應	1	0.15	0.01	0.002	0.001	0.0007
價值損失	-	-85%	-99%	-99.8%	-99.9%	-99.93%
按官方通貨膨脹率	1	0.58	0.24	0.19	0.18	0.16
價值損失	-	-42%	-76%	-81%	-82%	-84%
按實際通貨膨脹率	1	**0.30**	**0.068**	**0.036**	**0.024**	**0.0198**
價值損失	-	**-70%**	**-93%**	**-96%**	**-97.6%**	**-98.02%**
1 美元的購買力 *	1	**0.55**	**0.40**	**0.30**	**0.28**	**0.26**
價值損失	-	**-45%**	**-60%**	**-70%**	**-72%**	**-74%**

* 依美國實際通貨膨脹率。（資料來源：Chun Se 2020; Usinflationcalculator.com, Feb 8, 2022）。

1 美元的購買力進行比較和對比，結果很發人深省。

人民幣天文數字的印刷量，是不負責任的財政和貨幣政策的驚人結果，這些政策近來還變得越來越瘋狂。再加上根深蒂固的過度促進出口以滿足北京對外幣或「真金白銀」的渴求，從而使其能夠在國外消費，也大力地推動了日益失控的中國印鈔廠。要從中國出口商那裡收集和囤積外幣，尤其是美元，就需要更多的人民幣。儘管北京最近大力推動人民幣「國際化」，但人民幣仍然是一種軟貨幣，基本上只在中國流通，這也使得過度印鈔的問題變得更加嚴重。因此，對中國，以及柬埔寨和辛巴威等少數幾個小經濟體而言，通貨膨脹的壓力嚴重到了難以承受；這些小經濟體接受北京的大量津貼，在部分程度上使用人民幣。[172] 相比之下，數十年來，幾乎每個國家都廣泛接受美元為事實上的世界貨幣。估計有 40％至 70％流通中的美國貨幣在發行國之外被持有並永久使用，作為主要的交換媒介和主要的價值儲存手段。因此，美元供應的增加在美國經濟中只會產生很小的通貨膨脹壓力，因其受到了更大的總體世界經濟所提供的緩衝。[173]

由於基本上缺乏有意義的體制監管、法律約束、公眾監督或專家辯論，中共暨中華人民共和國的稅收、借貸、鑄幣和支出，首先是為了滿足和取悅統治者，對中國經濟和中國人民則帶來了嚴重的次優化。在傾斜的財政政策、貨幣政策和產業／出口政策的累加之下，中國不斷地在各地吹出各種經濟泡沫，給中國經濟和世界經濟都帶來嚴重後果。2014年，北京通過一項新的「中期借貸措施」，「祕密地」注入約 1 萬億元人民幣以刺激增長。[174]2015 年又注入 7 萬億元以「維持經濟增長」，將固定投資占 GDP 的比例推高至前所未有的 78.9％（2000 年為 26.4％，2008 年為 47.2％）。按照中共的一貫做法，這些刺激資金基本上都流向了效率低下的國有企業、經常是毀滅財富的大型基建項目、房地產行業的投機熱潮、無數的金融投機和騙局，以及許多幹部及其親信的海外帳戶。中國自己的經濟學家在多年前就曾用淺白的語言警告過：「只有

一件事是確定的：人民的錢是越來越不安全了。」[175]

　　2020 年以來，為應對新冠肺炎病毒引起的經濟下滑，中華人民共和國透過赤字支出啟動了更多的財政刺激措施，在中央和地方各級印製更多的鈔票來資助數以千計的新興項目，促使已有十年之久的巨型泡沫更加龐大。國務院總理李克強給出了一個粗略的數字，即新增人民幣 2 萬億元的赤字支出和超過 4 萬億元的工資稅減免，用於「新投資項目和保留就業機會」。在全球疫情之下，這一輪刺激可以說是情有可原，但相關實施方式仍是一如既往的完全未經審查和辯論，因此仍是典型的次優化，充滿了問題。[176] 幾乎每個國家在疫情中都採取了類似的努力，但許多（可能是大多數）政府的做法與北京截然不同，通常是直接發給人民可觀的款項，特別是給窮人。例如，美國政府直接將資金分給企業和民眾；2020 年的兩次直接支付，一個普通四口之家最高可獲得 5,400 美元，並大幅提高失業救濟金和租房補貼。印度政府的直接支付一如預期地很少，2020 年年中僅每人 17 美元，外加為有需要的人提供免費糧食和炊事燃氣。[177] 然而，完全不出意料，中共又一次一邊像個不知上進的蠢人，試圖靠印鈔來擺脫麻煩，重蹈覆轍地製造泡沫；一邊又像個頑固的守財奴，拒絕將資金直接分發給人民。[178] 一如往常，中國的大部分刺激和救濟資金都流向了國有企業和基建項目。在 120 多天的隔離期間，部分封城中的民眾從政府那裡獲得了每人 13 元人民幣（1.80 美元）微不足道的直接補貼，主要是購物折扣券，而且還得在網路商店裡競搶。[179] 這也許正是所謂「中共最優化」和「中國次優化」共生而產生的簡單惡政，與過去許多世紀裡的法家黑暗統治權術傳統如出一轍，其目標正是通過保持民眾的貧困、虛弱和被羈絆受束縛，來實現人民對國家的屈服和依賴，而不是通過發放任何「免費」的資金來使人民變富、賦能而有權力。對於許多掌權的幹部及其親信來說，這也是一個典型的大好機會，可以通過與這些可疑和不受監控的基建項目相關的不正當合同、賄賂、不合標準的承包工程和貪汙公款等大賺一筆；所有泡沫工程

項目都在加劇通貨膨脹的風險，而通貨膨脹則是一種低效和累退式（窮人負擔更多）的徵稅。

　　隨著鈔票的大量濫印，中華人民共和國在各地創造並維持了空前規模的巨大經濟泡沫，尤其是在房地產領域，輕易使得 1980 年代日本災難極為慘重的房地產泡沫相形見絀。[180] 在觀察家看來，容忍世界級的房地產泡沫是極其愚蠢和危險的。但在中國，這卻是完全正常和意料之中的——因為是統治者，而不是中國人民或市場，在根據自己的意願支配資本和其他資源的流動。如同高鐵網等基礎設施的發展，對一個長期缺乏足夠住房的發展中國家來說，投資住房項目是明智和有效的。住房是一種具有高度收入彈性和價格彈性的產品。住宅建設、裝修和維護會有力地拉動鋼鐵、混凝土、能源、交通和家政服務等行業，這些行業都創造了大量的低技術和低技能工作機會。對於 GDP 增長和就業的合理目標，房地產可以是一種可持續增長的方法。但是，正如在中國政治經濟的幾乎每個領域，特別是基礎設施建設，房地產行業受到中共專制且嚴密的政治化控制，既無視市場機制，也扭曲了市場機制。[181] 整體而言，中國的經濟增長模式，尤其是功能失調的金融體系，已經將房地產開發變成了一種瘋狂失控的過剩，主要服務於中共的政治需要，以及壟斷了土地和資本的幹部及其親信們的貪得無厭。房地產業的快速繁榮，在數量和質量上都讓許多政治能量較高的城市居民感到高興，因為它允許人們獲得（有限的）住房所有權，數百萬低技能勞動力的就業機會，以及 GDP 的增長。它還通過拍賣「人民」土地的用戶使用權（25 至 70 年）為地方政府籌集了巨額資金，簡便地將公共資金轉移到幹部和他們的開發商夥伴的口袋裡，並將多餘的濫發鈔票停泊在該產業，以減輕通貨膨脹壓力。最遲自 2010 年代初以來，在通貨膨脹和資本管制的雙重夾縫下，房地產市場成為中國人唯一可行的投資工具，占中國家庭財富的 74.7%（相比之下，這一比例在美國約為 25%），並提供了 65% 至 90% 的地方政府財政收入。2020 年代，中國 37 座大型與中型城市中，

只有 3 座城市的土地出讓收入低於其財政收入的 50％（北京、上海和深圳，分別為 20％、30％和 40％）；13 座城市的地方收入仰賴土地出讓金高達 100％以上。[182]

　　房地產（主要是公寓式單元）的建設、維護和分配，在 21 世紀都迅速成為一個巨大的泡沫，呈現出明顯的次優化和非理性。官方數據顯示，到 2015 年，住房市場其實已經飽和，每個家庭擁有 1.3 套住房；到 2020 年，中國的住宅擁有率為 96％。[183] 然而，其中許多單元多年來始終空置，而許多中國人仍然無法獲得適當的住房，更不用說是負擔得起的住房了。房地產價格飛漲，主要是由於官員和開發商之間貪婪勾結造成的投機行為。住房單元的分配和所有權極其不平均且不平等，因為許多獲得補貼、「免費」和更好的單元都被相關人士當作津貼、賄賂與儲值手段。因此，已經過度發展的房地產建設不得不繼續高速增長——表面上是為了讓人民能住上房子，更實際的是為了稅收、GDP 增長和就業人數。2013 年，中國城市整體住房空置率為 13％，一年多後攀升至 22.4％，之後維持在 20％以上，與美國（1.9％至 2.5％）、歐盟（9.5％）和日本（13％）形成鮮明對比。[184] 美國歷史上最高的房屋空置率出現在 2008 年，僅為 2.9％。[185] 在中國城市，2012 年到 2014 年未售出的住房單元至少增加了一倍，使房地產市場過剩「遠遠超過了國際警戒線」。「迄今為止最大的泡沫」出現在上海等主要城市，上海房地產價格在 2010 年代上漲了 525％。2010 年代後期，北京的住房空置率達到了令人難以置信的 28.9％，中心區朝陽達到 54.9％；在這個特大城市有多達 33％的新住房單元空置。[186] 暫且不論仍然超過住房需求的新房建設，光是吸收北京現有的空置單元，就需要按現在速度四十二年的人口和經濟增長。[187] 就連一向看漲中國的高盛（Goldman Sachs）分析師，長期以來也將中國房地產債券列為「亞洲風險最高」。[188] 中國商業地產空置率已經超過「2019 年的歷史峰值」達到 35％（寫字樓空置率為 30％），為全國乃至「一線城市」的「十多年來最差」。據報導，

即使租金下降 10％，北京仍有 19％的辦公空間空置；上海大部分地區為 40％，深圳為 28％。2021 年，中國 38 座主要城市的寫字樓空置率均高於 11％——其中 19 座城市超過 30％，12 座城市超過三分之一，儘管租金價格低迷且下降；而同樣的空置比率在台北僅為 2％，在香港為 9％。[189]

瘋狂的房地產泡沫代表著難以想像的通貨膨脹和經濟的低效扭曲。在 2010 年代中期，光是大北京地區的房地產市場價格就相當於整個美國 GDP 的 120％，而中國房地產資產的帳面價值則已經超過中國 GDP 的 300％，與歷史上的日本泡沫不相上下。1989 年日本房地產市場達到其 GDP 的 375％的峰值，東京的房地產價值超過了美國的 GDP；之後迅速破滅，導致日本接下來二十五年陷入深度和長期的衰退。[190] 隨著大量濫印的鈔票不斷湧入以獲取快速利潤，超大的中國房地產泡沫變得更加龐大。在房價漲幅最大的 50 座城市（來自 22 個國家）中，有 27 座在中國，沒有一個在美國。[191] 到 2019 年，中國房地產總價值估計為 65 萬億美元，占到其 GDP 的 480％，相當於美國、歐盟和日本房地產市場價值總和的 109％。相比之下，中國股市價值僅為其房地產市場的 10％，相當於美國、歐盟和日本股市總和的 9％。[192] 美國和歐盟的房地產價值與股票價值大致相同（日本略高），代表著更加平衡和有效的資本配置。

中共黨國現在確實是進退維谷、處境是三面受困：一個巨大浪費的泡沫損害了中國經濟，但又「大到不能破裂」；中央和地方政府，以及開發商和經紀人等相關利益集團，對 GDP 增長和快速收入貪得無厭的胃口巨大，而不斷湧現、新印發的人民幣也極其需要去處。仍是發展中國家的中國，現在的房價卻比大多數發達國家都高，一般人根本買不起，尤其是年輕人。作為中國世界級社會經濟不平等的一部分，房地產所有權的擁有也是非常的不平等。2021 年中國城市中，2％的家庭每戶擁有三套或更多公寓，而超過 30％的家庭一套都沒有；12％的家庭擁

有了超過 40％的住房單元。許多觀察家都預計，一場全國性的金融災難會是房地產泡沫的必然結果：「看似耀眼的成功，其實是快速擴張的泡沫上的虹彩……其破滅可能會是很快。」許多中國專家唯一意見不一之處，是這個泡沫會如何破裂。按偏高的估計，這個泡沫在 2010 年代末已經超過了世界 GDP 總量。一些人擔憂房地產市場可能會下跌 50％，另一些人則推測在通貨膨脹驅動的貶值下，人民幣兌美元將從 1 美元＝7 元人民幣跌到 1 美元＝ 14 元人民幣，不過「在匯率為 1 美元＝ 10 元人民幣時，中國經濟就會徹底崩潰」。[193] 現實中，2020 年至 2022 年間，多個地區的房地產市場已經出現兩位數的價格下滑。許多地方政府開始宣布「限跌令」，希望能用行政命令去阻止「房地產市場發生的重大變化」。[194]

中國專家們其實也知道，有一些明智且經過驗證的方法能可靠地遏制龐大的房地產泡沫，糾正中國經濟的大幅扭曲，減少高空置率和世界級的房價並存所代表的資源及資金的莫大浪費，進一步化解巨大的社會政治和經濟定時炸彈。[195] 有兩種比較明顯的方法：一是房地產稅附加有力的空置稅；另一是所有權和交易的透明度，理想情況下是配合私有土地所有權的合法化──為房地產建立一個功能健全的真實市場。然而，中共的黨國政治再次成為阻礙，儘管高層領導人在過去二十多年裡無數次誓言要「避免和減少房地產泡沫／投機」。[196] 由於巨大的貪婪和深深的恐懼，北京似乎無法、也不願意真正實施上述措施中的任何一項。太多的領導人和高級幹部及其家人擁有多套高價值的住房單元（有時甚至多達數百套）；這些房產大多是他們不透明地獲取的（可能還是非法所得），並且可以以「免費」地長期匿名持有。因此，他們強烈反對披露任何個人資產和房產信息。[197] 政治上至關重要的 GDP 增長和就業，也過於仰賴投機性的房地產行業；根據中華人民共和國國家統計局在 2020年代的數據判斷，在新冠肺炎疫情及與美國的貿易戰影響之下，這種依賴房地產的癮頭變得更大了。太多的中國人，尤其是菁英階層，將所有

的財富都投入了價格被炒得畸高上天、大多如混凝土盒子般的住宅中，作為在全面通貨膨脹、產權不安全和資本市場功能失調的經濟中，保住財富的最後、也是唯一的辦法。因此，房地產泡沫已成為爆炸力太強而讓人不敢也無法拆解的政治炸彈。除了在上海等地斷斷續續地「試驗」已經十多年的有限「實驗性房地產稅」之外，[198] 北京所能做的，就只有如同拉鋸戰或者翹翹板式的嚴厲舉措：定期實施行政凍結房地產交易以維持價格，不久後又「放鬆管制」，伴隨更多的新國有資金湧入和令人眼花撩亂的推廣宣傳，帶來新一波泡沫。中共黨國一廂情願的想法，似乎是在延緩泡沫破滅的同時，仍能不斷地從該泡沫的繼續擴張中汲取財富。有一件事看來很確定：北京不斷以只會導致更大破裂的方式，對泡沫加壓充氣。除非中共能夠改寫整個經濟學規律，或者創造出能永遠控制中國的一切和每個人行為的奇蹟，否則中國的房地產泡沫注定是要臭名昭著並走向災難性結局。根據中國主要線上新聞門戶網站的數據，2021 年底，中國最大的 25 家房地產公司都面臨破產，涉及數萬億人民幣的不良貸款和蒸發掉的資本。[199] 房地產龍頭業者恆大集團因涉及欺詐和違約，已經「造成財務困境」的難以控制，並且因而引發廣泛的街頭抗議。[200] 到 2022 年底，當本書英文版付印之際，中華人民共和國的房地產業似乎已經處於一個日漸惡化的蕭條之中。

當然，在中國除了房地產之外，各種資產，無論是真實的還是想像的，都出現了巨大而多彩的泡沫。範圍從（主要是偽造的）古董和藝術品；稀有（通常是假造的）郵票和家具；大量可疑、甚至有害的健康產品和服務；到互聯網內外無休止的巨大投資騙局和金融投機，其中還有許多是國有企業和銀行擔保的，導致瘋狂且過度操縱槓桿的債務人和債權人引起一系列大規模的違約賴帳事件。[201]

量化評估之三：能源效率和企業盈利率

中共暨中華人民共和國對能源的使用效率十分低下；2021 年，其能源約有 70％來自化石燃料，[202] 顯露了其社會經濟發展嚴重次優的一面，也引發了有關經濟發展的環境成本和永續性的問題。中國每單位能源消耗產生的 GDP 是世界最低之一，甚至比世界上一些最貧窮、效率最低的經濟體還要差。按煤耗當量計算，中國的單位 GDP 能耗是世界平均水平的 2.5 倍，是美國的 3.3 倍，日本的 7 倍，明顯高於巴西、印度、墨西哥等同屬發展中的國家。按石油當量計算，無論是人類發展指數（Human Development Index，簡稱 HDI）還是人均 GDP，中國的表現都比其他國家差，僅略優於海地和坦尚尼亞等能源效率最低的經濟體。在 2010 至 2020 年代，中國生產了世界 12％至 18％的 GDP，但消耗了世界四分之一以上的一次性能源，包括燃燒掉世界約半數的煤炭，排放了世界 30％的二氧化碳和其他汙染物，超過美國、歐盟和印度加起來的總排放量，而這三者生產了世界 GDP 的 43％。[203] 此外，以中國接收了「西方的骯髒工廠」作為開脫的陳腔濫調也過於誇張：中國至關重要的淨出口行業僅占其二氧化碳排放量的 10％。[204]

我們還可以嘗試在企業層面對中國的經濟紀錄進行進一步的量化評估。入選《財星》（Fortune）雜誌全球五百大企業的中國公司數量，從 2014 年的 96 家增加到 2019 年的 120 家（不包括四家香港公司），同期間上榜的美國公司則從 129 家減少到 121 家。這 120 家中國的巨無霸中，有 90 家是國有企業，而且沒有一家有足夠證據證明並非由中共直接控制，其中最大的「民營」企業是平安保險（排名 21）和華為（排名 49）。這些企業主要是集中在石油（能源）、金融業和建築業等行業的壟斷者或寡頭壟斷者。其中一些曾是中華人民共和國的中央政府部委，其中許多仍然享有「部級」地位和特權，例如前十名中的三者：中國石化、國家電網公司和中國石油。

表 2-6　每單位能源使用產生之 GDP（特定國家）

國家	GDP （2011 年，購買力平價美元） 每公斤油當量	GDP （2017 年，購買力平價美元） 每公斤油當量
坦尚尼亞	4.5	4.4 (2014)
海地	4.2	4.4 (2014)
中國	**4.9**	**5.3 (2014)**
哈薩克	**4.5**	**5.6 (2014) ****
韓國	6.1	6.8 (2015)
東亞與太平洋	6.4	7.0 (2014)
印度	7.8	8.0 (2014)
美國	7.2	8.6 (2014)
越南	6.7	8.8 (2013)
世界平均水平	**7.4**	**8.2**
經合組織	8.6	10.0 (2015)
巴西	10.4	10.5 (2014)
印尼	9.5	11.1 (2014)
日本	9.4	11.6 (2015)
歐元區	10.7	12.4 (2015)
墨西哥	**10.2**	**12.5 (2015) ****
厄瓜多	**16.1**	**13.6 (2014)***
祕魯	**16.2**	**15.0 (2014)***
香港	24.1	28.6 (2014)

注：世界排名中與中國最接近的國家：* 按 HDI，** 按人均 GDP。
資源來源：IEA statistics on World Bank database, accessed June 2, 2020.

然而，這些企業巨頭在效率和創新方面的表現卻相當遜色。例如，中國進入 2020 年全球五百大公司名單的企業的利潤率似乎只有美國同行的一半，資產回報率則不到 30％；上榜的 90 家國有企業表現更差，利潤率和資產回報率不到上榜的 30 家「民營」企業的三分之一。[205] 正如一份中國官方研究所報告的，中國的龍頭企業往往「創新能力非常低，盈利能力也非常低」，其盈利能力平均只有美國龍頭企業的三分之一。2010 年代中期，中國前五百大企業的人均勞動生產率僅為美國前五百大企業的 30％，而且都「依賴進口的核心技術」、「質量低劣」、「沒有國際大品牌」。中國企業只能將 10％的創新成果轉化為產品，遠低於發達國家 40％的平均水平。[206] 一位前高層經理人表示，中國的大公司都「經營不善」，滋生腐敗、貪汙和浪費。[207]

　　北京試圖運用政府公共資金的支出，來創建更多更龐大的公司，以成為世界市場的領導者和「創新大國」，但往往只是導致巨大的浪費和不成功的劣質技術。其中一個成本高昂但最終失敗的例子，就是建立中國 TD（Time Division）電信標準（TD-SCDMA 和 TDLTE）以取代國際標準（W-CDMA、CDMA 2000 和 FDDLTE）。[208]「民營」公司華為大肆宣傳的 5G 技術似乎也在重蹈覆轍，尤其是在美國和許多國家開始制裁和扼殺該公司之後。到 2020 年底，北京官方開始承認中國 5G 技術的「不成熟」，以及因之而「無法收回的數千億投資」。[209]

　　近幾十年來，中共在國內外大規模動員，追逐成為世界科技領先者的權力和名聲。暫且不論經廣泛報導的全球性知識產權盜版和技術間諜活動，北京在數字方面的確呈爆炸式增長；目前，在政府對研發的資助、學術論文發表、專利註冊、STEM（科學、技術、工程和數學）學生的畢業數量，以及工程師和研究人員的就業人數等方面，都穩居世界第一或接近頂尖的位置。[210] 然而，中國科學院的一項研究得出的結論是，中華人民共和國在十大技術集群中，有九個仍遠遠落後於美國、歐盟、日本和南韓。以其模仿和創新的速度，並且「假設美國止步不前」，到

2050 年，中國在 120 項關鍵技術上仍然只能達到美國水平的 81%。[211] 2021 年，一位受過美國培訓的中國資深學者以政治上允許的方式提出結論說，中國要想有機會成為科技創新的領導者，首先必須對其教育體系、政府優先項目，以及社會文化環境，進行「根本性和制度性的改革」。[212]

　　來看一看中華人民共和國的主要大公司會很有意思。2021 年，市值最大的 10 家公司包括 2 家國有白酒製造商（茅台和五糧液），4 家互聯網電子商務公司（騰訊、阿里巴巴、美團和拼多多），以及 4 家國有銀行和保險公司。營收最高的 15 家公司中，有 1 家汽車製造商、3 家公路和鐵路建設公司、2 家石油公司，以及 9 家國有銀行和保險公司。中國最賺錢的 15 家公司包括 2 家 IT 公司（騰訊和阿里巴巴）、國家電網公司、11 家國有銀行和保險公司，以及國有壟斷企業中國菸草；其中，中國菸草公司一家的淨利潤，就等於其他 14 家公司淨利潤的總和。[213] 除了 IT 服務和國家壟斷的菸草和石油外，中國最大的公司都是國有金融機構。中國國家壟斷的菸酒企業資金雄厚、利潤豐厚，這一奇特事實似乎彰顯了類似於蘇聯和俄羅斯的所謂「伏特加政治」的邏輯，即為了追求國家稅收和社會控制權而犧牲人民的健康。[214] 2021 至 2022 年間，中國 IT 公司的利潤均出現大幅下降（高達 39%），而同一時期美國同行均出現了 12% 至 21% 的利潤增長。[215] 或許與此有關，中國分析人士得出一項結論：在關鍵性行業的工業化方面，中國在 2010 年代中期仍然落後歐洲、美國和日本六十到九十年，落後南韓四十年；中國可能在 2030 年完成「第一次工業現代化」，即發達國家在 1970 年代達到的水平，而在 2050 年則達到發達國家 2010 年時的平均水平，要到 2100 年才可能會躋身世界前十名。[216]

國際比較札記：那印度呢？

在評估中華人民共和國社會經濟發展紀錄，並且提出其紀錄為平庸乃至低劣的結論時，經常會遇到「那印度呢？」的問題。印度經常被許多人拿來做對比，用意在於展示中共暨中華人民共和國制度的優越性。這一類敘事話術是使用所謂的「那又怎麼說主義」（whataboutism）或本質主義（essentialism）辯論術的常見例子。[217] 印度是與中國相鄰的民主國家，其領土面積約為中國的三分之一，人口數則與中國大致相同（2021 年時為 13.5 億對 14.1 億）。在最近幾十年的大部分時間裡，印度的經濟增長確實較緩慢。按 GDP 數字、出口、外匯儲備，以及國家汲取和資源集中度來衡量，中國明顯大幅領先印度。這種數字對比常常成為有意安排且眾人一致同意的觀點的一部分，以辯護和推廣「中國模式」或「北京共識」，即一黨專制的國家資本主義或黨政資本主義。援引印度幾乎已成為中國境內外許多中國人的條件反射（或最後的退路），他們爭辯說中共暨中華人民共和國這個黨國「沒那麼糟」、「民主也沒什麼用」，或者說「需要像（中共或鄧小平或習近平或甚至是毛澤東）這樣的領導人，而不是追逐選票的政客，才能讓窮國致富」。[218] 從經驗上看，也很常見到許多中國人、官員和公眾，在面對印度時表現出趨於過分的自豪感和優越感，正如中國社交媒體上關於 2021 年春新冠肺炎疫情期間，印度病例激增時發布的許多貼文所顯示的。[219]

然而，印度並不是與中國進行比較的合適例子，因為兩者之間有太多無法控制與相比但至關重要的變量，包括印度眾多的種族、民族、語言、歷史和宗教分歧和多樣性。以一種選擇性的、非歷史的、國家主義的和一維的方式，將中國與印度進行比較就更成問題了。其實，在中國研究中使用「那印度呢」敘事，往往成為一種濫用甚至否定，而不是支持「那又怎麼說主義」的方法論。

印度直到 1990 年代中期才開始放棄其國家計畫社會主義經濟政策，

比中國晚了十多年。也許更重要的是，以 GDP 數字表現的經濟增長率不應該是衡量一個國家的唯一標準。例如，印度從未經歷過中國在過去七十多年中多次遭受的那種大規模非正常死亡或政治迫害。印度有功能基本正常的民主，有可觀的言論、集會和移民自由，幾乎不需擔心「分裂主義分子」，也不用花費昂貴的國內維穩。印度從未廣泛使用死刑，而大量死刑仍然是當今中華人民共和國治理的特點之一。此外，如果用更廣泛的標準來衡量，印度的社會經濟紀錄並不是特別不理想。許多觀察家認為，北京和新德里之間的經濟競爭還遠遠沒有結束——它會以不斷變動狀態持續下去，從長遠來看可能會產生與現在截然不同的結果，不一定有利於中華人民共和國。例如，自 2014 年以來，印度的 GDP 年增長率開始超越中國；而一項 2021 年的研究認為，中國的 GDP 數字虛誇大概要比印度的嚴重三倍。[220] 正如有些人士已經所指出的，中國經濟的高速「失控式增長」到 2021 年底看來已經到了強弩之末（如果不是早已結束的話）。[221]

無論如何，關於中國經濟增長優於印度的初步估計和報導，並不影響本章中提出的整體觀察，即中國共產黨暨中華人民共和國的社會經濟發展紀錄基本平庸，大多為次優，而且往往是災難性的。印度社會經濟發展仍有很多不足之處這項事實，並不意味著中共黨國就是優越或可取，也不影響中國還是穩居普通發展中國家行列的結論。此外，不同於中國的崛起，或者更確切地說，不同於中共黨國力量的崛起，印度的崛起或印度國家力量的崛起（新德里集中的國家財富比北京少得多），幾乎沒有意圖成為或被視為對以美國為首的西方和現有世界秩序的系統性挑戰者，更不會為全球帶來生存威脅。[222]

第三章

社會生活：
苦難、幸福與抵抗

本章將探討在中共黨國統治下的中國社會生活，尤其是國家與社會之間的關係，並對人民的生活品質、政治與社會經濟平等、社會安定、人口流動及移民方面的紀錄進行評估。將詳加檢視的議題包括救災、公共衛生、人口變化和生育控制，以及消除貧困。本章將試圖呈現中國人民和中國菁英在縱向（階級劃分）和橫向（地域差別）方面，截然不同的生活和人生機會。此外，本章也將透過分析所謂「吃苦」現象、民眾滿足感和幸福感的調查，以及中國家庭生活和人口遷移模式的數據，報導中國人民對中共治理的感受，以及他們在意見和行動上有何回應。

數十年來，即使是相當的次優化和高價低效，中華人民共和國確實還是取得了不少成就，顯著提升了中國人的生活品質，特別是在延長預期壽命、降低嬰兒死亡率、提高識字率和控制傳染性疾病等方面。正如前章所述，非農業就業崗位數量的大量增加、基礎設施（通信、交通和電網）的重大發展、出口部門和房地產市場的繁榮，促成了史詩級的脫貧。在歷經毛澤東時代數十年的停滯和衰退之後，中國的生活水平在過去的三十年裡有了重大的改善，尤其是在城市區域。在 2010 年代末和 2020 年代初，官方估計約有 4 億中國人為「中產階級」，即家庭年收入在人民幣 24,000 元（3,540 美元）至 250,000 元（36,400 美元）之間，

中位數為 29,975 元（4,428 美元）；另有大約 3,000 萬人屬於「上流階級」，即家庭收入超過 250,000 元（36,400 美元）。儘管只占總人口的 30% 左右，但現在有大量中國人的可支配收入和購買力已接近西方中下階層家庭的水平。[1] 另外大約有 1,000 萬中國人，約占總人口的 0.7%，主要是黨國的統治菁英及其關係人（包括家庭成員），已經獲得了美國級和世界級的財富，家庭年收入超過 79,760 美元；中國還有 1,000 多名億萬富翁（按美元計算的 billionaires），比任何國家都多。[2] 上海和深圳等許多中國大都市，在技術和文化吸引力方面，現在都已經達到了世界一流的水平。中國的統治者及上層和中產階級（程度較低且迅速減少），顯然享受著舒適、方便，甚至奢華的現代西式物質生活。

然而，如果從整體生活水平、生活品質、選擇自由和一系列社會經濟發展的比較指數來衡量，中國仍然是貨真價實的發展中國家，有著創世界紀錄的社會與經濟不平等。黨國在中國社會和中國社會文化生活中仍處於主導地位。絕大多數中國人一直受到他們眼中所見的西方生活鼓舞，仍然夢想著擁有更多權利和自由的更美好生活。[3] 官方公布的中國家庭收入中位數僅為美國的 7%，不到南韓的 10%，為全世界的 46%，為印度的 108%。[4] 即使考慮到購買力平價，以及在中國本地生產的商品和服務（特別是勞動密集型）確實便宜得多的事實，中國大多數人的生活仍是處於典型發展中國家的平均水平。正如我稍後會詳述的，按照國際標準，中國有近一半的人口生活在貧困線以下；如果按照美國的標準，這一數字將躍升為 85%，只有 2% 至 3%（最多 8%）的中國人處於美國「中產階級」收入階層，並且只有不到 1% 的中國家庭收入高於美國家庭收入中位數。秦漢法家式的中華人民共和國政府與躍躍欲試、不斷追求、時而沸騰的中國社會之間的緊張關係——中國社會一直朝著工業化、城市化和西化的大方向轉變，人民理所當然地充滿渴求、高度難馴——是對中共黨國造成「中國次優化」的有力指證，也是明確控訴。

正如我在本書前兩章所試圖呈現的，北京有效且過度地占用了中國

經濟增長的紅利（這是稍獲自由且勤勞的中國人民所創造的成果），用以斂聚財富和證明、強化乃至美化這個政權。然而，具有致命諷刺意味的是，北京現在卻越發強力地限制和削弱中國人民的自由，並以越來越多的手段進行控制和灌輸。正如前一章所述，中國經濟在 2020 年代正走在放緩、甚至停滯的道路上。因此，中國人的社會生活可能會變得更加艱難並且引發更多爭議。中共黨國帶來的「中國次優化」所造成的紀錄平庸與低劣，看來也會在中國國內社會經濟方面有所延續。至於對外，中國的財富和能力不成比例地集中在極少數不受監管和約束、但自信而放縱的獨裁者和寡頭手中，無情地將「中國次優化」或「中共最優化」變成世界性的麻煩，透過其逐底競爭（race to the bottom）去重塑世界，可以想像將把「世界次優化」帶給所有人類文明。

貨真價實的發展中國家

中華人民共和國 GDP 的快速增長，並未改變中國人民仍集體穩居發展中國家行列的事實。根據一名中國資深經濟學家的說法，真實的經濟發展應該反映在人均 GDP 的增長，而不是國家 GDP 規模的增長。[5] 2013 年，中國占世界經濟的 11％（按購買力平價計算則為 14％），大於日本。但中國的人均 GDP（按現值並以購買力平價法衡量）僅為日本的 13％至 25％，與 1950 年的 20％差不多。[6] 1950 年，韓國人均 GDP 只比中國高 40％左右，但到 1973 年已高出 2.4 倍，2012 年高出 3.5 倍。1950 年，台灣（中華民國）的華人只比中國大陸的中國人稍微富裕一點，人均 GDP 大約高出 50％（922 美元對 624 美元，按購買力平價法）；到 1973 年，這一差距擴大到 3.1 倍（3,669 美元對 1,186 美元），並在 2012 年進一步擴大到超過 4.2 倍（38,400 美元對 9,100 美元）。其他兩個非中華人民共和國的華人經濟體，即香港和澳門，在 2012 年的人均 GDP 分別是中國的 5.6 倍和 9 倍（按購買力平價計算）。[7] 在 2020

年代，中國的這一比較情況僅略有改善（主要是與台灣相比），儘管中國經濟仍持續增長。不論按照傳統或購買力平價法，中國的人均GDP始終低於世界平均水平。2013年，中國人均GDP排名介於土庫曼和泰國之間（按現值美元計算），或者納米比亞和牙買加之間（按購買力平價計算）之間；2020年，按人均GDP計算，與中國排行相鄰的國家是諾魯和馬來西亞（按現值美元計算），或者委內瑞拉和波扎那（按購買力平價計算）。

如果依照聯合國開發計畫署（簡稱UNDP）的人類發展指數（Human Development Index，HDI），以更全面的方式來衡量經濟、社會和文化發展的話，中國社會經濟表現所表現出的平庸與次優化同樣明顯，絲毫

表 3-1　經濟體比較（特定國家，2019 至 2020 年）

國家	占世界%	占世界 GDP%		人均 GDP		
	人口	現值 $	PPP	現值 $	PPP	世界排名 (n=200)
中國	18.47	16.3	17.3	10262	16785	70–96
台灣	0.31	0.7	1.0	24828	55078	39–19
香港	0.10	0.4	0.4	48756	62375	15–11
澳門	0.01	0.01	0.01	84096	129103	3-2
韓國	0.66	1.9	1.6	31762	43029	32–33
日本	1.62	5.8	4.0	40247	43236	27–32
美國	4.25	24.4	15.8	65281	65281	7–14
世界平均	--	--	--	11436	17680	--

資料來源：中國數據由中國政府提供。IMF, World Bank, UNDP Databases, and CIA World Facts website, all accessed 2021–2022.

不令人意外。國家 GDP 的大幅增長，並未帶來相匹配的整體 HDI 的提升，[8] 一個原因可能是在於中國的經濟增長是低效益且被誇大的，另一可能則在於收益的分配和利用明顯不平等且不合理。從 1980 年到 2020 年，中國的 HDI 得分提高，但中國的排名實際上仍維持在世界平均水平或低於世界平均水平：1980 年在 124 個國家中排第 81 名，2012 年在 187 個國家中排第 101 名，2018 年在 189 個國家中排第 85 名，2020 年則在 189 個國家中排第 86 名。從 HDI 排名來看，自 1980 年以來，中國基本上一直是發展中國家，2012 年夾在排名相鄰的約旦和土庫曼之間，2018 年是在阿爾及利亞與祕魯和厄瓜多與亞塞拜然之間，2020 年則是在巴西與厄瓜多之間。[9]

表 3-2　人類發展指數（HDI）1980 至 2020 年（特定國家）

國家	HDI 1980 (n=124)	HDI 1990 (n=133)	HDI 2000 (n=156)	HDI 2012 (n=187)	HDI 2018 (n=189)	HDI 2020 (n=189)
美國	2	2	3	3	15	17
日本	10	7	11	10	19	19
韓國	39	31	23	12	22	23
香港	27	19	28	13	4	4
…						
俄羅斯	--	30	55	55	49	52
伊朗	73	85	75	76	65	70
…						
排名相鄰國家	80 （埃及）	81 （薩摩亞）	93 （摩爾多瓦）	100 （約旦）	84 （祕魯）	85 （巴西）
中國	**81(65%)**	**82(69%)**	**94(60%)**	**101(54%)**	**85(45%)**	**86(46%)**
排名相鄰國家	82 （贊比亞）	83 （約旦）	95 （波扎那）	102 （土庫曼）	86 （厄瓜多）	87 （厄瓜多）

注：由於中國在聯合國的影響力，台灣未計入 HDI。當然，中國數據全部由中國政府官方提供。（資料來源：UNDP 2014–2021）

吃苦與豪奢

本書至此所提出的歷史比較和量化分析都相當明確地顯示，中國人民，包括許多（如果不是大多數）菁英，一直都忍受著生活在中共黨國造成的「中國次優化」下的不幸。人們秉持「吃苦」或「認命」（amor fati）的傳統，將這一無奈而必須的「忍受」昇華為「美德」，就像從前在秦漢政體帝國統治下的祖先們一樣。[10] 中華人民共和國的統治階級，即黨國幹部，卻實實在在地擁有相當高的生活水平，享有社會地位、權力、財務穩定、配給的各種特權和奢侈品、額外（通常是灰色或黑色的）收入，以及本書前述的所謂「特供」。然而，作為交換，他們也必須以獨特的方式忍受「中國次優化」。僅舉一例：要同時表現得像一個小暴君（對下屬）和一個馬屁精（對上級），似乎得付出沉重的心理和生理代價。中共的堂吉訶德式政治運動和殘酷的權力鬥爭（現在大多以「反腐敗」的形式進行），無情且永無休止地傾軋著。據報導，有許多（如果不是大多數）中共幹部嚴重依賴安眠藥，並患有與壓力和恐懼相關的各種神經和精神障礙。毛澤東本人和他的高層同僚們，都十分依賴大劑量的進口安眠藥。[11] 在 2010 年代，政府報告稱「76％的公務員」和「高達 98％的高級領導幹部」患有身心障礙問題，包括人格分裂、焦慮、抑鬱症和高自殺率。[12]

一名普通的中國勞工必須面對的痛苦，包括惡劣的工作條件和長時間工作，即所謂的 996（每週工作 6 天，早上 9 點至晚上 9 點），以及低工資（有些還被遲付和拒付）。中國的勞動參與率顯然是全世界最高的，達到 76％，遠遠超過美國（65％）、日本（58％）和印度（55％）；這反映出中國更多家庭成員需要工作的事實。[13] 工作安全的防護也普遍不足，提供中國 70％以上的能源供應的煤炭工業就是明顯的血汗產業。[14] 2000 年代中國煤礦業工傷死亡的官方數字，在每百萬噸煤炭就有 1.2 到 6 人之間，是印度的 2 倍，波蘭的 3 到 15 倍，美國的 120 到 150 倍。

中國的煤炭產量占世界的 37％，但煤礦業的死亡人數卻占全世界煤礦業死亡總人數的 70％。此外，每年還有數千起煤礦工人染上塵肺病的病例數字被低報。[15] 以 37 億噸的全國產量水平來算，[16] 中國每年都有數千名煤炭礦工在工作中喪生。

不令人意外的是，中華人民共和國的實際生活水平仍然很低，正如以恩格爾係數（Engel Coefficient，衡量用於食品的收入比例）進行國際比較的結果所示。2011 年，中國官方的恩格爾係數，在城市地區為 0.38，農村地區為 0.43；由於通貨膨脹，此一數字比起 2010 年實際上上升了 3 至 6％。[17] 全國恩格爾係數則為 0.4（高收入為 0.29，低收入為 0.48），[18] 若以恩格爾係數衡量中國實際生活水平，那麼中國仍是典型的發展中國家，其生活水平與 1890 年代美國城市人口的水平大致相同，而且還需要四十七年的「快速經濟增長」，才能達到經濟合作暨發展組織裡低收入國家的平均水平（0.15）。[19]

一名普通中國勞工面臨著世界級的政府壓榨。除了增值稅、營業稅等 17％以上的不透明、高額間接稅（占政府稅收總收入的 60％）之外，所得稅負擔也高於許多國家的人民。所有個人收入稅按月徵收，從 455 美元起分為七個等級，包括收入超過 5,384 美元的 30％，和收入超過 12,307 美元的 45％。[20] 相較之下，台灣的個人收入為每年按五個等級徵稅，其中最高稅率為 40％，即年收入超過 162,857 美元（相當於每月 13,451 美元）；在美國，個人收入每年按五個等級徵稅，其中最高稅率為 37％，即年收入超過 539,900 美元（相當於每月 44,992 美元）；在印度，個人收入也是每年按六個等級徵稅，最高稅率僅為 30％。[21] 由於稅前扣除額很少，沒有遺產稅或贈與稅，也沒有房地產稅，所以中國普通勞動人民的納稅負擔可說是不成比例地沉重。此外，中國雇員和雇主還承擔著世界上最重的工資稅——共計有六個稅種，加起來占工資的 40％至 50％（在某些城市為 66％），「高於德國、韓國、日本或美國」。但養老金和醫療保障只覆蓋部分人口，不僅嚴重不足且地區差距巨大；

此外，約有 1,000 萬至 2,000 萬名中共幹部基本上不繳納工資稅，但他們享受的養老金和醫療待遇卻是平均水平的兩倍。據報導，到 2010 年代中期，數萬億的人民幣社保基金，有近 87％已被地方官員挪用、甚至私吞。[22]

毫不奇怪的是，中華人民共和國的社會保障和社會福利援助的設計與實施，只是為了「照顧」黨國，而不是有需要的人。中國的醫療保健同樣「由政權的政治算計所塑造」，作為應付政治穩定而非社會需求的工具。[23]農村地區的大多數人口擁有政府資助的「全民」醫療保險計畫，看起來卻像是最糟糕的一種僅限當地的 HMO（健康維護組織），而且給付金額「幾近於零」。2019 年，中國政府共批准 169,583 種藥品（包括較貴的 4,080 種進口藥品）。但醫療計畫只覆蓋其中的 1.6％，甚至只是部分覆蓋。[24]中國媒體報導，國家壟斷「人為地」讓許多參保患者得不到最新藥物七至八年或更長時間。[25]硬脊膜外麻醉無痛分娩近一百年前發明後，在西方已經被廣泛運用了幾十年；但據官方報導，這種麻醉術直到 2019 年才在中國開始成規模「試用」。[26]研究報告指出，中國的癌症患者和癌症死亡人數比例居世界前列，癌症死亡率比世界平均值高出 17％。[27]WHO 的報告指出，占全球 18.6％人口的中國，在 2020 年占全球新癌症病例數的 23.7％（457 萬），癌症死亡人數則占全球的 30.2％（300 萬）；與環境相關的肺癌和四種消化系統癌症（肝癌、胃癌、結腸癌、食道癌），是中國最常見的五種癌症，而全球最常見的癌症一直是乳癌。[28]一個中國研究團隊於 2022 年總結道，「在美國的癌症負擔逐漸減少的同時，中國的癌症發病率反而升高」，並指出中國每年的癌症病例和死亡人數，分別增長為 482 萬和 321 萬；此外，中國的癌症病人的死亡比例為 67％，而美國為 20％。[29]在大多數中國人居住的農村，未在早期發現並進行適當治療的情形似乎更為嚴重。據報導，2010 年代農村人口的預期壽命比全國平均預期壽命少十二年。[30]

如同過去的帝國統治者，中共暨中華人民共和國在控制人民及其思

想的宏大運動中，一直持續不懈、無情地灌輸和內化「吃苦」的價值觀；官方大力推崇吃苦為中國特色堅忍主義，或「美好的中國傳統規範和美德」。[31] 中共不斷宣揚吃苦、勤奮、自我犧牲的「螺絲釘精神」——享受作為黨國「革命引擎」上的螺絲釘或滿足於作為社會主義機器的齒輪。例如，在模範士兵雷鋒（1940 至 1962 年）的道德說教（但大部分出於杜撰）故事中，這一點明顯可見。雷鋒於 1963 年首次被毛澤東追授榮譽，並一直受到毛後共產黨領導人的頌揚。[32] 同樣地，毛澤東也推崇古代寓言故事中的「愚公」；愚公要他的家族「一代接一代」，以人力鏟除阻擋他去路的兩座大山——這樣堅決的意志最終感動了上帝去用神力將這兩座山搬走。這種所謂的「愚公精神」，美化了吃苦的唯意志論和成效不彰的非理性蠻勇努力，一直是中國從小學二年級到高中教科書的常見內容，也是道德教育中的重要部分。[33]

與此同時，中國的一小撮富豪（幾乎都是中共的「領導幹部」或相關人士，特別是省級以上的高級領導），卻享受著世界級的奢侈品、極度的放縱，以及經常過分和不道德的生活方式，就像過去的帝國統治者一樣。例如，「全球干邑白蘭地銷售仰賴中國的『情色行業』」，而那正是新貴們的主要消遣管道。2017 年，中國成為全球最大的豪車進口國，其銷量增長速度（在中國的售價通常是歐洲或北美的二至三倍）幾乎是整個汽車市場的兩倍（2003 至 13 年為每年 36%）。單是 2010 年，法拉利的銷量就增長了 155%，而中國在 2010 年代連續數年成為賓利汽車的全球最大買家，和藍寶堅尼汽車的第二大買家。在正式場合，中共高層領導人現在乘坐的是以手工特別打造的紅旗 L 款，採用進口技術和零件於「中國製造」，「像勞斯萊斯一樣豪華」。[34]

不平等與貧窮

在中共暨中華人民共和國統治下，中國人民的生活可以說是比以往

任何時候都更加深陷苦難，這是因為兩大不平等同時並存著且日益嚴重，使北京的分配正義紀錄在世界上屬於最差之列。首先，在一個自稱無階級社會主義國家，應該採行平均主義經濟的情況下，社會卻出現了創世界紀錄的縱向收入不平等，而後是中國特有、控制國內人口遷徙的戶口制度，造成奇特的橫向和地域不平等及歧視。[35] 史達林式的國家社會主義從來就未能真正減少其他地方的不平等，而中共模擬的偽社會主義情況就更糟了。[36] 2013 年中國的一項研究所得出的結論是，中國真實的基尼係數（用於衡量不平等程度），其數字在毛澤東時代就已經是創世界紀錄的 0.61 至 0.7，是官方數字 0.32 的兩倍。[37] 國際貨幣基金組織在 2015 年的一項研究所得出的結論是，中國是「世界上最不平等的國家之一」。世界銀行也得出類似結論，即中國的基尼係數始終位居世界最高區間，遠高於東亞鄰國，足以與尼加拉瓜等世界最不平等的冠軍國家相提並論。[38] 從 2003 到 2019 年，中國的收入基尼係數介於 0.472 和 0.491 之間，平均為 0.476，遠高於 0.4；而根據聯合國標準，基尼係數高於 0.4 時，「一個社會就容易受到社會動盪影響」。[39] 美國和中國研究人員採用不同的方法分別報告，並以計量經濟分析證實，中國的收入基尼係數，從 1980 年的 0.3 飆升至 2014 年的 0.55，或者從 1995 年的 0.45 飆升至 2002 年的 0.55，並在 2012 年達到 0.59（甚至 0.61）。[40] 根據中國財政部的數據，只有 6,500 萬中國人（不到 10%的就業人口）賺到足夠的錢，必須支付從年收入人民幣 60,000 元（8,900 美元）起跳的個人所得稅稅率。2021 年 10 月，中國「關於收入分配方面的一位權威人士」表示，中國的財富和收入基尼係數分別為 0.704 和 0.52，均創下世界紀錄，並且狀況「已持續多年而仍在增長」。[41]

相比之下，美國的收入基尼係數（2018 年為 0.43），在發達國家中位於最高區間，但仍遠低於自稱「社會主義」的中華人民共和國。在恩格爾係數低得多、政治平等和社會流動性又高得多的情況下，美國面臨的問題似乎主要是人口相對貧困。按照世界銀行的國際貧困線（日收

入 5.5 美元）來看，美國基本上沒有貧困人口，因為美國的貧困線比世界貧困線高 6 倍。[42] 相對貧困造成的社會政治緊張局勢，當然需要補救措施；不過，美國的不平等雖然嚴峻地表明了競爭的成本或副作用，但是競爭確實也帶來了經濟效率和技術創新。中華人民共和國存在世界級的不平等（而且恩格爾係數也很高），進一步證明了其系統性的次優化，而且這種不平等主要是由中共黨國所創造和延續的；同時，中國經濟依然缺乏效率和創新——因此，中國人民承受了殘酷的痛苦，卻沒有獲得珍貴的收穫。

在 2010 年代，中國前 5％ 人口的收入是底層 10％ 人口的 34 倍，而前 10％ 人口的財富是底層 10％ 人口的 160 倍。[43] 2020 年，中華人民共和國名義上的第二號人物李克強總理，在其年度新聞發布會上透露，「（中國）有 6 億人每個月的收入，也就是（人民幣）1,000 元（即 140 美元）」，儘管中國官方的人均月收入數字為 2,558 元（358 美元），中位數為 2,208 元（309 美元）。很快地，中國媒體和學者就覺得可以放心發布並詳細描述中國人民收入的真實情況：在 6.05 億名月收入在 1,090 元（152 美元）或以下的中國人中，有 4.23 億人的月收入低於 800 元（112 美元），2.21 億人的月收入為 500 元（70 美元）。只有 16％ 的中國人（2.29 億）月收入達到或超過 3,000 元（420 美元），而 5％ 的中國人（7,200 萬）達到或超過 5,000 元（699 美元）。[44] 結合其他兩個中國部會的數據（財政部和勞動社保部），在 2018 年，中國城市共 4.34 億勞工中，只有 15％（約 6,500 萬人）的月收入超過 5,000 元，也就是繳納所得稅的起始點。[45] 撇開官方數據中令人震驚、但並非罕見的差異不談，令人悲哀的是，絕大多數中國人（85％ 至 95％）似乎生活在美國的貧困線或以下，至少有 43％（6.05 億）中國人處於國際貧困線以下（每月收入 165 美元），還有多達 16％（2.21 億）中國人處於國際極度貧困線以下、甚至赤貧狀態（每月收入 96 美元和 47 美元）。[46]

比收入不平等更糟糕的是，根據中國經濟學家的說法，中國的財富

基尼係數從 1995 年的 0.45，增長到 2012 年的 0.73 這一驚人高度（2020 年為 0.71），1％的家庭擁有中國三分之一的資產。以擁有個人金融資產 10 萬美元的不高標準，中國在 2010 年代中期只有 1,200 萬至 1,400 萬「中產階級和富人」，大約占總人口的 1％或勞動人口的約 2％。2020 年，中國央行自行報告道，10％的家庭擁有 48％的國民財富，其中 70％是房地產。[47] 中國的億萬富翁（其中許多是與中共高層有關的寡頭，並且居住在中國境外）在 2006 年估計為 16 人，到 2018 年躍升至 373 人，到 2021 年更躍升至 1,058 人，擁有 1 至 2 萬億美元的資產，而全世界總共也只有 3,228 位億萬富翁（美國有 696 位）。[48]

　　儘管中共多年來大力宣傳脫貧運動，習近平最近也親自推動，[49] 但中國的縱向不平等，以及看起來難以撼動且廣泛的相對及絕對貧困，都有力地證明了中共暨中華人民共和國製造和維持的「中國次優化」，和其慣用的虛假信息和創造性數字遊戲。自 2011 年底以來，中國一直使用自己的法定貧困線，即每天 0.95 美元的收入（可能是全世界最低的標準，世界銀行的赤貧線為每天 1.9 美元或每月 57 美元，中國僅為其一半）；在 2011 年之前，更是只有區區 0.5 美元，而當時世界銀行的赤貧線是 1.25 美元。[50] 按照每天不到 1 美元的極低標準，2010 年中國的官方「貧困」人數超過 1 億，2017 年降至 4,300 萬，2019 年減為 1,660 萬（或總人口的 1.2％）。然而，如果按照世界銀行的國際貧困標準（日收入 5.5 美元）來看，中國貧困線以下的實際人口比例，在 2002 年為 43％，2005 年為 34％，2017 年為 40％（或 5 億）。2020 年，正如李克強總理廣受讚譽「罕見而勇敢」的坦承，這一比例又回到了 43％。儘管經歷了近二十年所謂的快速增長，以及多年來大張旗鼓的「2020 年前脫貧攻堅戰」，可嘆的是，中國人民整體的生活水平似乎沒有什麼進展，反而是明顯的倒退。按照 2020 年代的國際標準，近一半的中國人仍然生活在貧困之中。據中國記者報導，農村地區的相對貧困率，實際上從 1988 年的 12％上升到 2021 年的 18％。[51]

因此，當中共黨國於 2020 年底宣布在習近平領導下，短短五年內「奇蹟般地、歷史性地消除了中國千年的赤貧問題」，就顯得更加可笑，近乎犯罪性的欺騙。就在幾個月後的 2021 年 4 月，中共自己的官方媒體罕見地揭露了一個縣與「脫貧攻堅」相關的公然欺詐和掩蓋行為，而這個縣在不過數週前，才因其出色的「消滅貧窮」表現而在國家電視台上獲得習近平的親口褒獎。[52] 此外，中共廣為宣傳的「脫貧攻堅戰」中一個深刻的扭曲，似乎迅速而方便地演變為服務於黨國那並不怎麼隱晦的長期政治議程，即打著為窮人謀平等、反壟斷，以及所有人「共同富裕」的名義，讓國家進一步攫取和控制財富。2020 至 2021 年，中共開始了一場新的運動，採行各種嚴厲的法內和法外手段，「箝制超級富豪（資本家），重新分配國家財富」。[53] 除了本書之前討論過，除了遭針對和清洗的中國超級富豪寡頭之外，從馮侖、潘石屹這樣的房地產大亨，到家教和娛樂等龐大行業的大老闆和明星，許多鉅富突然間面臨重稅、嚴厲指控、巨額罰款、快速收購、強制法拍和清算、流放、甚至入獄。[54]

中共暨中華人民共和國的百姓處於根深蒂固的貧困，另有一個原因是：他們難以通過教育進行向上的社會流動。大學教育可能是中國向上和橫向社會流動的最重要途徑，因為有看似公正平等的入學考試（高考），以及能大幅提升在城市生活和成為國家雇員的機會。[55] 然而，自 1990 年代中期起，中國的高等教育，尤其是菁英級的，變得越來越排斥窮人，偏向富人、城市人口、漢族、男性和特權階層。[56] 大學教育的大規模擴張、快速稀釋，甚至侵蝕，以及飆升的預備費用和學費、錄取偏見，再加上非菁英大學畢業生數量激增，導致畢業後就業市場的扭曲與艱難，都使得這條通往人生成功的狹窄輸送帶越來越失靈。在 1980年代，超過 30% 的中國大學生來自農村家庭，畢業後有大多穩定的城市工作等著他們。到 2009 年，這個數字下降到只有 15%，而且越來越低，這些畢業生更面臨著高度不確定的工作前景。與不斷描繪大學畢業

生就業率為 80％至 90％的政府數據相反，一所頗負盛名的大學在 2022 年洩露的數據表明，其「普通」畢業生中只有 38.9％找到工作；扣掉讀研究生的 22％和出國的 4％後，實際失業率為 35％。關於眾多「普通」大學的案例報導顯示，學生畢業後失業率可能更高，同時起薪持續下降。[57] 因此，作為「用腳投票」的一部分，也難怪現在的中國的菁英們傾向於直接將孩子送到國外，接受更有價值的教育。

除了創世界紀錄的縱向不平等，中國還有著世界級的橫向不平等。限制國內人口流動的中國一大主要社會政治制度——戶口制度——造成並維持了世界上最廣泛的制度性排斥（institutional exclusion）結果，導致城鄉和地區之間出現嚴重的不平等和歧視。[58] 在 1990 年代後期，有些省分的人均政府支出是其他省分的十倍。[59] 經歷了三十年對原始資本主義式勞動力市場的適應（出現了相當多、但仍受控制的勞工流動）、實施逐漸在地化（出現了一些各地頗為有用的靈活性試驗）、幾輪整形美化重組和重新貼標後，戶口制度仍舊是城市與農村之間的法律長城，並形成無數道法律「城牆」，分隔各區域，保持、甚至擴大橫向的地域差距。[60] 官方研究顯示，在 2010 年代和 2020 年代，城市居民的平均可支配收入是農村居民的三倍。中國的社會保障和養老金計畫照顧了三分之二的城市戶籍持有者，但卻只有 4.6％的農村戶籍持有者涵蓋在內，其中許多人實際上在城市工作和生活，並且仍然占中國人口的大多數；這兩個社會階層之間的社會保障和養老金支付的平均差距為 24 倍。[61] 據報導，IT 行業的相同工作在 70 座所謂「三線城市」（都是省會和地級城市）的薪酬，比 4 座「一線城市」低 73％。此外還有 90 座「四線」、128 座「五線」城市，以及層層疊疊的千百個鄉鎮和千萬個村莊。[62]

特殊且基於戶口的隔離排斥和地域不平等，在仍是大多數中國人生活的農村地區尤為明顯。[63] 現在，一個中國農民家庭通常在一小塊承包分配的土地上耕作（平均不到 1.65 英畝），但一個農村勞動力「至少需要 16.5 英畝」，才能獲得與城市體力勞動者相同的收入。2010 年代

後期，中國農村的中學輟學率高達63％。一位中國學者在2017年寫道，隨著制度化的政治、社會經濟、文化排斥和邊緣化，農村和低等級城市的生活，就像是「一種結構化的不幸，如此絕望且幾乎無可逃避」。不意外的是，農村女性的整體生活情況似乎比男性更糟糕。[64]

即使是政治上吹捧的新扶貧工程，在不同地區的分配也大不相同。[65]中國的橫向分層和區域間的差距在許多方面都如此明顯，以至於中國2.2億多農民工幾乎都想在主要城市中心定居，只有不到20％的人願意將戶口轉移到目前按法令更接納新移民的中小城市。[66]自1992年以來，政府一直在發展國家高速公路系統，以連接眾多周邊的小城市和縣，企圖開發當地經濟。然而，如果不解決潛在的社會政治問題，這種看似合理但昂貴的努力只是適得其反：經高速公路而相連的外圍地區的經濟增長，比不相連的外圍地區要慢18％（工業化速度慢26％），這可能是因為高速公路實際上讓產業更加集中在政治上受青睞的中心城市，反而加劇了周邊落後地區的資本外逃和人才外流。[67]

按照人類發展指數，可以說在中華人民共和國內實際上有很多個「中國」，並且各自在社會經濟和技術發展水平上都大不相同。2010年代，最發達的省級地區加上人類發展指數處於「高人類發展」級別的三大都會中心，總共只有5,560萬人口，占中國總人口的3.2％。[68]三大都會中心的較高發展水平，極為依賴中央政府以全國的收入進行的投資和補貼。到2010年代中期，27個省分的養老金差距已高達10倍，一些地區的家庭平均財富可能是其他地區的7倍以上。[69]一座城市的人均GDP或收入，比同省另一座城市高上5到6倍也很常見。即使在首都北京，在2010年代中期，其四個核心區之間的人均GDP差距為2.1倍（西城對朝陽），全部16個區縣的人均GDP差距為7.4倍（西城對延慶）。西城的平均工資是通州的2.4倍，即使兩者之間的距離只有16英里。[70]2021年，首都北京有104間三級甲等醫院和數家一流的軍隊醫院，而人口更多的上海只有66間，另外兩個「一線」城市廣州和深圳

表 3-3　按 HDI 衡量的橫向不平等和區域差異

地區	國內 HDI（n=31）		世界（n=189）	近似／參考國家
--	0.934	--	3	美國
--	0.909	--	11	日本
--	0.905	--	12	韓國
--	**0.092**	--	--	（非常高的人類發展）
--	0.9	--	14	香港
北京	0.821	1	38	巴貝多；波蘭
上海	0.814	2	39	波蘭；智利
天津	0.795	3	48	巴林；巴哈馬
--	**0.753**	--	--	（高人類發展）
江蘇	0.748	4	69	阿爾巴尼亞；聖啟茨和尼維斯聯邦
浙江	0.744	5	71	委內瑞拉；哈薩克
遼寧	0.74	6	75	伊朗；馬其頓
--	**0.736**	--	--	（拉丁美洲平均值）
廣東	0.73	7	83	聖文森及格瑞那丁；阿曼
內蒙古	0.722	8	88	亞美尼亞；厄瓜多
山東	0.721	9	89	厄瓜多；土耳其
吉林	0.715	10	90	土耳其；哥倫比亞
福建	0.714	11	91	哥倫比亞；突尼西亞
黑龍江	0.704	12	95	斯里蘭卡；貝里斯
湖北	0.696	13	99	多明尼加共和國；中國
陝西	0.695	14	99	多明尼加共和國；中國
山西	0.693	15	100	多明尼加共和國；中國
河北	0.691	16	100	多明尼加共和國；中國
--	**0.69**	--	--	（世界平均）

中國	**0.689**	--	**101**	**多明尼加共和國；土庫曼**
重慶	0.689	17	101	中國；土庫曼
湖南	0.681	18	105	馬爾地夫；蘇利南
海南	0.68	19	106	蘇利南；薩爾瓦多
河南	0.677	20	107	薩爾瓦多；加彭
寧夏	0.674	21	108	加彭；巴拉圭
--	**0.673**	--	--	（東亞平均）
新疆	0.667	22	109	玻利維亞；巴勒斯坦領土
江西	0.662	23	110	巴勒斯坦領土；埃及
四川	0.662	24	110	巴勒斯坦領土；埃及
安徽	0.66	25	111	埃及；蒙古
廣西	0.658	26	112	蒙古；摩爾多瓦
青海	0.638	27	114	密克羅尼西亞；波札那
--	**0.631**	--	--	（中等人類發展）
甘肅	0.63	28	120	波札那；宏都拉斯
雲南	0.609	29	130	越南；納米比亞
貴州	0.598	30	131	納米比亞；尼加拉瓜
西藏	0.569	31	136	伊拉克；東帝汶

資料來源：UNDP 2013. UNDP & CASS, 2013. 自 2013 年起就沒有關於中國區域人類發展指數的系統性報告發表。

分別只有 62 和 22 間，更不用說數百個二至五線城鎮了。[71]

　　不過，頑固且驚人的縱向和橫向社會經濟不平等與差距，始終都有力地支持著造成這一局面的中共暨中華人民共和國的制度和政策。生活在城市中心、較為富裕的少數族群，和極度放縱的統治階級及其親信，一直處心積慮要延續這些制度、政策、收益分配、制度性排斥和歧視。因此，在中國出現了一個看似「悖論」的現象：據報導，中國菁英和許多中上層階級奇怪地對政治民主化不感興趣。[72] 有限的國內遷移，加上

收入和財富階層的涇渭分明，造成平等的公民身分始終缺乏，而這些卻是特權者得以安穩享受絕對和相對富裕、福祉及權力的關鍵。這一小撮「局內」少數族群，幾乎完全是由黨國機器本身組成——正如本書前面所闡述的，幾乎每一個中共黨員都在這個小群體中。誠然，毛澤東領導下的中共，和從鄧小平到習近平的每位統治者似乎都知道，失控的不平等總是嚴重破壞其「人民民主專政」的政治合法性；他們也都一直大聲號召要達成「共同富裕」，[73] 儘管其長期統治達成的是恰恰相反的結果。正如本書所呈現的，中華人民共和國在最初的三十年裡，實現的是一種既不繁榮也不平等的「共同貧困」；在最近的四十年裡，中共黨國出現了可觀的經濟繁榮，卻伴隨幾近失控的不平等。然而，正如本書之前所述，2020 年以來「進一步促進共同富裕」，以及建設如美國般的「橄欖型中產階級社會」的最新言論和行動，[74] 其內裡所圖謀的，似乎更多是要去控制和榨取富人，而不是使窮人致富並賦能。

災害與救援

學者們已經發現，相比之下，民主國家在提供公共服務、保護環境、公共安全，以及保護人民免受自然或人為災害的影響方面，有著明顯更好的紀錄。[75] 毫不意外的是，就各國自然災害後果的國際比較，可以生動地說明專制的中共暨中華人民共和國這一黨國顯然是次優化的，儘管其在為緊急需求和大項目（例如災害預防和救援）動員和集中資源方面，有著自我誇大了的「制度優勢」——即所謂「集中力量辦大事」的能力。[76] 例如，有鑑於中國大陸的領土遼闊、地質多樣，所以地震發生的比率頗高，但七十多年來，尚無一個被視為極大（震級 8 級以上）的地震。然而，即使破壞力小得多，中國大陸的地震卻比世界上大多數（如果不是全部）國家的地震更加致命；如果以地震致死率來看，中國穩居諸如海地和巴基斯坦這樣的發展中國家之列。

表 3-4　世界上死亡人數最多的地震（1964 至 2016 年）

日期	地點	死亡人數	震級
1976/07/27	**中國唐山**	**242769–655000***	**7.5**
2010/01/12	海地	316000	7.0
2004/12/26	印度洋海嘯	227898	9.1
2008/05/12	**中國四川**	**87587**	**7.9**
2005/10/08	巴基斯坦	86000	7.6
1970/05/31	祕魯欽博特	70000	7.9
1990/06/20	伊朗西部	50000	7.4
2003/12/26	伊朗東南部	31000	6.6
1988/12/07	亞美尼亞斯皮塔克	25000	6.8
1976/02/04	瓜地馬拉	23000	7.5
2011/03/11	日本海嘯	20896	9.0
2001/01/26	印度古吉拉特邦	20085	7.6
1974/05/10	**中國雲南**	**20000**	**6.8**
1999/08/17	土耳其	17118	7.6
1978/09/16	伊朗	15000	7.8
1968/08/31	伊朗達什特巴葉茲	12000	7.3
1970/01/04	**中國通海**	**10000**	**7.5**
1985/09/19	墨西哥米卻肯	9500	8.0
1976/08/16	菲律賓民答那峨島	8000	7.9
2006/05/26	印尼	5749	6.3
1995/01/16	日本神戶	5502	6.9
1972/04/10	伊朗南部	5054	7.1
1976/11/24	土耳其－伊朗邊界	5000	7.3
1980/10/10	阿爾及利亞埃爾阿斯南	5000	7.7
1998/05/30	阿富汗－塔吉克邊界	4000	6.6
1981/06/11	伊朗南部	3000	6.9

1980/11/23	義大利南部	2735	6.5
1966/08/19	土耳其瓦托	2529	6.8
1992/12/12	印尼弗洛勒斯	2500	7.5
1999/09/20	台灣	2400	7.6
1975/09/06	土耳其	2300	6.7
2003/05/21	阿爾及利亞北部	2266	6.8
2010/04/13	**中國青海**	**2200**	**6.9**
1998/07/17	巴布亞新幾內亞	2183	7.0
1975/02/04	**中國海域**	**2000**	**7.0**
1991/10/19	印度北部	2000	7.0
相比之下：			
2013/10/14	菲律賓保和	167	7.1
2016/04/16	厄瓜多穆伊斯內	654	7.8
2016/04/14 &16	日本熊本	48	7.0
2014/04/01	智利伊基克	6	8.2
…			
1964/03/28	美國阿拉斯加	128	9.2
1971/01/17	美國加州聖費爾南多	65	6.6
1994/01/17	美國加州北嶺市	60	6.7
1959/08/18	美國蒙大拿州	28	7.3
1992/06/28	美國加州蘭德斯	3	7.3
1975/11/29	美國夏威夷	22	7.2
2003/12/22	美國加州中部	2	6.6

* 這是世界歷史上死亡人數第二高的地震；中國官方公布的死亡人數為 242,769 人，但專家估計為 655,000 人。人類歷史上死亡人數最高的地震也發生在中國——1556年 8 級的陝西地震，造成 83 萬人死亡。在有史以來造成最多人死亡的 15 起地震中，中國占了 5 起。美國歷史上最多人死亡的地震是 1906 年的舊金山地震（7.9 級），造成 3,000 人死亡。（資料來源：U.S. Geological Survey data: accessed June 2021）

同樣，中國的人均道路交通死亡人數也比世界平均水平高出10％，是美國的兩倍，實際上更接近波札那、寮國和喀麥隆等國的水平。在2010年代，中國擁有的汽車數量占全球的16％，但道路死亡人數卻占全球的22％，每輛車的死亡人數比世界平均水平高出40％，是美國的十倍，高於突尼西亞、寮國和柬埔寨。中國如此多與道路相關的死亡事件的主要原因，似乎是道路和車輛安全監管不力，以及駕駛培訓不佳。[77] 這些可怕的數字似乎顯示中共對公共安全的忽視，以及在防災和救災方面的無能。這主要是過度集中、孤島式、粗糙的官僚機構，以及非常長的嚴格集權的指揮鏈所致；據公共服務學者的說法，巨大的黨國機器「可能看起來很壯觀，但行動起來卻表現出各種錯誤和失敗」。[78] 根據中國自己專家的說法，在中國，「不人道和殘忍」的城市設計、公共設施和社會服務似乎司空見慣。[79] 救災和緊急援助的民間和私人團體及計畫，如曝光率高、廣受讚譽的藍天救援隊，滿足了一些急需，但也不意外地受到中共的懷疑，經常被政府打壓、漠視、阻礙，甚至不被允許乃至解散。[80]

除了對自然災害和意外事故管理不善外，中共黨國自己還製造了許多傷亡慘重的災難，包括導致超過3,700萬人餓死的大饑荒（1958至1962年），數不清的政治暴力和清洗事件又造成數千萬人死亡。無數大大小小的工業和建築事故導致重大死傷，從原可防範的1975年河南省板橋水庫大壩倒塌事故，造成24萬多人死亡，被列為「世界上最致命的人為災難」，到2015年天津市的「超級爆炸」，造成數百人死亡和傷殘。[81] 因「濫砍濫伐」，「國家級自然保護區」內的一個縣，近年來多次遭受特大洪水侵襲；2002年的一場洪水，就「影響」了全體35,000名居民，並造成237人死亡。2021年7月，即使有暴雨預警，但因洩洪管理不善和水庫崩塌，導致河南省中部1,000萬人口的大都市鄭州遭洪水淹沒，造成數百人死亡。根據政府本身的說法，那個死亡人數「確實」是低報了至少三分之一。[82] 多年來，許多中國專家始終擔

心，每逢雨季就會有重大的人為特大洪災等著爆發：中國現在擁有世界上數量最多的水庫和高壩，包括位於地震帶河流上的梯級水庫（cascade reservoirs），「空前、前所未有地集中了許多 200 米高的水壩」；這些水壩中有 95%「都是在 1980 年代之前建造，採用的是落後的土石堤壩技術，而不是（更堅固的）混凝土重力壩」，於是「非常危險」。除了梯級水壩可能在毀滅性的連鎖反應中倒塌之外，此類擔憂中最具爭議、也最重大的問題是關於三峽大壩，萬一它「可能性極大地」倒塌，據稱可能導致數百萬人喪命。[83]

2020 至 2022 年，面臨 2019 年 11 月至 12 月在中國爆發的新冠肺炎疫情，因中共黨國傳統的信息控制和壓制政策而更加惡化（如果不是直接導致的話），北京的應對之道是嚴厲封閉隔離眾多城市，例如擁有 2,500 萬人口的最大都會上海——中國的金融和經濟中心，以及唯一一個預算平衡、不需要中央財政救助的省級單位。在全國範圍內，中共發動並持續進行無所不在和非常侵入性擾民的監控、強制性和無休止的核酸（PCR）檢測、廣泛甚至「先發制人」的隔離、幾乎全面禁止國際旅行、各種以獲取國際輿論分數為目的的數字遊戲，以及嚴密的資訊審查和誤導性宣傳。觀察家指出，這些都助長了排外的沙文主義、社會痙攣和分裂、真相與數據的埋沒，以及反智主義，使中共在傳播有關病毒的錯誤信息和虛假信息方面，在全球都處於「領導地位」。[84]

中國自 2019 年以來對疫情的反應，似乎再次證實了黨國在應對「自然」災害方面的次優化、甚至災難性：它通常都會加劇破壞、傷害和死亡。首先，正如我在本書引言中所述，中共對病毒「壞」消息出於第二天性的壓制，導致了全球疫情的爆發；接著，該黨國訴諸恐慌和嚴厲的封閉措施，形成相當於自設的全國監禁和國際隔離，其持續時間已經是全球疫情中最長。意料之中，政府如此行事並沒有經過多少正當程序或公開推論，對人們的健康和整體福祉的益處也令人質疑。「抗擊病毒的人民戰爭」這一頗為熟悉的風格，展示出「不計成本」地消耗資源、人

力和政府權威，且不論對中國經濟造成的嚴重的負面影響。這些政治驅動的嚴厲政策背後，僅有極少的科學論述支持；使用過時的知識和劣質疫苗，黨國企圖實現不切實際且大概也不必要的所謂病毒「清零」目標。[85] 所使用的方法經常違背基本邏輯與常識：為了預防一種傳染力極強的空氣傳播病毒，成千上萬的人（包括老人、甚至嬰兒）被迫（有時更是直接被暴力拖去）聚集幾個小時，而且常常一再重複地進行核酸檢測——據報導，兩年內有人被測了數百次、甚至逾千次核酸。被視為密切接觸者（即使是相距數百米、按手機信號確定的所謂「時空交接」），以及病毒檢測呈陽性的無症狀者，基本都被強制移出家門，集體生活在擁擠簡陋的臨時隔離營，即所謂的方艙；那裡的環境條件惡劣，嬰孩有時還與父母分開隔離。[86] 未知但可能有嚴重副作用的化學消毒劑，被大規模地噴灑在城市和家戶中。醫務人員、警察和「志願者」被允許穿著不知是否有用的白色防護衣四處走動，但無數的住家、建築物和城市街區被嚴格封閉，甚至像最高安全級別監獄一樣被焊死數天或數週；基本生活用品往往不足、甚至沒有供應。許多醫院乃至急診室都關閉，無視其他醫療需求，導致許多額外死亡案例的報導——而這可能還只是冰山一角。

　　這一切都展現了中共強大的動員能力和社會控制力，但也暴露了該政權應對災難的治理不善，其造成的痛苦和死亡很可能遠遠超出病毒原本帶來的危害。[87] 例如，中國的一個研究團隊發現，武漢市在 2020 年為期三個月的封城期間，總死亡率飆升了 56%，「超額死亡」超過 6.8 萬人；非傳染性疾病死亡人數上升了 29% 至 100%，自殺和跌落死亡人數分別上升了 66% 和 43%。[88] 此外，根據中國記者的說法，中共還需對「故意掩蓋和歪曲信息、盲目的仇外心理，以及毫無根據的錯誤信息」負責，這對使用低效的中國製造疫苗，而不是更有效的 mRNA 疫苗的中國人民和其他國家，造成了「非常嚴重的後果」。[89] 截至本書英文版付印之時（2022 年秋季），作為近三年前疫情起始之地，承受病毒影

響時間最長、也可能是受害最嚴重的國家，中國仍無法開發出有重大改進的新疫苗、新藥物或新方法來管理疫情，只能繼續全面使用擾民昂貴而效果式微的反覆核酸檢測和封閉隔離等手段；相比之下，全世界差不多所有的國家，疫情似乎已經都結束，人民生活基本恢復正常了。[90]

　　作為政府政策的間接、甚至直接結果，對中國人來說，另一個可能更惡劣也更長期的非自然死亡原因是吸菸。在中國，菸草使用在社會、政治、和經濟上都根深蒂固，因此政府沒有什麼動力去減少人們吸菸。如前所述，國家菸草專賣是中華人民共和國迄今為止最大的稅收來源。國有的中國菸草公司，直接雇用了超過 50 萬人，給付的工資遠高於平均工資，並間接雇用超過 2,000 萬工人，包括菸草農民在內。中國現在至少有 3 億吸菸者，占世界總數的三分之一以上，每年由吸菸導致的死亡人數超過 100 萬人；在 15 歲以上中國人中，有 27％ 的人吸菸，而在所有男性當中，則有 51％ 的人吸菸；除此之外，68％ 以上的中國人經常吸入二手煙。[91] 普遍存在的不安全消費品問題，尤其是食品和藥品可怕的偽劣有毒和不可靠問題，多年來在中國造成了數不清的痛苦、苦難與疾病，以及無數的過早與非自然死亡；但只要中共領導人繼續享受特供，這些問題似乎就沒有希望得到緩解。[92] 此外，外國觀察者們指出，儘管問題意識不斷提高，也有大量資金投入，但中國在垃圾處理和回收方面卻管理得十分糟糕，以至於即使是最受重視並作為模範的首都北京，也仍然是一個被垃圾和毒物包圍的城市。[93]

　　從更廣面來說，從 1949 年到 1980 年代中期，中國人民的能源和糧食供應一直處於不足和不穩之中，這些問題最近又引起關注。北京一直將糧食安全稱為「生命線」和「治國的重中之重」。但中華人民共和國在 2010 年代的糧食自給率僅為 83％，而且這一比例正在下降——雖然還不構成糧食安全危機，卻顯示了糧食供應的不穩定。此外，官方在糧食生產方面的統計數據，可能會在幾個層級上明顯誇大。[94] 許多案例報導表明，國有倉庫中的糧食庫存數量遭誇大、品質不堪食用，以及遭大

規模偷盜，並且經常受到貪腐和管理不善的危害。[95] 每年有超過 80 至 85％（2019 年為 8,900 萬噸）的大豆，從美國、巴西和阿根廷等遙遠的地方進口；而大豆是中國人的主要食材之一，也是養豬的重要飼料。[96] 儘管在 1993 年之前，中國在石油方面仍可自給自足，但中國迅速發展出對石油進口的依賴，在 2013 年成為世界上最大的石油進口國；到了 2018 年，中國的 70％的石油全靠進口。中國對進口天然氣的依賴，也從 2005 年的零，躍升至 2018 年的 40％以上。[97] 大部分進口石油來自中東和非洲，經過穿越印度洋和馬六甲海峽的漫長航海道。

飄渺的幸福

即使按 GDP 衡量為世界第二大經濟體，中華人民共和國的人均 GDP 或收入仍低於世界平均水平；其人類發展指數得分也不過剛好位於世界平均水平上下。按照國際標準，將近一半的中國人口仍然生活在貧困之中。這些已經非常平庸的數字，還並未完全揭示中國人民在中共暨中華人民共和國帶來的「中國次優化」之下，擁有實際上甚至更低下的生活水平和慘淡的生活品質。從公共安全、人身安全、食品和道路安全，到救災等眾多領域，創紀錄的縱向和橫向不平等，以及治理不善，即便並非全部人，也對大多數中國人民造成了極大的傷害，並成為人們廣受折騰與磨難的根源。

例如，據官方媒體報導，一個中華人民共和國公民一生中，必須花費無數時間和巨大的精力，來申請、獲得、攜帶、更新和出示總共 400 種（其中 103 種被視為「一般常用」）的各種政府許可證、身分證和文件，範圍從基本身分證到生育許可證皆涵蓋在內。[98] 中國人民對網絡空間中無限信息和服務的獲取，屬於世界上最受限制和審查的之列。現在只有中國、伊朗和北韓完全封鎖世界前三大社交媒體平台。全球近 30,000 個域名中，約有 20％（Alexa 前 1,000 大網站中的 163 個）在

中國被屏蔽。[99] 微信、微博和抖音等中國社交媒體平台，常規性地受到嚴格監控和審查；內容和用戶的帳戶經常在沒有被通知或告知理由的情況下被突然刪除。在 2010 年代中期，中國大陸互聯網接入的費用高於所有東亞國家，包括富裕得多的香港和日本——平均占總收入的 10 至 13.5%，而相比之下 OECD 國家為 1%，東亞太平洋國家為 8%。然而，中國的無線（WiFi）寬頻速度卻在全球排名第 82 位，遠低於平均水平。網絡審查可能是造成低質網絡服務的關鍵原因之一。即使是在上海這個國際大都市，造訪經許可的外國網站也會被放慢或被付費牆（paywall）擋住。[100] 防火長城的網絡控制審查，為中國人創造了一個平行的網絡世界，其中充斥錯誤信息與故意誤導。然而，儘管有如此高度的監控，奇怪的是，中國的網絡空間卻充斥著無休止的犯罪行為，如數不清的欺詐和黑客等。壟斷性的搜索引擎百度，仍只是谷歌的低劣替代品；據報導，其服務落後、定價過高且不合格。[101]

　　總部位於美國的自由之家（Freedom House），不斷將中國列為世界上最不自由的國家之一，與北韓和索馬利亞並列。總部位於法國的無國界記者組織（RSF），在 2014 年的世界新聞自由指數中，將中國排在 180 個國家裡的第 175 位，在 2020 年的 180 個國家中則排在第 177 位。一個由瑞典和德國主導的 2,000 人國際研究團隊，在 2022 年的學術自由指數報告中，將中國排在 177 個國家中的第 162 位，位列世界「最低且下降中」之列，低於伊朗和塔吉克。[102] 總部位於瑞士的世界經濟論壇，在其全球性別差距研究中將中國列為 2014 年 142 個國家中的第 87 位，2021 年在 156 個國家中排名第 107 位，分別夾在委內瑞拉與尼泊爾，以及烏干達與緬甸之間。國際貨幣基金組織的一項研究得出結論：在中國，「女性的勞動力市場壁壘，隨著時間過去而增加」。正如本書前述，儘管官方擺出了性別平等的口號和姿態，中國共產黨在其整個歷史上卻從未有過女性最高層領導人（政治局常委）；其高級幹部中僅有 3% 至 8% 是女性。[103]

聯合國主導的世界幸福指數（World Happiness Index），在 2013 年將中國排在 153 個國家裡的第 93 位，2020 年在 149 個國家中位列第 84 位，大大低於世界平均水平，夾在菲律賓與土耳其，以及莫三比克與土庫曼之間，落後於加納、尼泊爾和經濟上更貧窮的剛果。[104] 主觀上，中國人民似乎有一種深深的不幸福感，這在難得且為數不多的調查和報告中都可以看到。據報導，2006 年 9 月，總部位於廣州的中國主要門戶網站「網易」，進行了為期 12 天的民意調查，詢問人們一個問題：「如果有下輩子，你是否願意再次生為中國人」。結果發現（在該調查被審查機構封閉之前），在接受調查的 11,271 名中國人中，有 64.7% 的人「下輩子不想再做中國人」，主要是因為「中國人在生活中缺少做人的尊嚴」。近十年後，多達 56.3% 的受訪中國人希望「在另一個地方轉世」。[105] 2014 年，北京大學的一項調查顯示，中國 72.3% 的中低收入青年對自己的生活「感到不快樂」。[106] 2018 年，當局不得不正式譴責一則傳言，即雲南省省會昆明的一些僧侶會額外收取人民幣 500 元（73 美元）的費用，在佛教葬禮上添加特別咒文，「保證」死者「投胎轉世到美國」。[107]

這種普遍人心不滿的一個重要原因，似乎是中國嚴重的性別失衡。[108] 這種失衡是自 1970 年代以來，實施強制生育控制的大規模社會塑造工程實驗的結果。生育控制再加上根深蒂固的重男輕女文化，導致選擇性墮胎、殺害和遺棄女嬰，此外還產生了許多其他人口問題，例如社會過早老化。[109] 根據中國學者的一項研究，在中國一直處於高位的女嬰「異常」死亡率，從 1970 年代的 10%，躍升至 1990 年代的 60%，這是中國收緊計畫生育政策的直接結果。中國的出生性別比「在 1960 年代和 1970 年代，還處於 103 到 107 之間（每百名女性之男性比例）的正常範圍內。但是……從 1980 年的 107.4，攀升至 2000 年的 116.9，自 2004 年以來一直保持在 120 左右」。[110] 現在，中國已出現許多「光棍村」，大量男性根本沒希望找到配偶，最後只能走上依賴誘拐及買賣女性之途。[111]

醫療照護短缺則是另一個長期問題。雖然 GDP 從 1978 年到 2014 年呈爆炸性增長，但在中國最發達地區之一的上海，人均病床和醫生數量卻下降了三分之一。[112] 也許是由於報告率和整體意識的提高，中國精神病患者的比例從 1950 年代占成年人口的 2.7％，增長到 2010 年代中期的 17.5％以上，總計 1.73 億人。然而，據報導，精神病設施和工作人員都「嚴重缺乏」。[113] 此外，也許是因為環境汙染和產前照護不當，據中國一家報紙報導，「過去十年間，中國具有先天缺陷嬰兒數量猛

表 3-5　幸福排名比較

國家	幸福指數 2012 年 (0-10)	世界排名 (n=156)	幸福指數 2020 年 (1-10)	世界排名 (n=149)
美國	7.08	17	6.95	19
南韓	6.27	41	5.85	62
台灣	6.22	42	6.58	24
日本	6.06	43	5.94	56
越南	5.53	63	5.41	79
香港	5.52	64	5.48	77
俄羅斯	5.46	68	5.48	76
世界平均	**5.16**	**(84)**	**5.45**	**(80)**
土耳其	**5.35**	**77**	**4.99**	**104**
菲律賓	**4.99**	**92**	**5.89**	**61**
中國	**4.98**	**93**	**5.34**	**84**
莫三比克	**4.97**	**94**	**4.79**	**115**
土庫曼	**5.63**	**59**	**5.07**	**97**

注：幸福指數是自 2012 年起量化幸福的團隊成果。「台灣」和「香港」在 2017 年的報告中被改為「中國台灣省」和「香港特別行政區」，暗示了中國對該團隊的有效影響。（資料來源：WHR 2013–2021）

增，每年報告此類病例近 90 萬」，並且「每年至少有 10 萬名兒童被遺棄，大多數是殘疾，許多是女孩」。[114] 2020 年，中國科學院官方發布的研究報告稱，約四分之一的中國青年患有抑鬱症，40%的高中生「抑鬱」（其中約 11％至 13％「患有嚴重抑鬱症）」；中國研究人員報告的全國抑鬱症發病率為 6.9%（女性占 65%），「在過去二十年中增長了 120 倍」；這些數字全都高於美國，也遠高於世界平均水平。[115]

根據研究人員的報告，21 世紀中國的自殺率為每 10 萬人中有 20 至 23 人，遠遠「高於官方（中國的，因此也是世界衛生組織的）數據」（即 8 至 10 人），是美國的兩倍（11 至 14 人），也是世界平均水平（9 至 10 人）的兩倍多。其中極不尋常的是，中國農村人口的自殺率是城市人口的三倍；女性的自殺率又比男性高 25%，而在其他國家，男性的自殺率通常高出女性三到四倍。在 2010 年代後期，中國學者報告稱農村老年人的「自殺率高得驚人且不斷上升」——在一個人口快速老齡化又嚴重缺乏對老年人的經濟支持和醫療保健的社會，許多村民直接告訴田野調查研究人員：「我們這裡沒有自然死亡的老人。」[116] 在西方，90％以上的自殺者患有精神疾病；在中國，這一比例「最多為 63%」。[117] 姑且不論本書引言裡曾討論過的數字遊戲如何掩蓋了實情，所有這些「中國特色」似乎都表明，處於不利地位的農村人口、婦女及老年人，都強烈感受到某種特別而強烈的社會經濟壓力和心理負擔。

除了被邊緣化的婦女、少數民族、戶口制度（嚴格分層和排斥人民）下的各種小眾人群、精神病患者、自然災害或人為災害的受害者外，大量的身體殘疾人士（官方報告為 8,500 萬人，而實際數字「應該」多達 2.1 億），在中國幾乎變得「隱形」，以躲避廣泛且往往致命的艱辛和偏見。身有殘疾的人缺乏許多社會通常提供的可見度、機會，以及便利。演藝圈、文學藝術，以及官方文化娛樂業，經常出現對身體殘疾人士和其他弱勢者的剝削，作為廉價取笑的無盡來源。[118]

正如 2010 年代中期一項中國的研究得出的結論，不令人意外地，

中華人民共和國的「國家形象正在下降」，「由於汙染越來越嚴重、社會不平等加劇、腐敗，以及缺乏安全保障」，導致外國遊客數量長期下降。[119] 有件事很好地反映了外國人對中國生活評價：美軍和外交官駐紮中國時，可獲得額外的危險職務補貼或艱苦職務補貼——這意味在中國生活被視為對個人福祉的威脅，等同於生活在世界上最貧窮的國家、戰場前線與最惡劣的自然環境。[120]

用腳投票

　　中國人和所有民族一樣，並不是天生就願意永無止境地「吃苦」。即使在毛澤東時代，中華人民共和國裡的民眾也在奮力延續其私人生活和家庭價值觀。[121] 當被逼到極限時，中國人也會罷休不幹、抗議或抵制。在中華人民共和國的中國人民，即使面臨嚴格的信息控制、嚴厲的鎮壓、對苦行僧堅忍主義的不斷灌輸，仍舊一直在不斷嘗試阿爾伯特・赫緒曼（Albert Hirschman）所說的「發聲與退出」（voice and exit）之選擇。[122] 中共暨中華人民共和國這一黨國的本質和力量，使得發聲抗議這個選項代價高昂、危險且效果非常有限；因此，無論何時何地，一旦有可能，中國就會爆發大規模、有創意、日益龐大的各種「退出」，即向外移民潮，湧向各國包括東南亞和非洲等「較不發達」的國家。[123] 即使在毛澤東極權時代，高風險且往往致命的「非法」移民潮和難民潮也曾大規模發生，主要目的地是鄰近的香港。[124]

　　目前，來自中華人民共和國的非法移民不斷出現在世界各地，但更變形為組織良好、利潤豐厚但仍然會致命的人口販運。每年的非法移民出國人數未知，但可能相當可觀。[125] 單是在 2015 年，北京報導抓到企圖非法移民到其他國家的中國公民人數就增加了 165%。[126] 從毛後時代初期開始，中國在十年內就攀升為世界第七大國際移民來源國，到 2013 年已成為第四大。截至 2019 年之前的三十年內，共有超過 1,100

萬名中華人民共和國公民永久移居國外。[127] 與國際移民的一般模式相反，快速的經濟增長實際上加速了中國人的大規模外向移民。中國在2010 年代中期成為美國最大的移民來源國，每年有 14.7 萬人，比墨西哥高 18%，比英國高 27%。[128] 從中國到美國的非移民旅客也迅速增長，從 1999 年的 20.1 萬人次，增加到 2009 年的 52.8 萬人次，到 2019 年達到 104 萬人次；每年還有 15% 至 24% 以上，即 20 萬名左右的中國人被美國簽證官拒絕。[129]

與許多發展中國家的移民類似，中國的合法移民往往是母國最聰明、受過最好教育的一群人。1978 年末，中華人民共和國派出第一批共 52 名學生赴美學習。[130] 不久之後，幾乎中國的每一所頂尖大學，都成為外國（尤其是美國）研究所的預備學校，其中不言而喻的默契是——「即使是最能忍耐、最能吃苦的中國知識分子，也無法在中國生活（好）。」[131] 中國最知名的兩所大學，北京大學和清華大學，於 2006年超過了加州大學柏克萊分校，成為美國博士課程的兩處最大生源。[132]在 2010 年代和 2020 年代，每年約有 20% 該兩校的畢業生（「高科技專業」更是超高的 76% 至 80%）出國留學。[133] 單是在 2013 年，就有超過 41.3 萬名中國學生出國留學，其中包括越來越多的大學生、高中生，甚至小學生。[134] 從 1997 年到 2014 年，中國赴美學生增長了六倍，達到逾 25 萬人，超過來自歐洲、南美、非洲、澳洲、和北美其他地區學生人數的總和（或為印度的兩倍），占美國所有外國學生的近三分之一。在 2020 年，這個數字進一步增加到超過 36.9 萬。[135] 在新冠肺炎疫情開始之前，估計有 100 萬名中國學生在西方學習。[136] 在 2021 年夏，當美國恢復在中國發放學生簽證時（仍在疫情期間），前兩個月就簽發了超過 5.7 萬份，超過了疫情前的紀錄，儘管北京和華盛頓之間的關係比之前更加緊張。[137] 年輕人如此清晰而大規模地「用腳投票」，代表了中國人才資源和教育投資的大量外流。

不同於其他國家的學生，中國學生畢業後往往不歸國。中國官方數

據顯示，畢業後（主要是碩士和博士研究生）自各國回國的比例，從 2000 年的 41.18％，下降到 2008 年的 27.98％。[138] 近年來，隨著越來越多中國學生只是出國拿個學士學位就返國，這種下降趨勢已經趨於穩定，甚至有所逆轉。截至 2013 年，自 1970 年代末以來，到外國留學的 264 萬名中國留學生中，有 109 萬人回國。[139] 就在接受移民的國家獲得學位的中國學生來說，回國率仍然很低，因為「大多數學生出國留學的主要目標就是移民」。2002 至 2007 年間，只有 3％至 6％擁有美國博士學位的中國學生返回中國，和 1990 年代的 4％至 11％相比下降了不少，遠低於歸國的印度人（19％）、台灣人（57％）、韓國人（59％）、日本人（67％）和墨西哥人（68％）。2019 至 2020 年間，79 至 85％獲得理工科（即 STEM）博士學位的中國學生，希望留在美國。正如《自然》雜誌所報導的，「在美國獲得博士學位的中國學生，比其他國家的學生更有可能留在美國」。[140]

出於種種目的，包括獲取最新技術和提升政權的政治合法性，為了吸引受過教育的中國人才回到中國，中華人民共和國制定並資助了許多精心設計的招聘計畫，針對所謂的「海歸」（諧音稱為「海龜」）。[141] 最負盛名、也最昂貴的，是 2008 年以來中共中央組織部精心策劃的「千人計畫」和「百人計畫」。在美國於 2020 年加強審查而埋名隱藏起來之前，這些計畫旨在公開且大規模地招聘、回收海外頂尖人才。[142] 姑且不論這些高級計畫中涉及的許多重大欺詐和腐敗，[143] 這些努力吸引到的人似乎大多是些短期停留的季節性流動工作者，這些人還經常欺騙他們的外國雇主並竊取技術，以換取中國政府提供的輕鬆且高額的薪酬和福利。[144] 絕大多數（到 2012 年為 68.4％）「愛國的」海歸們，保留了他們的外國護照或綠卡，因此被稱為「釣魚海鷗」。[145] 在受我訪問的許多中國人眼中，經常被視為（此觀點並非完全不公平）助長中國學術腐敗的海龜和海鷗們，是些在美國與西方技術勞動力市場中的「過氣人才」或「被淘汰者」，[146] 儘管海歸們實際上可能在許多重要方面，

還是幫助中華人民共和國改造和升級了技術。[147]

　　不同於大多數對外移民的國家，中國的移民除了較典型且滿懷抱負的青年學子、窮困和絕望的勞動者，以及想發財的人之外，還包括富人、各有建樹的菁英和城市中產階級成員。[148]事實上，在中國，帶頭移民出國的還是中共官員：除了合法移民之外，1993 至 2013 年期間，數以萬計的黨國官員非法「逃亡或失蹤」到國外（2008 至 2013 年就有 6,694 起案件）；據報導，他們捲攜的資金高達人民幣 8 千億至 2 萬億元（1,180 至 2,900 億美元）。[149]另據報導，中國富人和中上階層有高達 60% 至 74% 的人（包括大多數的超級富豪，而且往往也是中共黨員），不是正在尋求，就是已經獲得了外國居留權或非中國護照——這是在人類歷史上前所未有、也絕無僅有的現象。也許只有在普丁（Vladimir Putin）統治下，俄羅斯寡頭們的大出逃才稍微堪比。在美國、加拿大、澳洲和紐西蘭等「熱門」目的地，中國富人現在占所有投資移民申請人的四分之三至 90%。[150]自 1992 年美國 EB-5 計畫啟動以來，中國公民已占該計畫下所有投資移民的 67%（2014 年為 86%）。這一比例在 2008 至 2014 年還增長到 95%，儘管中國申請人在支付 50 萬至 100 萬美元後，必須等待六年才能獲得綠卡名額。[151]2014 年，加拿大政府取消投資移民計畫，使全球 6.6 萬申請人中的 5.7 萬中國富豪們被拒於門外；其中，有 1,355 人向渥太華提起了損害賠償訴訟。[152]2005 至 2014 年間，蓄意在美國生孩子的富裕中國母親人數飆升 100 倍，達到每年 5 萬至 6 萬人，利用美國出生即自動成為公民的法律，為後代提供移民的捷徑。[153]2014 年，中共經濟改革的一名主要推手得出結論，中國已經發生了「兩種大逃亡」：商業和技術菁英的大規模移民出國，以及大規模的資本外逃。[154]此外，中國移民們經常看似願意去任何地方，甚至是撒哈拉以南非洲等被中國人普遍汙名化、蔑視乃至充滿種族主義偏見的地方，現在卻是 100 萬至 200 萬中國公民（許多是非法的）居住的地方——他們之所以去那裡，「只是想離開中國」而已。[155]2021 年，一篇關於「為什麼

富人選擇逃離而不是改革（他們自己的國家）」的中國文章得出結論，除了移民外逃外，他們「真的沒有其他安全的選擇」。[156]

想一想外國和本國人民如何看待中華人民共和國，也很能說明問題。許多逃離中國的中國人，走的是艱鉅、代價高昂和不確定的尋求政治庇護途徑，持誇大或虛假的理由與文件者不在少數。有消息稱，一些中國的政治庇護申請者似乎得到了中共黨國的默許，進而引發人們對他們真實身分的質疑。[157]在有相關數據的過去二十五年裡，每年在美國的所有國際尋求庇護者中，始終有三分之一到 40％是中國公民，而中國人口占世界總人口的 19％到 20％以下。在 21 世紀數以萬計尋求庇護的中國人當中，每年有 3,000 至 10,000 人獲得了美國的庇護綠卡（其中一半以上是通過法院獲得的），比包括委內瑞拉、薩爾瓦多、埃及、海地和衣索比亞在內的任何國家都多，是同樣人口眾多但更為貧窮的鄰國印度的 10 到 20 倍。中國公民在美國申請政治庇護的人數始終穩定，每年增長不大，但成功率從 1997 年的不到 6％，飆升至 2010 年代的三分之一以上，這表明他們對美國庇護項目的利用和操縱有了很大改善，尤其是通過在美國地方和農村法院進行、經專業準備的移民訴訟。[158]

中華人民共和國公民還在許多被視為理想移民目的地的國家（如澳洲、加拿大、歐盟和紐西蘭）申請政治庇護。2017 年，超過 1,300 名中國公民在加拿大尋求庇護，使中國躋身「前五名」來源國之列。2018 年，澳洲有 9,000 多起案例，使中國成為遠遠最大的受庇護者原籍國。2019 年，超過 6,000 起中國庇護案件在歐盟待審。2018 至 2020 年間，每年有 69 至 117 名中國公民在紐西蘭提出庇護申請，占所有此類案件的 17％至 23％，其中約一半成功通過。除了在紐西蘭和美國外，在世界各國尋求政治庇護的中國人似乎只有不到 10％的成功機會。[159]零星的新聞稿顯示，在鄰國日本，中國尋求政治庇護的人數之高，使中國在 2000 年代成為前五大來源國，與緬甸、伊朗、土耳其和巴基斯坦並列。2017 年，中國在日本的請求庇護人數比前一年度增加 102％，達到 315 人。[160]

對於那些沒有能力、機會或決心移民的人來說，到中華人民共和國境外（甚至只是去香港、澳門和免簽證的韓國濟州島）的短途旅行，提供既吸引人又有回報的機會，得以避開國內價高又質次的商品和服務，尤其是對可支配收入不斷增加的中國人而言。[161] 雖然造訪中國的外國遊客數，在 2008 年達到頂峰後開始下降，但造訪其他國家的中國遊客數（據報導有 60％人以購物為目的），卻以每年兩位數的速度增長，現在是造訪中國的外國遊客數量的三倍。[162] 在 2010 年代，中國每年有超過 7,000 萬公民出國，其中大部分是遊客或學生，而造訪中國的外國人只有這個數字的三分之一。中國是全球第一大留學生來源國，但其接收的外國學生人數僅為世界平均水平的 10％。[163] 當無法用腳投票、親身出境時，許多中華人民共和國公民會改用眼球投票、精神出境。2010 年代，在中國影院放映的外國電影通常被政府限制為每年 34 部；然而，其票房收入卻與中國每年製作的 600 部左右的電影差不多或更高。[164] 彩票可能是另一種富吸引力的迷幻式逃避現實手段：中國的經濟規模約為美國的 60％，但中國人每年花在彩票上的錢與美國人差不多。[165]

嚴密監管、憂慮與憤懣

毋庸置疑，絕大多數中國人無法通過學業傑出、投資、非法移民或政治庇護來逃離他們的國家。對媒體和互聯網的嚴格控制，也使得發聲和發洩的機會極為有限。對受壓迫者、不滿者和不快樂者來說，堅忍主義（stoicism）和犬儒主義（cynicism）的安撫效果也有限。[166] 透過不忠和破壞進行抵抗就變得不可避免，藉由暴力、毫無道理也無意義的犯罪和破壞行為進行絕望的抵抗、報復和叛亂，似乎也成了常見之事。[167] 因此，中共黨國統治下「中國次優化」的另一個關鍵指標是，即使在世界最大警察國家令人難以置信的擾民侵入和強力監視下，中華人民共和國國內的和平與社會安定也明顯低於世界平均水平。

正如本書前述，中華人民共和國擁有世界上規模最大的警察部隊，以及眾多其他安全部隊；最遲自 2011 年以來，中國在國內安全方面的支出已超過了國防支出。警察（都是國家雇員，並獲得珍貴的城市居民身分）還受到規模更大的合同制「輔警」大軍的協助。[168] 可以逃避現實的社交媒體，如流行的微信等，已經成為中國警察監視和控制人們及其思想的有力工具。警方顯然、甚至知道並記錄了個人微信帳號的密碼，證據就是某一在美國註冊且長期存在的帳號，密碼更改為「FxxkCCP89」後的「45 秒內」，就被永久刪除。[169] 2014 年，中國正式推出「芝麻信用」（Sesame Credit），據稱是模仿西方使用的消費信用紀錄，但實際上是一個以「公民評分」代表可信度的系統，透過官方集中綜合個人的財務和支出歷史、政治行為、警察紀錄和審查，以及其他「有關因素」，對每個人進行排名。[170] 這很類似毛澤東時代的個人檔案制度，監控和控制每個人的生活機會。廣泛存在的監控攝像頭，採用最新的人臉、體型和步行識別技術，使小說《一九八四》中的恐怖場景在中國成為現實。「雪亮」天網讓每 20 名中國人就有一台攝像機，「完全覆蓋每個角落」，[171] 全世界近五分之一人類的生活受到中共黨國日益密切的關注。在一個像魚缸般被細察監管的社會中生活，人們或許可以習慣，因為隨著時間流逝，人們也許會在心目中逐漸形成不同的新隱私規範；但是，就像魚缸裡的魚依舊很自然地喜歡那些小小的藏身處和獨處時刻，人們也很難完全適應那無所不在、神祕莫測、武器化使用的追蹤和記錄技術。這些嚴密監管對中國人的心智、行為和健康造成的損失，仍有待充分計算和評估，但無疑是巨大且極具破壞力，甚至可能是不可逆轉的。正如已故的美國參議員弗蘭克·丘奇（Frank Church）在 1975 年所說的名言，一個精密發達、資金充足的警察監控國家，再搭配上先進技術，就成了「徹底的暴政」，是一個「沒有回頭路的深淵」。[172]

儘管以秩序和安全的名義，部署了一切精心打造、高成本、高殺傷力，也許也是最精密、裝備最完善的社會控制機制，中國人民仍然不得

不隨時擔憂基本的人身安全。正如本書第一章所述，中華人民共和國的犯罪行為實際上相當猖獗且日益增加，其中經常是些不可理喻、殘暴、報復性和反社會的犯罪。[173] 人民的不安全感彌漫於整個中國社會，人們缺乏安全感、平和心態和社會信任，具有強烈的認命無力感；這與其他亞洲國家的通常社會心態相比尤為明顯。[174] 一位中國博主就如此斷言：「每個人都覺得自己是受害者，每個人在加害他人時又感到完全正當。」[175] 在 2015 年的一項研究中，在挑選出的全球 50 座特大城市中，5 個中國城市（北京、上海、天津、深圳、廣州）的治安水平和人身安全排名均低於平均水平，落後於其他 6 個東亞都市（東京、新加坡、大阪、香港、首爾、台北），以及名單中所有的美國（5）、加拿大（2）、歐盟（6）和南美洲（2）大都市。在宜居性方面，在 140 座受評城市中，中國的城市排名均低於平均水平。[176]

正如我在本書第一章中所闡述的，就連政治上極其敏感的「群體事件」和騷亂，也在中華人民共和國以世界級的頻率發生著。除了到處都是監獄般的鐵條窗欄和防盜鐵門，幾乎每個銀行、商店和街角都張貼著碩大標語，警告民眾小心各種假鈔、犯罪和詐騙。[177] 據報導，黑手黨式的幫派只要「不阻撓當時的中央工作」，似乎就也能在中華人民共和國蓬勃發展。[178] 官員們報告道，通過電話和互聯網實施的電子欺詐案件，在 2010 年代以每年 70% 的速度暴增，造成數十億美元的損失，而破獲的案件只有微不足道的 5%。2013 年，中國針對消費者的網絡犯罪，造成 370 億美元的損失，與美國（380 億美元）大致相同，是日本的 37 倍；2014 年，在日本被破獲的網絡犯罪分子中，中國公民就占了 82%。[179]

中國對槍支和銳器（包括菜刀）的管控，可能是世界上最嚴格的。據報導，中國的兇殺發案率低於美國，但比日本和南韓高出二至三倍：2002 至 2012 年間，中國報告了 173,130 起兇殺案，超過美國（144,599 起）；不過，美國有 60% 的兇殺案涉及私人槍支。[180] 中國對販毒實施了最嚴厲的懲罰，通常涉及快速的公開處決；然而，中國的毒品問題依

舊日益嚴重。官方報告稱，違禁藥物的使用人數在 21 世紀以每年兩位數的速度增長；2007 至 2011 年間，每年增長超過 15％，2015 年躍升了 36％。[181]

在社會政治控制、人口流動低、個人隱私和選擇受限的情況下，中國家庭和婚姻的不穩定性，卻迅速追上更富裕、更開放社會的水平。中國離婚率在五年內增長了近 40％。2019 年，中華人民共和國全國離婚率攀升至 44％的世界級高度，部分省級單位的離婚率甚至高達 70％。然而，研究發現，與其他離婚率高的發達國家不同，中國女性在離婚法庭和訴訟中處於系統性不利地位，並經常受到不公平的對待。[182]

圖 3-1　離婚／結婚率（百分比）

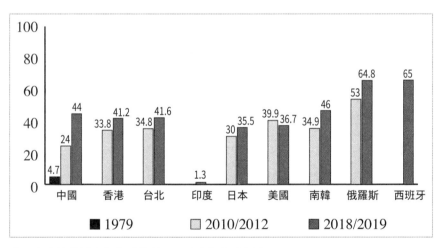

注：印度的離婚率為全球最低，西班牙為全球最高。
資料來源：US Census Bureau 2020; eladies.sina.com.cn, chinanews.com, cdc.gov, censtatd.gov.hk, kostat.go.kr, statista.com, indiatoday.in, all accessed July 1, 2020; Ministry of Civil Affairs 2019.

被監管、憂慮而憤怒，吃苦的大多數中國人民無論在政治上（有意義的選舉、組織和集會都遭禁止）或法律上（不存在獨立的司法系統），

都毫無辦法改變中華人民共和國的國家行為。中國遭大肆吹捧的教育系統，不能為大多數被排斥歧視的人們提供足夠的向上流動性。[183] 很少有渠道（例如自由媒體或公民社會），可以進行有意義的發洩和安慰。在中共對就業、收入、晉升和流動性的次優化又擾民侵入性的微觀管制下，無數中國人似乎已經筋疲力盡，甚至被沒完沒了的所謂「狗屁工作」[184] 壓垮，尤其是中共黨國還強制執行那些花樣百出、越來越多的政治任務，比如最新的黨的路線記憶測驗。[185] 中華人民共和國社會的高壓鍋，自然而然且持續地產出和加深絕望，醞釀出更多的仇恨，以及非理性、不道德與非法的行為，包括難以理喻的犯罪、破壞性的發洩、政府和人民雙方無法控制的腐敗和偽造、普遍的不信任和不文明行為，以及趁火打劫的暴民暴力。在統治菁英和人民之間，似乎形成了一個惡性、但相當傳統的循環，越來越多或真實或感覺的苦毒、不公正、憤怒、敵意、恐懼和絕望，正在毒化且腐蝕中國社會和中國人的心靈。[186] 而中共，甚至在新冠肺炎疫情爆發之前，憂慮日益不利的國際環境，就已經在要求中國人民進行更多、「更長時間、更勤奮、更艱苦的鬥爭」。[187]

自 2021 年春天以來，一種所謂「躺平」現象和哲學，以其自成一套的「理論」，在官方竭力審查並刪除相關帖子的情況下，仍在中國社交媒體上大為流行。其大意如下：「反正努力也得不到你想要的，那還不如退出那只有利於當權者的老鼠賽跑，隨便最簡化混日子」，當個沙發馬鈴薯裝死。這似乎反映和說明了許多中國人被動認命和抵抗的深度和廣度，[188] 類似於自發罷工、退縮、不服從、不合作。這種持續絕望的心態和公開展示的消極抵抗，最早的表達應該是那個著名的提問：「人生的路啊，怎麼越走越窄……？」該問題在 1980 年首次發表於北京的一本雜誌上，引起大眾關注。隨後在全國就該問題展開的「潘曉討論」中觸動了許多神經，但僅僅幾個月後就被官員制止，因為該討論對當時高層權力鬥爭的政治利用價值已經結束，而且該討論逐漸觸及質疑中共暨中華人民共和國政權本身的合理性和合法性。[189] 始終未曾經過充分

探索和回答，從那時起，這樣一個充滿社會政治色彩的問題，顯然在許多中國人心中揮之不去。在 2010 年代和 2020 年代，儘管在中共嚴密審查之下，各種富有創意、多采多姿的俗語和圖像，頑強地將這個拷問靈魂的問題保留在公共話語中，特別是在網絡空間和青年之間：從「廢柴」、「葛優／北京躺」、「佛系」、「朋克養生」到「喪文化」。[190] 一些中國博主認為，「躺平」是人們關於個人權利和自由的又一次「大覺醒」，「也許是人類歷史上最沉默、最無助的（社會）抵抗。」[191] 據報導，許多受過高等教育的「海龜」，即留學歸國者，現在越來越對家鄉的生活感到沮喪，並加入了躺平潮流，成為所謂的「海廢」。[192]

　　這種「失落」和無奈放棄的感覺，在 2020 年代似乎持續彌漫在中國菁英之中，融合了流行的「潤學」（run 即尋求移民出逃），反映了「信仰真空和群眾絕望」的所謂「海燕綜合症」（期待、希冀乃至呼喚更大的風暴，即災難性、甚至毀滅性的事件），以及「我們是最後一代了」的決絕態度——這是 2022 年春天，年輕人在上海疫情封城期間，面對警察威脅「如果你不服從命令，就要對你處罰，還要影響你的三代」時，那平靜但令人心碎的回答。[193]

第四章

精神與生態：
文化、道德與自然環境

在概述了北京強大但次優化的政治治理，以及其看似耀眼、實則欠佳的社會經濟發展紀錄後，本章將繼續評估中共暨中華人民共和國，而重點將是關於中國的文化、精神生活與自然環境。七十多年來，中國人民除了要忍受嚴酷的獨裁統治，不斷地吃苦受難，還承受了中共黨國對豐富的中華文化和優美的中國自然環境無休止的破壞。

從一開始，中共就發動了無數且幾乎不間斷的社會塑造和思想再造工程，不僅試圖改造中國的社會和地貌，還要改造中國人的精神和思想。儘管中共暨中華人民共和國這一黨國大體上是個具有民粹主義衝動、基本世俗的政體，但它其實猶如一個列寧－史達林主義無神論並與儒化法家相結合的強大神權政體（theocracy）。如同其在政治治理和經濟發展方面的整體表現，中共企圖改造中華文化和中國自然生態的相關工程，也有著普遍次優化、災難頻發，以及滿是長期禍害和破壞的紀錄。毛澤東時代的「中國悲劇」和持續的「中國次優化」，尤其對中國人民（包括菁英在內）的心靈和思想造成並繼續產生各種深遠的不利影響；黨國帶來的巨大影響，將在社會、文化、心理和生態等方面涉及好幾代人。最壞的估計之一是，正如中共前領導人羅瑞卿的女兒在其回憶錄中所懺悔的，中華人民共和國聲稱要建立一個以黨國為中心的「永恆帝國」，但卻倒退到「動物本能」橫行，只是摧毀了人性和人的尊嚴而已。[1]

正如本書前幾章所試圖呈現的，中共黨國不僅在政治和社會經濟方面表現平庸、次優化且不理想（但對政權的安全和權力而言卻是異常最優化），它同時也大量損害了中國的自然環境和精神生活。如果通過根本性的社會政治轉型和徹底的文化解毒，有些傷害和損壞可能仍然可以治癒和逆轉；但令人悲哀的是，至少在可預見的未來，其中很多看來已經無法治療或扭轉了。在過去四十年，除了中國文化在許多方面明顯可見的西化——其象徵為在發達都市裡趨於普遍的西式生活方式，如現代化的基礎設施和舶來的各種規範和思想，包括 2010 年代和 2020 年代的「米兔」（#MeToo）運動[2]——中國歷史悠久的生活方式、精神面貌、生態系統、文物古蹟、社會結構、道德規範和智性創造力，主要還是遭受了黨國造成的深刻而多方面的破壞。不幸的是，迄今為止，流行文化和生活方式的西化，基本未能建立起與之相配套的道德指南或價值體系；因為中共出於政治原因，大力抵制和消除啟蒙運動和工業化後首先出現在西方的人類法律和倫理規範，例如尊重個人權利和信守契約、平等和公平競爭、言論和信仰自由，以及文化多元化等等。

有組織的宗教，從本土的道教和民間信仰，到外來的佛教、基督教（天主教和新教）與伊斯蘭教，儘管遭受到幾乎不斷的政治鎮壓和迫害（尤其是在毛澤東時代），仍在中華人民共和國以不同程度的中國化方式存在著。近年來，不斷增長的物質財富導致並資助了越來越多對精神生活的追求，使得這些宗教在中國大幅擴張。中共在毛後時代「歸還」給中國人民有限的社會經濟自由，逐漸擴散為允許更多有組織或自組織的宗教活動，特別是不那麼集權且更平等的基督教新教。中國官方在2010 年代後期報告稱，中國有 2 億「宗教」人口，是 1950 年代的兩倍；依非官方估計，這個數字應為 3 至 3.5 億，即總人口的五分之一到四分之一。[3] 據案例報導，所謂的「隱藏的」和偏向不可知論的宗教信徒（甚至在自稱「無神論」的中共黨員中），人數似乎要多得多。

然而，中共延續了其監視、滲透、邊緣化、壓制和「利用」宗

教組織的傳統。以一種類似於帝國制「無神論神權政治」（atheist theocracy）的方式，⁴ 中共黨國強制登記所有神職人員和設施，將宗教菁英納為國家各級幹部，並打擊「非法」或不受控制的宗教團體和活動，如眾多的新教「家庭教會」（house churches）和準宗教團體法輪功。⁵ 近年來，北京以反分裂和反恐為名，在新疆以拘禁營控制對抗中共的穆斯林少數民族並鎮壓伊斯蘭教，其政策尤其廣泛和嚴厲，引起了國際社會的極大關注和憤慨。⁶ 2016 年，習近平重申黨的路線，公開呼籲嚴格控制和廣泛「利用」宗教來實現中共的政治目標。⁷ 宗教產生的強大社會規範和倫理力量，被黨國系統性地予以抹黑和奚落，且大多是打著科學的名義。然而，科學的基本觀念，即基於事實和邏輯的獨立探究和驗證，卻被打壓和消除：所有中華人民共和國的學校，都被中共指示不能教授邏輯學課程；學生們要盲目和無休止地遵從權威，放棄個性和創新精神。憑藉其無所不能的權力和無所不在的反西方政治，中共黨政已經導致許多（如果不是大多數）中國人，失去了根植於由宗教信仰維持的農業父系家長制社會下傳統價值觀的道德規範，同時又讓他們無法獲得構成世俗現代工業化社會倫理基礎的常識和邏輯。這根本性地扭曲了中國人的心靈和環境，正如中共對中國經濟和社會所做的一樣，導致腐敗氾濫，傳統道德淪喪，歷史知識和文物古蹟被大量破壞，偽劣產品和服務層出不窮，對人們心靈和自然環境的汙染都令人震驚。正如外國記者所注意到的，不管在城市或農村，「中國的傳統社會結構已經支離破碎，家庭分崩離析，犯罪率飆升，環境正在毒害人民」。⁸

首先，一種文化自慰形式，在中文中稱為「自嗨」或「意淫」，即由假歷史和偽科學支撐的自欺和自我膨脹，已經大幅取代了謙虛、守禮和理性的美德，深深地腐蝕了中華人民共和國的教育和娛樂。舉例來說，北京官方吹噓高鐵、移動支付、網購、共享單車汽車為中國的所謂「新四大發明」。高官學者發表厚厚的「發現」，聲稱西方民族，從古埃及人、希臘人、羅馬人，到現代的英、法、德，均起源於中國中部。

他們舉辦「學術」會議，宣揚中國是整個西方文化的「起源」的所謂「發現」，把希臘羅馬文明、猶太教、基督教的《聖經》、歐洲各語言文化、啟蒙運動，以及現代科學與醫學，都歸結為源於或乾脆「盜竊自」中國。[9]中華人民共和國中央政府公開背書認可，中藥「科學」治療嚴重疾病，優於西醫對症療法（allopathic medicine），「有效治癒新冠肺炎的程度高達90%以上」。[10]幼稚幻想的抗日電視肥皂劇，即所謂的「抗日神劇」，自1990年代以來一直霸占中國電視屏幕，不但是對人們智商的侮辱，也代表了自卑情結和缺乏自尊。到了2020年代，這種荒謬行徑延伸為製作出荒唐鬧劇式的反美電影大片；中國知名博主羅昌平對此略有批評，結果很快就被監禁。[11]

在思考中國力量的崛起，以及如何以最佳方式因應時，世界必須考慮中共暨中華人民共和國這一黨國造成的文化和環境影響；它的行為就像一隻闖進瓷器店裡的猛公牛（更準確地說法也許是一個肆虐破壞的巨魔）。中共的治理和發展模式，對人類思想和自然環境的破壞性後果已經遠遠超出了中國大陸，影響到整個地球和全人類。

官本位社會

除了實體和物質評估之外，在這個多元文化主義時代，想要縱向（時間序列）和橫向（跨國家）衡量及比較不同政體治理的社會文化影響，是一項具有挑戰性但不可或缺的工作。正如盧梭（Jean-Jacques Rousseau）很久以前的經典論述：「培養最有德行、最開明、最有智慧、最優秀的人民」，以確保「人類的幸福」「與政治有著根本的聯繫；由此，無論依據的原則為何，一個民族永遠不會超越其由政府所造就的民心民性」。[12]中華人民共和國的文化、心態和倫理的歷史，正如歷朝歷代的中華帝國，確實主要是由政府的本質和運作所塑造，從根本上決定並強有力地維持；而這個黨國是一個強大的威權乃至極權國家，繼承、

重組並放大了中華秩序下秦漢政體的許多傳統社會文化特徵。[13] 一位中國學者在 2022 年指出，當今中國的「道德衰敗新常態」是「政治的結果」，主要受「政治制度和政府行為」所塑造。所謂具有「黑箱」（black box）力量的文化，能有效地定義和限制人類行為，其實基本上只是通過長期教育、灌輸和社會化，進而內化了的社會政治和經濟制度。[14]

運用舶來的術語和象徵來掩飾其活動和意圖，中共的秦漢式政體使 20 世紀之前中國傳統上普遍缺乏個人性格與道德準則，以及不顧事實邏輯而言不由衷的狀況，得以復辟和持續。[15] 許多有影響力的中國知識分子尖銳地批評過這種文化遺產和道德規範是所謂落後的或腐化的「國民性」，但並沒有去分析中國特有的社會政治制度才是其精神文化衰敗和停滯的根源。[16] 這些知識分子意識到，在今天的中國，以儒化法家政治規範為中心、植根於父系家長式農業社會的中國傳統道德規範，不管是保留或復興，在根本上都已經是嚴重缺乏。[17] 從頭而言，戶口制度造成公民身分缺失這一深層的道德問題，在中國維持了類似於種族隔離的社會經濟和文化體系，對人們的規範和行為產生了深遠的影響；與 1990 年代之前南非基於種族的隔離制度相比，也許不那麼僵化，但卻更無處不在。倫理研究中的比較主義學者所闡述的「自由民主社會所要求的道德品質」，尚遠未在中國站穩腳跟，而傳統的本土道德要求也是虛弱、潰散，甚至不復存在。[18]

壟斷一切權力和財富的中共專制，從一開始就建立了一個官本位，以黨國僵化的官僚階層為標準，對幾乎所有的資源、機會和社會地位，做集中和階級層次嚴明的分配。幾乎所有的成功、權利和認可，都是根據這個標準來衡量、判斷、給予或剝奪。不受約束和不負責任的中共統治者因此成為所有社會規範和價值觀念的仲裁者；然而，這些規範和價值觀卻因統治者經常性的突發奇想和心血來潮而變動。[19] 一如預期，中共官員和之前的帝國官員一樣，在依官本位維持和提高自己的地位時，是不可避免且徹底的自私自利。正如我在本書第一章中試圖展示的，強

大的國家控制和無休止的「思想工作」，長期以來一直使官本位及相關的權力崇拜成為中華人民共和國的精神支柱。

出於自身方便和政策目的（主要是為了政權的安全和權力），為了在不同時期推廣不斷改變且經常自相矛盾的各種價值和道德，中共暨中華人民共和國不斷且肆無忌憚地改寫歷史和倫理規範。中共製造了無數不合邏輯的口號和毫不心虛的反轉，透過審查和懲罰迫使人們遺忘或失憶，並宣傳無休止的錯誤信息和虛假信息來辯護和欺騙——這些都使中華人民共和國真正成為喬治·歐威爾在《一九八四》中虛構的英社下大洋邦（Oceania under Ingsoc）的規模巨大且相當忠實的翻版。[20] 中央電視台（CCTV）壟斷的全國「新聞聯播」，慣常審查、扭曲和偽造各種新聞，甚至是天氣預報中的氣溫數據，以防止人們在過熱或過冷的日子裡工作不賣力。[21] 在中共對互聯網的審查下，像 FactCheck.org、PolitiFact.com 和 Snopes.com 這樣的第三方事實核查機構根本無法冒頭，更不用說存活了。本書的前傳《中華秩序》所討論過的帝制時代的愚民式歷史造假，不出所料地在中國持續盛行。例如，習近平在 2020 年還在公開宣稱，中國是「東方人的故鄉，與非洲並列為人類的起源地」，這直接牴觸已經充分證明、就連中國古生物學家和生物學家也都已經接受多年的關於智人起源的科學理論。[22]

中華人民共和國的每一個人和每件事，都被轉換或轉化為官職階級和職位來加以評估或評價；如果沒有經過官本位的充分衡量和認可，任何人或任何事就都不會是穩定或永久的，也不會帶來可靠的獎賞或具有社會經濟意義。政治角色、社會地位、信息獲取、各種福利和放縱，甚至是基本權利和生活供應，大多（如果不是全部的話）都是直接按照官本位來標記和配給的。因此，在龐大的黨國機器中，無論有無實權或功用的每個職位，都有一個明確規定的「待遇」等級或同等級別。整個社會在普通群眾之上分為多個層級，如辦事員級的圖書管理員或警探，科長級的外科醫生或學校教師，副處長級的僧侶或神父，局長級的教授或

總裁，副部級的生物學家或銀行家等等。所有經國家認可的中華人民共和國之大學黨委書記和校長，都具有廳局級或副廳局級的職稱和待遇，其中 32 人為「副部級」。[23]

個體工商戶、藝術家和表演者，包括武術家，在取得成功並引起黨國注意後，就會被納入成員龐大的各級橡皮圖章「人民代表大會」和「人民政治協商會議」，所有人都有一個按官本位標準得出、適當且經批准的位置和晉升。受歡迎的歌手和演員還可以被評為軍中「少將」級別，相當於局長待遇。[24]

正如本書曾提到的，中國共產黨擁有規模領先全球的官僚機構，壟斷了中國所有的權力、福利和社會地位，並透過任用親信和裙帶關係，獲得了利潤豐厚的額外收入。中華人民共和國的菁英們依官本位生活和行事，就像帝制時期的貴族一樣；不同的是他們只唯上司之命，明顯缺乏與貴族之高貴一詞相關的社會規範和道德約束。中華人民共和國的統治菁英，就像是過去帝國統治菁英的複製版，但似乎更加腐敗和虛偽，因為中共黨國官方假裝只相信無神論、社會主義與共產主義、平均主義，以及所謂「為人民服務」。他們不再以天意、宗教道德或父權家庭價值觀——這些長期以來一直是中共公開宣稱的敵人——來正當化他們的特權。[25] 在人民的心靈中，無可避免地越發缺少穩定的道德依歸、倫理品格和自我省思；這些都因為偽裝成政治運動的惡性權力鬥爭，以及基本上只崇拜權力和不擇手段的犬儒主義的官方意識形態大雜燴，而不斷減少、甚至泯滅。在以黨國最高領導人為中心的道德相對主義籠罩下，法律和媒體的審查及約束基本上不存在，基於信仰的內在約束亦然，只剩下政治化的紀委祕密警察和難以預測的上司的慍怒。因此，中共暨中華人民共和國的統治菁英，一致且一貫地展示他們是如何只依自身利益行事，同時又極力表現要服從上級和最終的最高統治者，無論是多麼虛偽和見機行事。

在這種權力拜物教下，腐敗和不道德的行為既是不可避免的，也是

必要的，有時在某些問題上構成了一種對原始資本主義經濟發展甚至有些好處的靈活性，呈現一時的「高腐敗和高增長」看似矛盾地並存。然而，這些「以權力換利益」的高昂外部成本，勢必將損害整體經濟，尤其是從長遠來看。[26] 一位知名的中國社會學家認為，每個地方的各級中共官員幾乎都陷於無止境的腐敗，而且在規模、方法和時間長度上，往往是「非理性的」過分和「愚蠢的」盲目，這一事實似乎顯示了一種心理疾病和「為了更多的腐敗而腐敗」的文化——類似於對賭博或毒品的嚴重上癮，因為腐敗和濫用職權本身已成為「一種精神生活」，並且是黨國「幹部們的心理愉悅」為數不多的來源之一。因此，一場「道德危機」已經浸染了中國的政治和社會生活。[27] 例如，毛澤東時代的「中國悲劇」就迫使億萬中國人公開地、大規模地偽造和欺騙，以避免遭受清洗或「下放」等難以承受的政治暴行。用一位後來被列入黑名單封殺的中國評論者的話來說，「1949 年以來的中國制度，基本上是一個劣幣驅逐良幣的制度」——正如經濟學中的格雷欣定律（Gresham's Law）所描述的——並迫使一場全國性「比傻競賽」的發生，就看誰更忠於統治者，這從而造成思想、行動和政策上的悖於常理、逐底競爭式社會選擇與淘汰，帶來嚴重後果。[28]

毛澤東時代和毛後時代的最高領導人們，帶頭樹立了個人背叛、公開欺騙和不誠實、對下屬和親屬的過度剝削及性騷擾，以及貪得無厭的範例。一位中國作家說，許多黨的領導人的標誌性隱祕、欺騙和虛偽，一次又一次打擊著中國的社會道德和共同倫理，從根本上造成了「中國教育（體系）的失敗」。[29] 一位在中國生活了數十年的美籍台裔教授總結道：「（從 1982 年開始的）三十年裡，每天在電視上看到的都是謊言」，這個國家「被暴力和欺騙的惡性循環所統治」；道德相對主義和精神分裂行為在中國似乎司空見慣，尤其是在菁英之中。[30]

僵化、獨特、集中控制的官本位，作為在一個政府幾乎壟斷所有資源的國家之中唯一的社會政治尺度和上升階梯，因而得以對官場之外的

全體人民，也制定和促進了同樣的文化和道德規範。這也許對幫助專制統治者繼續掌權並在政治上穩定黨國至關重要，但毫不意外地導致了整個中國社會的全面腐化和道德敗壞。中共「領導幹部」顯然最有能力和手腕，使他們的後代，即所謂的「紅二代、紅三代」或者「官二代、官三代」，在他們選擇發展的任何職業中致富並發達；而其他各行各業的菁英現在似乎也毫不心虛地在各自領域裡公然地任人唯親，大搞裙帶主義，為他們的後代提供一條通往所謂「富二代／三代、學二代／三代、文二代／三代」的捷徑。[31] 中華人民共和國腐敗的範圍和深度，似乎已經遠遠超過了過去的帝國政權那些驚世駭俗的腐敗。[32] 即使是在文化大革命（1966 至 76 年）的大動亂痙攣期間，當民粹平均主義、清教徒式共產主義激憤、所有生活必需品的定量配給，以及政治清洗都被推向極端時，據報導，官員乃至平民之間各種形式的欺詐和腐敗事件仍然普遍發生。[33] 2014 年，中共的祕密警察（即紀委）對房地產行業的一次突擊調查發現，95%的被審查地區存在著嚴重腐敗。[34] 中共自己的媒體在 2010 年代和 2020 年代馬不停蹄地展示其「反腐豐碩成果」的「典型」案例，只能證明官員們令人震驚不已的無邊腐敗是無處不在，層層都有。[35] 2022 年，一位前「白手套」——經營大企業以使他背後的人、甚至是「真正」老闆的中共領導人和官員致富的商人——在美國電視採訪中宣稱，「中國商人，無論大小，都是、而且必須是（中共）官員的白手套」，唯一的區別是他們服務和賄賂的「官員層級不同」。[36]

政治權力的未分化、集中，以及全面的國家壟斷（立法、行政、司法三權合一），加上社會高度分層和資源分配嚴重不均，亦系統性地遏制了多元化、多樣性和不同意見等良性競爭和真正創新的基礎。因此，中共政體似乎是中華人民共和國深層而廣泛的文化與道德敗壞，以及在大量原本應具有高度創造力的人口中卻系統性地缺乏科學與技術創新之根源、結構性肇因與主要機制。一位中國資深科學家在 2018 年寫道，在中國，「科學技術發展的根本障礙很明顯：自 1949 年以來，我們國

家（政府）自上而下從未了解科學，尤其是工程科學（技術），從來沒有尊重過科學，也從來沒有尊重過科學家。一系列政治運動都是旨在傷害科學家，並扼殺科學家的（個人）創新。」[37]

中共賢人祠與領袖本色

毛澤東自稱是一個無法無天的造反者，一朝成為皇帝後，他在許多方面歪曲且破壞了中國的經典文化和倫理道德。在中共統治下，特別是在毛澤東時期，中國傳統的家庭、孝道和忠誠信義等制度規範，經常被誣蔑為邪惡的「封建價值觀」，而西方輸入的公民、博愛和個性人格等價值觀，則被斥為腐朽的「資產階級思想」。這些價值觀念都被在名義上替換成虛幻抽象的共產主義倫理和空洞的「人民」概念，無情地變得必須為了領導人的一時需要和政策目標而完全**犧牲每一個人**和**所有一切**。[38] 在根本上就無法反駁二戰後民主、自由、法治和個人權利的思想，於是毛和他的繼任者就訴諸巧妙而廣泛的文字遊戲和詭計花招，對中國的正直、邏輯、誠實和真實，都造成了不可估量、甚至可能是無法挽回的傷害。

中共傳統上用「反動的」、「封建的」、「資產階級的」、「右派的」、「西方的」或「美國的」等貶義形容詞，來標記普世價值和傳統價值，認為它們自然就是邪惡的，不適用於中華人民共和國。同時，毛澤東用「革命」、「人民」、「無產階級」、「左派」、「我們中國人」或「世界共產主義」等空洞詞語，來粉飾和辯護他無能和暴力獨裁的各個方面。[39] 毛的繼承者們承襲了他那些不擇手段的愚民和詭辯，如一位內部人士所說，維持著一種「媒體精神分裂症」。[40] 中共現在理論上更加貧乏，主要依靠援引所謂「中國特色」、「民族復興」和「愛國主義」來抵制和抹黑普世的政治和社會價值，持續且嚴重損害中國的誠信和道德。中共最喜歡用的策略，是像堂吉訶德一樣對抗所謂「西方」或

「美國」民主的風車，同時假裝中共的秦漢式專制反倒是更好的「中國式」民主，是一種「全過程」民主，是世界上真正且最好的民主。[41] 這種操縱民族主義情緒的策略似乎頗為有效，因為它經常得到許多、甚至是「自由派」中國學者的反響，後者似乎常常陷於中華秩序的傳統觀念所滋生的大中華中心迷思之中。[42]

除了盲目地對上級忠誠，以及基於暴力和詭計而對政治權力的完全崇拜和屈服之外，幾乎所有中國的傳統社會規範和價值觀，都受到中共無節制行為的嚴重侮辱和破壞。有時候，例如在文化大革命（1966 至 1976 年）期間，偏執惶恐的毛澤東甚至通過製造和操縱所謂的「群眾造反」，去打碎和取代國家機器、教育權威和家庭紐帶，泯滅忠誠和服從的社會規範，不計代價地維護和服務他的個人獨裁。家庭成員經常被強迫並鼓勵就任何被認為是反毛或反中共的行為或思想，相互舉報揭發、甚至公開譴責。[43] 教育和啟蒙被系統地詆毀和嘲諷，使年輕一代變得無知、無禮、冷漠和仇恨——以培養所謂的「文盲加流氓」。[44] 毛領導下的中共還系統地製造和傳播了無數虛構的歷史，以及虛假的英雄與惡棍典型。著名的例子包括惡霸地主劉文彩，以及模範士兵黃繼光與雷鋒。[45] 這種愚民主義在毛死後頑強地延續著。2019 至 2020 年，北京通過了一系列規定，禁止任何不尊重或誹謗國家宣傳的「革命英雄和愛國者」或「我們的民族傳統」元素（包括中醫）的行為。2021 年官定的學校教科書裡，還存在早已被事實推翻的宣揚中共路線、詆毀美國的虛假「真實故事」。[46] 例如，2021 年 7 月，為了抵禦國際調查的壓力，中共媒體編造了一個虛構的「瑞士科學家批評 COVID 起源調查」。[47]

在名列中共賢人祠的眾多半神半人的領袖和英雄之中，挑戰道德底線的行為，甚至是直截了當的造假和剽竊都很常見，而帶頭的就是毛澤東本人。廣為流傳的《毛澤東選集》於 1940 年代後期首次出版，共收錄了四冊毛的文章，這在中華人民共和國仍然是一套隨處可見且近乎神聖的文字。然而，根據中共檔案工作者透露，這些文章大部分根本不是

毛的作品：在160篇文章中，據說毛只起草了12篇，修改了13篇，其餘的基本上完全是由毛的同志或祕書所著。許多廣為流傳並備受讚譽的毛澤東詩詞也是如此。那些常常經過嚴重篡改的毛著和許多中共重要文件，其寫作和發表日期就很常遭到偽造（提前或推遲），以宣傳他們那些智慧過人、高瞻遠矚、領導有方和才華洋溢的形象，即便其實毫無根據。[48]

或許是受過完全無視規則和道德的切身之痛，毛的繼任者們才試圖恢復一些傳統的中國文化價值觀和社會規範，包括穩定的上下級制度和服從、受控的賢才政治，以及儒化法家治國的一些可預測性和公平感。然而，中共仍持續其不擇手段的統治方式；1976年的宮廷政變就首先證明了這一點，毛死後才沒幾天就眾叛親離。歷任領導人也繼續詆毀和摒棄法律和道德。對司法系統不透明且政治化的利用以進行汲取和鎮壓，關於歷史和現實的蓄意欺騙和強加的民族健忘症，以及對無數國家機密無休止的隱瞞，或許都只是表明了這個政權合法性的缺乏程度，等同其無法無天和不講道德的程度。許多中國人（偶爾還有官方媒體）得出的結論是，只要立法者和執法者（即中共領導層）凌駕於法律和道德之上，就不可能執行或遵守法律，也不可能促進社會道德。[49]

在實際中，今天的中共幹部表現得就像19世紀的帝國官員：「統治階級整體而言不是帝國中最好的，而是最壞的。一位有才智的道臺（清代府級的地方官）對洋人說：『皇帝手下都是壞人，應該殺了，但殺了我們也沒有用，下一個繼位的只會和我們一樣壞。』」一個多世紀後，人們很容易聽到中共不同級別的幹部，對自身無能、腐敗、缺乏品格和濫用職權等半懺悔半理性的不公開言論。[50]例如，在中國帝制時期，一種典型的腐敗行為，即所謂的「吃空餉」——誇大和偽造雇用人數，從而將支付給不存在的下屬的薪資中飽私囊——現在似乎在整個中華人民共和國政府中都廣受運用。[51]這種吃空餉積習，顯然也滲透到了許多國有實體中，從幼兒園、中小學、大學、醫院、企業到社會服務和

福利機構皆然。[52]

　　正如在中國境內經常被禁的無數書籍和文章所充分揭示的，幾乎每一個中共領導人和中華人民共和國的英雄名人，從毛澤東到他的副手、劊子手，甚至後來被平反的受害者，包括官方賢人祠中供奉與頌揚的準神和半神，如陳毅、陳雲、鄧小平、李先念、劉伯承、劉少奇、羅瑞卿、陶鑄、葉劍英，以及且尤其是周恩來，似乎都有嚴重的人格缺陷和道德瑕疵。他們經常背叛、欺騙、表現浮誇和隱瞞，內心有一種很深的不安全感。[53]他們和毛一樣，普遍不尊重生命，摒棄中西道德規範，表現出不擇手段的自私自利。傳統上，中共領導人似乎幾乎都表現得像典型的獨裁者、被動攻擊型（passive-aggressive）皇僕、牧民或領班奴隸。他們自己也經常被一個幾乎不容許任何個人獨立或正直的制度不斷損貶和殘酷傷害；然而，他們還是經常在權力鬥爭和政治清洗中，心甘情願且熱切地充當毛的劊子手。[54]即使是自1980年代以來，在中國經過嚴格審查或自我審查後出版或流傳的社會政治大佬的官方或半官方回憶錄，也已經提供了關於中共菁英中大多數人（如果不是所有的話）腐敗、兩面派和不擇手段的生活方式及行為的豐富細節。這些菁英在兩面說話和兩面交易中倖存下來並晉升發達，普遍具有嚴重的「神經衰弱」慢性症狀。[55]毛的私人醫生和前中南海（中共總部）醫療局局長兩人都回憶道，「幾乎所有」中共領導人，都依賴大劑量的安眠藥才能入睡。[56]他們的個人和家庭生活也經常理所當然地受到損害：幾乎所有中共領導人和幹部的婚姻「我知道的都不好」，一位九十高齡的知情人士在2014年如是說，虐待和遺棄配偶是「普遍現象」。[57]

　　當然，有些中共領導人（全都不幸地遭到過抹黑或清洗），儘管還不夠「好」，但顯然「較佳」。他們相對來說較有良心和常識，較不腐敗，較為真實誠正，能夠根據事實進行邏輯推理，頗具有民粹主義的公平感，普遍抱有相當的普世價值觀和理想追求。有些領導人，如胡耀邦、彭德懷、張聞天、趙紫陽等，雖然仍是明顯的共產黨專制領導人，但沒

有被供在中共賢人祠的最高祭壇上，卻在他們被清洗和去世多年後，在中國人民（尤其是知情人士）心中，贏得了良好的聲譽和尊重，因為他們在嘗試政治或政策變革時展現了遠見、開放的思想、勇氣和自我犧牲。[58]

或許是一種時代變遷的標誌，近幾十年來，中共菁英的系統性腐敗已經演變為除了對權力之外，更對財富貪得無厭。原始資本主義、赤裸裸的物質主義和徹底的犬儒主義，導致許多官員逃到外國（主要是西方國家）舒適地生活。收受賄賂、貪汙和直接的權力金錢交易，在中國變得無處不在。中國經濟收益和資產極高度地遭國家集中和壟斷，使缺乏制約的政治權力持有者能夠大幅地透過合法、半合法（經由所謂的灰色收入）和非法手段，為自己和親信斂聚財富，這是對毛澤東時代中共將中國經濟國有化的諷刺性逆轉。正如一名流亡的中國異議人士所指控的：「（中華人民共和國）頭三十年，中共以暴力沒收了每個普通民眾的私有財產，將其變成了所謂的全民財產；之後的三十年裡，（中共）又把全民財產變成了極少數官員的私有財產；同一政黨犯下兩起人類歷史上空前絕後、也無與倫比的暴行。」許多中共官員失控的貪婪腐敗程度及荒謬性，確實達到了令人難以置信的程度；有些人被揭露在地下室囤積大量現金和金條，並祕密擁有「數百套住房」。[59] 一份早已經過嚴格審查的「1987 至 2010 年 120 起高級官員腐敗案件案例清單」顯示，毛後時期的中共領導人和官員已經深陷各種不道德的腐敗深淵，創造性且貪得無厭地掠奪、貪汙、勒索、合謀，為自身及家人和親信斂聚財富及升晉，但卻使人民、民族，甚至是國家和黨本身，付出巨大代價。[60]

近年來，中國開展了頻繁且昂貴的反腐敗運動。但這些似乎是選擇性且政治化的，主要是為了支持權力鬥爭。2013 至 14 年，在中共反腐的「罕見風暴」中，超過 48 名副省級以上高級幹部被整肅。但那些所謂的「老虎」，都是「來自平民家庭，沒有一個是所謂的『紅二代』或『官二代』」，即有政治家庭背景或與統治菁英有關係。這樣的「天子

一怒」，雖然能有效地恐嚇、折磨和虐待目標官員，但對控制腐敗完全無效。[61] 正如本書之前所闡述的，數以萬計的中共暨中華人民共和國菁英，自上而下、持續且祕密地將多達數十億美元的不透明個人或家庭財富隱藏在海外。[62] 旨在遏制腐敗的法規和法令越來越多，措辭也益發嚴厲，比如單是在 2013 年，官方就發布了 14 份指令，無數次地「嚴厲」禁止「買官」這一頗為普遍的做法，並要求高官上報直系親屬的移民狀況（所謂的「裸官」，即其直系親屬都已移居海外）；這些違背基本操守的行為都需要明文具體禁止，反映了官場腐敗之深有多令人絕望，及其程度有多瘋狂，不僅違反法律或道德規範，甚至背離基本常識。一項學術研究得出結論，系統性的「發展性腐敗」和「退化性腐敗」，現在與中國社會「悖論式地」深深交織在一起。[63]

中共幹部（包括軍官）的腐敗，有時就像一個充分制度化、內化了的「貪汙市場」。職位和職級被當成利潤豐厚的投資般出售，資金來源通常是私人貸款、商業貸款、私人企業捐贈和挪用公款。許多買來的職位很快就能產生足夠的收入，足以在一年內回收投資費用，並且獲得可觀的利潤。根據內部人士透露，解放軍軍官職位，從排長到最高指揮官，要升遷「都有價目表」；想晉升中將，就需要超過人民幣 2,000 萬元（320 萬美元）。[64] 官方媒體報導，國有企業高管每收受人民幣 100 萬元賄賂，就有逾 1 億元以上的公款損失或浪費，再加上其他難以估量的傷害和成本。零星洩露的官方消息指出，從 1990 年代中期到 2011 年，有 16,000 至 18,000 名官員逃到國外，帶走了至少 1 萬億元的資產。可能還有更多的人在出口港被擋下來。在 2003 年 9 月 30 日至 10 月 1 日的 24 小時內，有 51 名逃離官員被捕，創下單日抓捕人數紀錄。一位內部人士估計，每一名逃跑的官員通常會貪汙或受賄共計 5,000 萬美元；出逃貪官們造成的總損失相當於中國每年 GDP 的 15%。[65]

道德真空與全民健忘

中共以暴力和詭計治理，造就了幾乎每一個領導和高級幹部都虛偽且精神分裂的行為，這些行為又進一步滋生這種治理。現在，全國性的道德敗壞似乎不只影響了菁英，更滲透到群眾之中。經過幾代人痛苦且致命的經歷，中國人民似乎已經學會並內化了中共的生活方式，這種生活方式摒棄了宗教和宗教道德，破壞了中國傳統的父系家長式農業社會的道德規範，同時又拒絕了工業革命後和啟蒙運動後的現代西方理性道德。[66] 作為自稱的無神論者，中共領導人對信仰、內在道德和社會文化價值觀，採取了充滿惡意與操縱的態度。正如本書前述，在中國，有組織的宗教總是被強行壓制和掌控，或者直接被迫害和消滅，而且時常是在肉體上被消滅。個人權利、尊嚴和獨立受到公開嘲弄，並經常遭到泯滅。簡而言之，中共暨中華人民共和國這一黨國，幾十年來一直蔑視、玷汙和破壞「東方」儒家的倫理與規範，以及「西方」的自由價值與道德。相比之下，為達目的而採取的伎倆和欺騙則通常被視為值得稱讚的美德和聰明。例如，2007 年，一名前工作人員公開稱讚周恩來在 1973 年如何「機智而巧妙地」欺騙了來訪的日本首相田中角榮；周喝下大量用茅台酒瓶裝的白開水，藉以展示他的「驚人酒量」，並試圖實在地灌醉他的貴賓。[67]

經過嚴格審查並不斷改寫的官方歷史敘事，是精神指導和道德約束來源的劣質替代品。七十多年來，中共試圖用一種獨特的歐洲激進主義信念，即從蘇聯引進的列寧主義－史達林主義版本的馬克思主義下的「科學的、宇宙終極真理」，取代傳統（東方）和現代（西方）的道德倫理，以及基於信仰的社會化和行為規範。[68] 日夜匪懈的「思想工作」試圖將中國人民洗腦成工蜂，或者社會主義機器中沒有思想的螺絲釘。然而，正如「中國悲劇」和「中國次優化」所充分證明的，以及蘇聯集團崩潰所生動展示的，強加的共產主義倫理根本純屬虛構、完全破產，

即使對沒有受過教育的群眾來說也是如此。在這場巨大的信仰危機及所謂「道德真空」中，[69] 中共最後還是只能按照毛版本、赤裸裸的法家主義權術，去誘使和灌輸人民，通過暴力和詭計，並依靠脅迫進行統治。秦漢政體下中國傳統文化的陰暗面，包括權力崇拜、公然操縱、兩面逢迎、不擇手段、無底線也無止境的自私自利、沒有自我意識和不講邏輯的從眾心理，以及主奴一體之分裂人格等，現在都膨脹到了一個新的高度，同時卻又缺少了儒家禮儀規範的有限約束，甚至也沒有了共產主義教條。[70]

身價億萬的中國汽車玻璃製造商曹德旺，因出演 2019 年的獲獎紀錄片《美國工廠》而聞名，在承諾「無條件服從（中國）政府」的同時，他也坦率地說道，在中國，「知識分子（當他們有講壇或權力時）都在說謊，（……因為）許多官員只想聽謊話……聽不進一句真話……因為中國人沒有信仰，沒有（道德）底線。」[71] 毛後時代的領導人鼓吹的意識形態大雜燴徒具外表，夾雜著假共產主義、假儒學、偽民粹主義和偽民族主義，除了助長犬儒主義、彼此懷疑和縱情聲色之外，對人民的行為幾乎不具影響力。[72] 權力和物質財富是生活中唯一的確定和價值，因為只要你藏得好、不被抓到，似乎就是可行的，如同無數被抓的幹部案例所示。因此，正如中國詩人北島所寫的名言，在中華人民共和國，「卑鄙是卑鄙者的通行證，高尚是高尚者的墓誌銘」。[73] 另一位中國作家後來進一步感嘆：「（假）高尚是卑鄙者的通行證，（強加的）卑鄙是高尚者的墓誌銘。」[74]

2013 至 2014 年，中共黨國再次正式用十二個詞，重新定義「社會主義核心價值觀」，並透過國家壟斷的媒體、教育和娛樂，大力宣傳這十二個詞：（國家要）富強、民主、文明、和諧，（社會要）自由、平等、公正、法治，（個人要）愛國、敬業、誠信、友善。若與黨領導人的實際行為並列而觀，這些大詞美言的大雜燴只顯示了中共統治者的國家主義僵化和思想的極度貧乏空洞，如同本書第一章所分析的黨宣稱的

官方意識形態。中共進一步宣稱，這些新價值觀可以歸結為「以馬克思主義為指導思想」、「以愛國主義為核心民族品格」，以及「以改革創新為時代核心精神」。[75] 除了旨在說服人民永遠服從之外，中共暨中華人民共和國的官方信仰與價值體系的混亂和空洞本質，仍然是中國可悲可嘆的文化和道德墮落的根本原因。

數十年來，中共統治者為了自保和權力，毫無悔意地強迫世界上最多的人口生活在自欺欺人的健忘症中，忘記或掩蓋了那麼多的迫害、災難、饑荒，以及大屠殺，其中對 1989 年天安門起義的屏蔽尤為惡劣。[76] 在中共版本的歷史中，統治者（毛和黨）永遠是偉大的，而且大多是正確的，至於最嚴重且無法否認的錯誤和災難，都要怪一小群被揪出的可笑的替罪羊。[77] 與這種犬儒主義的歷史敘事和人生觀形成鮮明對比的是，人們在其他國家所體驗到，對過去的不公及暴行的深刻反省，以及有力而大規模的懺悔，例如德國、美國，以及南非等地的真相揭露與和解計畫。[78]

為了加強對人們思想和行為的這種嚴格控制，線人、賄賂、偽證和祕密警察等普遍文化已成為必要和公認的規範——在中華人民共和國被深深內化，以維持一種道德相對主義、欺騙性服從、刻意愚民，以及崇拜強權和金錢。[79] 例如，習近平恢復並強化了毛澤東的做法，要求每個人（尤其是幹部）每週、甚至每天進行「政治學習和自我批評」，要求個人無止境地背誦黨的路線，並分析如何糾正每一個「不純」的思想或行動。「指鹿為馬」的古老技倆，強迫人們接受「每個人都清楚知道」是錯誤、愚蠢或無用的事並為之喝彩，這可能確實有助於貶低和奴役人民，但也系統性地醞釀及合理化了欺上瞞下的風氣。[80] 2012 年的一項官方研究發現，39% 的公務員（75% 的高級官員），能接受「裸官」這種在法律和道德上都有問題的做法。[81] 許多中共官員被抓到偽造個人紀錄，包括「更改年齡多達 11 次」，以滿足不同的任職和晉升年齡要求；以至於對部分人來說，「他們簡歷中的所有信息，除了性別以外都是假

的」。甚至，有些被定罪的官員所寫的自白檢討，也被證明是抄襲而來的。[82]

中共統治下的全面性且系統性道德敗壞，似乎在中國文化菁英和普通民眾中，都展現得極為深刻和廣泛。[83] 一位中國的知名科學家在 2014 年感嘆道，中國社會就這樣持續在精神上摒棄個性、尊嚴和道德等理想。一位著名的中國作家曾評論，中華人民共和國的知識分子「沒有獨立地位」，「更糟糕的是，他們甚至沒有獨立的人格」。[84] 在毛的統治下，無數的抗議聲音迅速被壓制；敢於表達並追求人權、個性、正直、良心和批判性思維以抵抗黨國的人，通常會受到迫害、監禁和處決。勇於質疑和挑戰的中國知識分子大都已經消失了，只留下極少數人的名字和粗略的事蹟，包括林昭、劉文輝、王申酉、張春元、張九能、遇羅克——這些人都不出意料地遭到祕密處決，就連家人也遺忘了他們。[85] 後毛時代的中華人民共和國持續監禁持政治異議的人士；在 2016 年「至少有 1,400 人」，其中包括劉曉波——劉是第一位擁有中華人民共和國公民身分的諾貝爾獎獲得者（2010 年和平獎），於 2017 年死於獄中。[86]

自 1949 年以來，中華人民共和國知識界充斥著機會主義者與道德堪慮的人物，比如郭沫若、錢學森、馮友蘭、茅盾、余秋雨等奴顏婢膝的才子和厚顏無恥的幫腔。[87] 非中華人民共和國的新儒家學者牟宗三，就公開稱郭、馮和其他幾位中華人民共和國著名的知識分子為「最無恥的人」。[88] 事實上，當代中華人民共和國文學和娛樂菁英的名人錄中充斥著才華橫溢的小丑，他們受當權者差遣，極度缺乏獨立性、尊嚴、原則和正直。[89] 許多中華人民共和國出版物（常常由前黨國內部人士撰寫），記錄了中華人民共和國知識分子中有大多數都被貶抑損害，被形塑為劊子手、跟班、線人、被動的幫兇、偶爾的抱怨者或遭浪費掉的人才，儘管已經大體伏低做小，但依然頻繁被清洗、迫害和「摧毀」。[90] 一位中華人民共和國作家根據他廣泛的檔案研究得出結論，在中共領導下的知識分子，尤其是毛時代的知識分子，「為了自保，手都是髒的（作

為中共清洗和思想改造的幫兇），沒有一個乾淨」。[91] 在 21 世紀，許多有地位的中華人民共和國知識分子，持續為薄熙來和習近平等黨國大佬扮演「無恥的啦啦隊小丑」。[92] 一位上海的知名歷史學家就在 2021 年公開宣誓，在中華人民共和國研究歷史，「就是要學習政治，要將國家利益放在首位，必須隱藏任何不利的發現，確保中國共產黨的政治合法性」。[93]

一位現居國外的中華人民共和國作家表示，中國的語言、文學和藝術本身，都因政治目的而變得貧乏和嚴重扭曲；許多受國家資助的拍馬作家，其行事「遠不只是令人作嘔」。[94] 例如，畫家和表演藝術家爭先恐後創造出無窮無盡的奇幻式波坦金村（Potemkin villages），以崇拜諂媚統治者，完全無視嚴酷的現實，包括全國性的大饑荒和政治清洗。最近的一個例子是，自 2017 年起懸掛在人民大會堂、由最頂階官方畫家所繪的那幅題為《構建人類命運共同體》的巨幅畫作，引起了許多華人藝術家的冷嘲熱諷。[95] 著名作家巴金的寫作事業在毛的統治下被扼殺，他後來回憶道，中華人民共和國的知識分子必須採取「奴隸哲學」，讓自己不僅成為「身奴」，更要成為「心奴」，否則他們無法在中共的政治運動中生存下來。[96] 儘管在中共和毛澤東時代的中華人民共和國知識分子所遭受的痛苦，與在史達林時代的蘇聯知識分子差不多或更糟，但從蘇聯經驗中誕生了真誠且不朽的反思作品，如索忍尼辛（Aleksandr Solzhenitsyn）的《古拉格群島》（*The Gulag Archipelago*），而中國卻迄今完全沒有足以與之媲美的著作。[97]

簡而言之，在中共暨中華人民共和國之黨國統治下，中國人的思想和良知受到了嚴重的傷害。「這是一個假面時代，」2011 年中華人民共和國一家雜誌的封面故事如此宣稱，「人人都必須一直偽裝。」[98] 在中華人民共和國發表的多份報告哀嘆這樣一個事實，即到了今天，真正淨化中國人的思想，徹底恢復中國人的良知，是非常必要且具有挑戰性的，但也存在嚴重的不確定性。[99] 2016 年，北京一位哲學家公開譴責「中

國的道德徹底墮落」，因為「宣揚謊言、懲罰說真話的政治制度」和「所謂的公共財產權」，造成「我們內心深處的癌症」。[100] 流亡中的中華人民共和國作家和學者，認為（也許有點過度誇張）大多數中國公民（如果不是所有的話），甚至包括許多流亡異議分子在內，都是「不受歡迎的中國人」，他們遠遠不如其他民族（包括非中華人民共和國的華人），因為他們「普遍缺乏」道德準則和同情心、勇氣和禮貌、正直和尊嚴，以及個人品格。據稱，這種缺乏主要是由中國歷史上的三場災難造成的：蒙古和滿族的「消滅中華」和「中國共產黨的禍害」。[101]

腐敗事例一瞥

毛澤東死後，中國的文化和倫理的破壞和退化持續至今數十年，似乎更加多樣化和無處不在。正如一位中華人民共和國調查記者在 2014 年得出的結論，中共暨中華人民共和國官員的腐敗無度，形成了許多緊密相連的既得利益集團，所謂「半農奴家庭圈子」或「裙帶關係的金字塔」，一個「以權換錢、色及更多權力」的系統，旨在「用納稅人的錢對付納稅人」。[102] 例如，無數官員「創世界紀錄」的情婦數量、性剝削和性放縱事件，顯示了中共菁英的道德敗壞和對女性的強烈貶抑。[103] 儘管受到大量審查，但仍有無數報導揭露了涉及中共暨中華人民共和國高層的嚴重腐敗指控，包括習近平的家人。[104] 中共官員，包括高級軍官，在私下接受採訪時都得出結論：「我們誰都不能擺脫腐敗」，因為它已經成為「（在官場）生存的方式和（讓我們的家人）過上中產階級生活的方法」。[105] 然而，有太多人異常瘋狂，完全背離了法律或道德乃至常識。僅在 2012 年 12 月至 2015 年 2 月期間，就有 31 名集團軍軍長以上的高級軍官因出售升職而被整肅：連長、營長和團長職位，分別以 20 萬元、30 萬元和 100 萬元出售（約合 3 萬美元、4 萬 5 千美元和 14 萬 7 千美元）。[106]

在文化和道德上都已習慣、甚至接受的情況下，欺騙和造假似乎已經徹底滲透中國社會，造成大規模的「不當投資」和「虛幻」的炫耀性消費。[107] 為了應對政府不斷變化的產權和國內遷移政策，許多人進行「中國式」假結婚和假離婚。蓬勃發展的在線約會場景，「充斥」大量花招百出的騙局。[108] 客戶因假冒的銀行職員而損失數千萬元。[109] 許多騙子雇用外國遊客，扮成假外商、甚至國際娛樂明星，以欺騙投資者和客戶。完全在意料之中，2020 至 2022 年的新冠肺炎疫情，更讓人見到無數腐敗官員和貪婪騙子「令人髮指的醜陋行為」。[110] 在道德整體衰敗的情況下，全國各地都出現法律規範與現實之間的驚人分裂。例如，賣淫在中華人民共和國絕對非法且設有懲罰嚴厲，包括巨額罰款、公開羞辱、法外勞教營關押、監禁，甚至死刑。然而，該行業卻在中國各地高調且創意性地蓬勃發展。[111] 在毛統治時期，中共官方說法號稱消除了賣淫等「惡習」。然而，在 1950 年代至 1970 年代，以性交換商品、金錢、好處和保護的行為卻廣泛存在，尤其是在「下鄉知青」之中。[112] 籠罩性產業的虛偽，成為警察一大權力和收入來源，也是奉上層命令「淨化」城市和「誘捕」反對者和異議者的有效手段。[113] 嚴厲而選擇性的警察騷擾和「突擊掃黃」，似乎經常放過為權貴量身打造的高級賣淫活動。[114] 在擁有 800 萬人口的繁華城市東莞（其中有 80％人口是持臨時居留許可的「流動人口」），據估計有 6%至 10%的居民是性工作者，創造了當地 GDP 的 11％至 14％。[115] 長期以來，警方一直受益於這一大塊經濟產業的虛假非法化，以荒謬的欺騙手段執法。2014 年 2月，在北京的直接命令下，東莞市政府派出 6,525 名警察，「掃蕩」了數千家涉嫌妓院，但僅「逮捕了 67 名嫌疑人」。[116]

學術圈與教育界

正如一些中國學者公開感嘆的，中華人民共和國最嚴重的腐敗，可

能是普遍存在的「知識分子腐敗，這是一個社會和一個民族徹底和最終的墮落」。[117] 不同於過去的帝制政權，中共暨中華人民共和國根深蒂固的抄襲、篡改和欺騙文化，已經遠遠擴散出官場（包括法官和警察），變成普遍存在於教育工作者（從幼兒園到大學，官方承認存在「令人難以置信的嚴重」腐敗）、[118] 學者（甚至是頂級研究機構中排名最高的院士）、[119] 醫療專業人士、[120] 國家職業體育管理人員、[121] 宗教神職人員、[122] 藝術家和作家、學術和教育數據服務如中國知網（CNKI）、[123] 和新聞記者。[124] 這些腐敗行為的結果往往代價高昂且有害，甚至是致命的。例如，中共的科學「大躍進」，急於在 2019 至 2020 年度建設逾 2,700 個 PS-2 級生物實驗室，其中涉及醫療管理人員和專業人員的普遍腐敗，已經讓一些中國人公開擔心更多致命病原體的洩漏。中共的「新冠肺炎沙皇」、流行病學家鐘南山，於 2020 年底在電視直播中被習近平譽為民族英雄，但鐘多年來一直在運作兜售由他暗中有「密切關係」的公司包裝的傳統中藥，成為官方核可規定的傳染性疾病薩斯（SARS）和新冠肺炎（COVID-19）的療方。[125] 抄襲無處不在的指控甚至牽涉到中共暨中華人民共和國最高領導層，包括關於習近平如何在全職擔任副省長的同時，又在距離一千英里以外的大學獲得博士學位。[126]

　　公開購買和出版偽造及剽竊的研究論文和書籍，似乎已經變成普遍狀況。在中華人民共和國，這已經形成相當於工業規模的制度化欺詐，還提供「全方位客戶服務」。可輕鬆在線購買的剽竊碩士或博士論文，現行價格低至 11 美元。[127] 據報導，假造學術論文和偽劣出版物的銷售，在中華人民共和國是一個價值 10 億美元的行業。虛假但「可發表」的科學論文的售價僅 250 美元；另一方面，據報導，「購得」中國科學院院士的最高學術職位則需要花費 380 萬美元。[128] 在 2014 年，官方媒體報導稱，美國許多文憑工廠出售的文憑，有 95% 是由中華人民共和國公民買下。[129] 近年來，中國專利申請量的飛速增長，其中顯然也充斥著假冒偽劣。例如，一名劣績斑斑的高級警察，光是 2011 年就獲得了 211

項「專利」。[130] 2009 年，光是一份英國晶體學期刊，就撤回出自兩位中國研究人員的 70 篇偽造論文。2010 年，在中國政府的一項調查中，中國六家一流科研機構的 6,000 多名科研人員中，有三分之一承認剽竊、篡改或捏造；而在西方，這一比例約為 2%。[131] 2015 年，總部位於英國的主要生物科學出版商 BioMed Central 撤回了 43 篇「捏造」或「有瑕疵」的論文，其中 41 篇由中國學者提交，大多出自中國一流醫學研究機構。2017 年，單是《腫瘤生物學》期刊，就撤回 100 多篇來自中國的虛假研究論文。2020 年，中國著名醫院和研究機構的十幾名醫生和研究人員，被發現光是從一家「論文工廠」，就購買了 400 多篇偽造的研究論文，又將這些論文作為他們的學術成果發表在國際期刊上。[132] 2020 年，在全球發表的 1,932 篇因有問題而被撤回的英語科學論文中，有 819 篇（發表在 380 種期刊上）出自中華人民共和國作者之手，其中 639 篇明顯抄襲或捏造，使中華人民共和國在偽造論文上領先全球。[133] 2021 年，《自然》雜誌報導稱，中國學者發表的數百篇「研究論文」中，都包含暴露真相的「費解詞語」，顯然出自草率的捏造。或許為了記錄中國的學術造假和剽竊，《細胞生物化學雜誌》發表了一份特別增刊，只為展示該雜誌已撤稿的中國醫學研究人員的文章（僅 2021 年就有 178 篇）。[134] 可悲的是，許多充滿個人創造潛力的中國科學家，似乎集體陷入了道德真空的深淵，暴露出中共暨中華人民共和國嚴重缺乏「科學誠信」。[135]

在中共統治下，政治壓力和控制顯然會誤導研究和腐化研究人員。[136] 中國現在被業內人士視為「垃圾學術論文」和無數「無用書籍」的世界第一生產國，這種可悲和「非常可恥」的情況還「極難」改變。在官方排名為「核心」的中國學術期刊上發表的一些文章，被揭露為純屬虛構。[137] 官方出版則推出無數誇誇其談的「學術」書籍，作者時常是些可疑的「學者」；比如 2020 年的一篇長篇論文，宣稱一份「（為世界）告別西方經濟學的中國解決方案」，以及 2021 年一篇更長的文章，聲稱關於人類文明的起源，「西方主流歷史教科書全說錯了」。[138]

或許是看夠了此類出版物，一位中國資深科學家在 2021 年公開斷言，「（中國）90％的所謂的學術研究大可中止」，因為它們「對人類知識，基本上沒有任何價值」。這種情況尤其令人不安，因為傳統上認為學者、醫生和教育工作者不至於腐敗，他們的道德標準應高於官員、政治菁英或公眾。他們的沉淪禍害了學子，傷害了弱病者，摧毀了全體中國人民的思想和良知，干擾且汙染了全世界在科學上的努力。[139]

諸如此類的行為免不了讓下一代有樣學樣，結果就導致在所有學術層級都出現猖獗的舞弊現象。許多初中和高中還因想出極端而有「創意」的方法，以遏止普遍的考試作弊行為而受到讚譽：他們讓學生在空曠場地考筆試，以確保學生之間的距離夠遠。據報導，有無數大學生雇人代為上課和寫作業。[140] 一位中華人民共和國的資深教育者沉痛說道，學童從幼兒園起就像「養豬」一樣被灌輸了陽奉陰違和欺騙。2022年，官方的高中生「閱讀指導」，仍然特別宣傳一名中共特工為保護為黨籌集的資金而殺害妻子——「我的真愛」——的「高尚道德和偉大情操」。[141] 著名的中國知識分子公開指責中華人民共和國的大學已經退化為「養雞場」，聲稱中國知識階層中充斥「徹底官僚化和商業化的流氓和剽竊者」，這些人「無情又玩世不恭」，經常從事「空談、賣身投靠統治者、抄襲和無恥行為」，「除了吃苦耐勞之外，沒有什麼特別的優點」。[142] 2013 年，中國教育部公布了其發現的「100 間假大學」名單。截至 2021 年，這個名單已經增加到超過 392 間，幾乎遍布所有省分，僅首都北京就有 151 間。[143]

中國的學術腐敗促使一些中共自己的學者也公開譴責這種情況「比惡臭還難聞」。[144] 這種行為顯然已經走向全球：許多中國學生被發現在美國標準化考試（如 GRE、SAT 和 TOEFL）中「嚴重而廣泛地」作弊。[145]「欺詐狂潮」導致了這樣一種情況：「申請美國大學的中國學生中，每十人就有一人可能使用欺詐材料，包括虛假的論文和高中成績單」。據中國官方媒體報導，有大量在美的中國學生涉及公然且普遍的

學術舞弊，如抄襲等；單在 2014 年，就有 8 千名中國學生遭美國大學勒令退學，就是例證。[146]

中國學術界的墮落和教育的劣質化，代表著最嚴重的腐敗和道德敗壞，而這看來是中共治理總體上的必然結果，尤其是其對教育系統的壟斷和嚴密控制的代價。一位中國教育主管在 2021 年寫道，在中華人民共和國，「教育是（中共）國家的大工程，必須遵從國家意志」。[147] 正如習近平在 2021 年用帝制時代的語言再次強調的，中共的政策是為其目的，以其方式控制並「聚天下英才而用之」。[148] 在 1949 年取得勝利後不久，中共強行接管又肆意摧毀了大部分由西方機構和教育工作者創建運營或仿西式的中國高等教育機構。例如，中共關閉了至少「9 所（由宗教組織創辦的）世界一流大學」。在毛的無數思想工作和思想改造運動中，中國的學者和教育工作者，很快就遭到了虐待、貶低、羞辱、削弱、折磨，甚至殺害。在毛之後，對知識分子的全面政治敵意明顯減弱，但在中華人民共和國，受過良好教育者似乎從未真正有過尊嚴，更不用說擺脫中共的專制了。除了對中國人思想的屠戮之外，毛後時代的中共以引領世界的學術和教育為名，在精心安排之下，一頭栽入官本位帶來的物質主義、權宜手段和腐敗的沼澤。2020 年代中國的一項研究發現，領有官職的「學者」公開從事廣泛的「合法腐敗」，身兼「規則制定者、管理者、評審和獲獎者」，因此獲得資金、晉升職位和獎項等「學術資源」的概率是普通學者的 33 倍。[149] 政府將國家資金大量且不透明地投入 1995 年起「創建 100 所一流大學」（112 所指定大學的所謂「211 工程」），以及 1998 年起「建設世界一流研究型大學」（39 所菁英大學的所謂「985 工程」）計畫中。[150] 單是在 2013 年的「第三輪財政撥款」中，北京和清華兩所大學就各自獲得了超過人民幣 40 億元（約合 6.5 億美元）的資金，接著從 2013 年到 2021 年，每年獲得 24 至 32 億元人民幣，受惠於國家「劫貧（校）濟富（校）」的政策。[151] 2021 年，為了在「21 世紀的競爭」，其實就是「中美科技大戰」中取勝，中共下

令首批「12 所頂尖大學」各自設立「未來科技學院」，並挹注大量新資金，特別著重於開發十幾種「尖端」、「革命性」和「改變遊戲規則」的技術（各校之間分工合作）。[152]

中華人民共和國的學術人員和教授（所有人都是國家雇員，大多數為中共黨員），都要通過官本位排名。科學家和教育家成了按等級餵養的卒子，被統治者用來實現其政治野心。大學教授分為終身制和合同制雙軌，至少分為六等正式層級（正教授三等），都由各學校的中共委員會嚴格管理和控制。[153] 為了用金錢獎勵和榮譽地位來吸引、貼標和控制菁英學者，中國自 1990 年以來，每年招募 3,000 人領取額度不高、免稅但享有社會聲譽的「特殊津貼」，這些「特殊專家」的總人數截至 2010 年已超過 162,000 人。[154] 其他具有不同程度的金錢獎勵和津貼的國家計畫，包括長江學者、百人計畫、千人計畫，以及其他多種項目。[155] 幾乎所有省級政府也都使用公共資金，來創建自己的（通常是多個）特殊津貼和人才吸引計畫，例如上海的浦江學者、安徽的皖江學者、廣東的天鵝計畫和山東的泰山學者。[156] 這些都由中共的組織部門直接管理、主管計畫中的各級人員。為了逃避西方政府批評性、甚至起訴性的關注，這些資金充足的項目（尤其是臭名昭著的「千人計畫」），到 2021 至 2022 年實際上已經「地下化」了。

事實上，一場由中共主導的學術和高等教育「大躍進」已經上演多年。首先，中共投入大量資源，加強高等教育的政治灌輸：從 2017 年到 2021 年，大學（包括醫學院）的「馬克思主義學院」數量，從 450 所激增至逾 1,400 所。[157] 自 1990 年代後期以來，中國的大學和智庫、課程和學位、職稱和職級，以及論文和專利的數量，都呈爆炸式增長。為了「領先世界」並緩解失業壓力，近二十年來，政府每年都在推動大學錄取人數的暴增，從 1998 年的 108 萬人到 2019 年的約 900 萬人。研究所的入學人數也出現了類似的增長，從 1998 年的 58,000 人增加到 2019 年的 850,000 人。[158] 然而，就像四十多年前毛領導下的大躍進，

嚴重且系統性的品質下降在所難免。中國科學院的一位成員公開評論：「我們現在的研究生，只能算是過去的專科生或職校生。」[159] 1982 年首批 6 名博士生畢業，僅僅三十年後，中國招收了 30 萬名博士生，2012 年畢業的博士人數約為 6 萬，是世界上最多的，並且淘汰率非常低（「接近於零」，相較在西方通常約為 30％）。到 2020 年代，在校博士生總人數超過 42 萬人，錄取 10 萬人，畢業 6.5 萬人。[160] 相比之下，經過逾 250 年的發展，美國的非營利性大學在 2012 年和 2019 年分別授予約 5.1 萬個博士學位和 5.6 萬個博士學位，其中 36％至 38％授予外國人。[161] 2021 年，僅中國一所一流大學清華，就授予了 3,168 名博士學位，超過美國五所一流大學授予的博士學位總數。[162] 但是，一位中國資深科學家嚴厲批評道，「就算只用美國三流大學的標準，高達 90％、甚至 99％的（中華人民共和國）研究人員、教授和博士都是不合格的」。中國一所頂尖大學的高級行政人員私下坦率地告訴筆者：「我們的博士生只有三分之一是真正的學生。」[163]

同樣地，北京已下令提高研究成果的生產，尤其要有更多的智庫，以符合其「世界領先地位」。2015 年，中共進一步「增加資金（……）打造具有中國特色的新型智庫」。[164] 總部設於中國的各種研究機構、團體和中心（全部由中共擁有或控制）紛紛成立（或通常只是重組或更名），如雨後春筍般四處冒頭。智庫的數量確確實實地暴增，在短短十年內的總數量從占世界第 12 位上升到第 2 位：從 2008 年的 74 所、2012 年的 429 所、2018 年的 507 所，到 2020 年的 1,413 所。這意味著，在短短 11 年，中國智庫數量就整整增加了 19 倍，而從印度到美國，幾乎所有其他國家的智庫數量都基本保持穩定。[165] 然而，這些智庫的真正表現，用我在 2020 年採訪的一位中國資深學者的話來說，是「有很多『庫』但沒有『智』」，更不用說任何可能有用的智慧想法了。[166] 到最後，腐敗猖獗、大量資源的政治化錯置，以及學術頭銜和標準的大幅貶值，導致了中國官方承認的「大量的人才浪費」。[167]

一位資深中國教授公開指出，為了打造「世界一流」的大學，中華人民共和國將預算的 30% 用於只招收 8% 大學生的少數大學，造成了高等教育中「世界一流的不平等和兩極分化」。[168] 此外，大量公共資金的湧入為廣泛而持續的學術和教育腐敗及欺詐，提供了更多的誘因、賭注、機會和機制。許多高校的強行兼併、無謂的擴建和增設，就像本書第二章分析的大型建設項目一樣，已成為巨大泡沫，以及滋生驚人腐敗和大量資源浪費的沃土。[169] 光是在 2014 年的前 6 個月，就有至少 18 名中國大學的高層領導人因腐敗而遭到整肅。更多的高級學術領導人，如復旦大學校長，儘管面臨大量剽竊和腐敗指控，仍能毫髮無損。[170] 在中共嚴密、集中的政治和個人控制下，沒有真正的言論和新聞自由，普遍的腐敗看來將持續困擾教育和研究機構，影響幾乎每一位教職員工。[171]

　　除了成功地吸引了一些受過外國培訓的外國科學家（其品質和實用性時常堪慮），以及合法或非法獲取外國新技術（這日益加劇了美中不和），[172] 中華人民共和國在 2010 年代中期世界第三大（僅次於美國和歐盟）的研發（R&D）計畫，似乎（一如預期地）成效不彰。許多監管不力的資金根本就被侵吞了。例如，2013 年，廣東省科技局 50 多名幹部因腐敗被起訴，包括所有的局長和副局長；光是在一項調查中，就有 8 名中國頂尖學者被指控欺詐和挪用數千萬人民幣的研發資金。2008年，一項種子和香料的基因改造計畫，在一次撥款中就獲得了高達 29億美元的基金；但其副首席科學家於 2014 年因挪用了大部分資金而被捕。[173] 甚至，中國大學的反腐敗也可能是腐敗的。潘綏銘是北京一位開創性但非正統的性學研究者，據報導，他因輕微的會計錯誤而受到惡意批評者的不公正處罰。[174]

　　出於想抄捷徑引領世界科技的強烈渴望和宣傳需求，中共黨國經常與渴望升職的官員和貪婪的騙子沆瀣一氣，在幾乎沒有審查或取得證據的情況下，就對一些肆意吹噓的項目投入數十億美元。中國專利數量的數量增長有如「大躍進」，單是 2020 年就有 6.87 萬件專利申請，年增

長 16％，遠超過美國。[175] 然而，這些「突破」中，有許多很快就被證明是徹底的騙局、毫無價值，甚至是純粹的幻想。1992 年的「水變油」配方，被黨和國家的主要報紙《人民日報》和《經濟日報》譽為「第五大發明」，但後續迅速證明，這是由一位由司機搖身一變的工程師王洪成所宣揚的徹頭徹尾的騙局，王也因詐欺而入獄。然而，在過去的二十年裡，同樣類型的「突破」不斷湧現。2003 年，一名受過美國訓練的博士陳進，將摩托羅拉（Motorola）的芯片重新包裝，當成自己的發明，並恰如其分地命名為「漢芯」（即漢民族的芯片），浪費了數億政府資金，「毀」了中國晶片業。[176] 2020 年，在美國發布關於芯片出口禁令和限令後，北京宣布撥款 9.5 萬億元（1.46 萬億美元）用於發展尖端半導體產業。短短 8 個月內，從水泥廠到海鮮養殖戶和房地產仲介公司的近萬家企業，紛紛加入「芯片大躍進」，目前已在大型項目破產的醜聞中消耗了數千億美元。[177] 更「創新」的是在 2019 年「生產」出一輛水氫汽車，但很快被證明是騙子與地方官員勾結以騙取政府資金的又一場騙局。[178] 奈米技術、太陽能電池板和石墨烯等引進的新概念，在 2010 年代和 2020 年代引發了廣泛的騙局和欺詐行為，如所謂「奈米水」、「太陽能捕捉器」和「石墨烯內衣」等等。[179] 由受過外國培訓的物理學家潘建偉主導，超昂貴的「世界首創」量子衛星通信項目，似乎也在 2020 年代於嚴重指控聲中慘淡收場。注意到中國由政府推動的種種努力，蘭德公司在 2022 年的一份報告中結論道，美國仍然是「當前世界量子技術的領導者」，且「量子技術的最終應用及其時間表仍然高度不確定」。[180]

中國明顯擁有許多世界上最優秀的青青學子，但他們很早就接受到中共通過信息壟斷、強行灌輸和思想操縱所進行的系統性宣傳和嚴密思想工作，付出了在真理、品味、正直及獨立思考等方面高昂且往往是永久性的代價。即使是國家規定的小學語文教科書，也被發現品質「低劣敗壞」，充斥不合邏輯的灌輸、應急的審查、政治化的文字遊戲，以及

欺騙性的操縱。在許多家長看來，中華人民共和國的教育不過是「嚴密控制的生產廢料的管道」，無止境地灌輸些「小學裡虛假的道德，中學裡空洞的理想，大學裡無品味的審美」。兩位中華人民共和國教授公開嘆息，教育體系在培養的是「陽奉陰違、心懷惡意」和「行為像錄音機」，人格和智力養成皆不足的學生。[181] 少數膽敢偏離（哪怕只是非常輕微地）中共指導方針和敘事的教育工作者，通常會被邊緣化、解雇，甚至入獄。光是在習近平當政的八年內，因「言論罪」而受懲的數千人中，有許多似乎都是各層級的教育工作者。[182] 一些內部人士認為，在2010 年代，中國排名最高的大學就全球學術而言最多只能是三等，只有在某些專業領域有「略微」接近二等的可能性；一位專業觀察家表示，排名前三的大學──北大、清華和浙江──處於阿拉巴馬大學和加州州立大學系統的水平，低於佛羅里達大學或密西根州立大學，因為「（中華人民共和國）政府（的控制）過於強勢，學者被削弱壓制」。一位國際公認的一流數學家認為，中國最好的理科學院和博士課程，還不如美國或香港的大學部課程。[183] 中國學者在 2010 年代結論道，若將世界高等教育分為五個等級，中國最好的大學只在第四等級。[184] 2022 年，幾所中國頂尖大學可能受夠了它們在世界上的低排名，決定「停止向（外國）大學排名機構提供任何信息」，以響應習近平關於「不再模仿外國大學」的新呼籲，以「創建具有中國特色、世界一流大學」。許多中國教育工作者很快就將此舉稱為「與世界學術脫鉤」，以及「用我們自己的標準對我們的大學進行排名」。[185]

　　一個國際研究團隊在 2021 年發現，中國學生的批判性思維和學術技能，在接受大學教育後反而下降了。[186] 自 1980 年代初北京打開大門以來，許多中國頂尖大學生似乎是富有創造性地用腳投票，表達他們的選擇，大舉出國（主要是西方）繼續深造。在 2010 年代，中國的菁英大學仍舊經常充當外國研究生課程的「預備學校」。例如，在 2018 年和 2019 年，排名最高的大學有五分之一到近一半的畢業生出國留學：

最負盛名的北京大學和清華大學有 31％和 28％的畢業生出國留學，其他一流大學如中國科技大學、復旦大學、人民大學和上海交通大學也有 25％至 32％之多。[187] 一份報告估計，至少有 37,000 名 2022 年應屆高中畢業生（來自 300 所高中），被 400 所外國（主要是英語國家）大學錄取；還有一份年度榜單公開排名中國「最佳 100 所高中」，標準則是該校畢業生被美國前 80 所大學（尤其是常春藤盟校）、英國前 10 所大學，以及加拿大前 3 所大學錄取的人數。[188] 絕大多數出國留學的中國學生，在完成學業後仍留在國外。例如，自 2000 年以來的二十年裡，在美國獲得 STEM（科學、技術、工程和數學）學位（包括 90％的博士學位）的中國人中，有超過 85％在畢業後永久留在美國。[189] 在 2020 年代，世界「頂尖人工智能（AI）研究人員」有 29％（最大分額）來自中國，但僅有 11％在中國居住和工作。[190]

　　一些內部人士表示，中華人民共和國的大學飽受官僚們「摧殘」，已經「墮落得無法忍受」。正如一些中國學者所抱怨的，中共微觀管理的「巨獸」造成了浪費、腐敗、「抑制創新」、「學術泡沫」和「養雞場式大學」等種種「夢魘」。[191] 缺乏大學自主權和教師自治，中華人民共和國的教授們似乎變成了受控、腐敗、憤懣的「計件工作者」或「時薪工」。[192] 不意外的是，中國從 2007 年開始仿效美國的終身教職制度，似乎已經演變成對年輕學者的剝削和奴役，有時甚至會害死他們。大學的黨委領導繼續以制度化的任人唯親、不合理和腐敗的任用，以及晉升和資源的錯置來役使教授，就像他們對國家的整體的次優化管理。[193] 課堂上廣泛安插的線人、苛刻的生活和工作環境、經濟上的挑戰，以及黨領導們事無鉅細的微觀控制，使中國學者們常常生活艱難、甚至境遇悲慘，對那些非明星、非官員學者，或者那些試圖遠離道德墮落豬圈式泥沼的嚴肅知識分子而言更是如此。[194]

　　過去傳統科舉考試裡禁而不絕的舞弊問題，現在已經演變成在中國十分重要的高考中，普遍存在的產業化作弊行為。據報導，分數保證錄

取大學的作弊費用為 3,000 至 25,000 元（485 美元至 4,310 美元）不等。2020 年揭露的一個案例顯示，十多年來，僅山東和河南兩省的主管官員，就竊取了數百名學生通過高考的成績——他們失去了接受高等教育以改變人生的關鍵機會——並將成績轉賣給他人，讓這些人取得冒名頂替的入學資格。[195] 到了 21 世紀，「公務員考試」已經取代高考，成為當上幹部、融入黨國統治菁英的窄門。人人爭搶，而且錄取率要低得多，即使是最低的入門級職位亦然。例如，在 2021 年秋天，中國頂尖大學剛出爐的一名 27 歲行星地質博士，與眾多大學生和研究生為伍，「高興地」參加了這樣的考試，成為一名街道辦事員，「負責管理」武漢市東湖區 82 個「社區」之一的 150 至 250 戶家庭。[196] 案例報導充分表明，這項人人垂涎的考試（不出所料地），在筆試以及尤其是第二階段的面試中，充滿了相同、甚至更糟的欺詐和舞弊、任人唯親、政治正確等「內在固有的機制」。[197] 大學高考並沒有在中華人民共和國創造出受到大肆宣揚的「賢才政治」，而只是在「協助正當化和複製一個高度不平等的社會」。[198] 公務員考試看來更是如此。

「我們人人造假」

與本書之前所闡述的，由於無休止且數不清的數字遊戲，以及根深蒂固的權力崇拜所造成的玩世不恭和無處不在的腐敗，一個「我們人人造假」的態度，已成為普遍存在於整個中國社會的主導規範。就連許多（如果不是全部）中國億萬富翁坐擁的天文數字級、令人豔羨的「淨財富」，似乎也是水分極大。[199] 這種事態導致許多（如果不是大多數的）普通中國人，在日常生活中經常做出各種在道德和法律上都有問題的行為——這也可以被視為是對黨國權威的廣泛性非暴力社會反抗、抗議和反叛的重要標誌。短視近利、臨時變化和不間斷的討價還價、欺騙活動、可怕的互不信任、無視規則和合同，以及不擇手段的利己主義，似乎主

宰了許多人的社會和經濟生活；就如中共自己的黨媒所宣稱，中華人民共和國的社會信任「跌至歷史最低點」。[200] 一位中國社會學家甚至說得更直接：「當今中國存在巨大的信任問題，人們失去了基本的信任，整個社會充斥著欺騙和造假。」[201] 尤其是造假和欺騙達到了最高層級，正如地方官員在中華人民共和國總理面前所哀嘆的：「村騙鄉，鄉騙縣，一直騙到國務院。」[202] 2015 年，英國東安格里亞大學（University of East Anglia）研究人員發現，在受調查的 15 個國家共 15,000 人中，中華人民共和國公民最不誠實，其中 70% 被發現撒謊，並且他們還和希臘人一樣，評價自己的同胞是最不誠實的人。[203]

據中國性學家稱，反映了社會道德狀況、或許也是中國離婚率飆升（如上一章所述）的部分原因是，中國人的出軌率目前已經急遽升為「全世界最高」；有 34% 男性和 13% 女性自述有婚外情，而「70% 的已婚夫婦之間根本沒有愛」。這使中國的出軌率之高在全世界僅次於泰國和西歐，而據報導，美國男性和女性的出軌率分別為 20% 至 25% 和 13% 至 15%。[204] 2016 年，中國兩項大型網路調查發現，51% 的受訪者（38% 的女性和 60% 的男性）曾「出軌」；88% 的受訪者認同師生戀；69% 的夫婦（77% 的妻子和 59% 的丈夫）後悔結婚。然而，有 75% 的中國受訪者仍然認為，出軌在道德上是不可接受的，這種態度似乎與他們的行為嚴重不符，代表著普遍存在、言行不一的欺騙和虛偽文化。相較之下，2019 年的網路調查發現，16% 的美國受訪者曾「出軌」，這與 85% 的美國人認為出軌在道德上不可接受的民意調查結果基本一致。在幾乎所有接受調查的國家中，公眾的態度通常也與實際的出軌行為相符。[205] 自 2002 年以來，基因親子鑑定在中國越來越常見。據報導，在 2021 年的數萬次此類檢測中，有四分之一否定了親子關係，從而「毀掉了無數家庭和婚姻」。[206]

在實際中，今天的中華人民共和國充斥著故意偽劣的產品和服務，刻意造假、甚至有毒的食品和藥品，以及線上線下層出不窮、花招百出

的兩面手法和欺詐行為。2010 年代中期，中國政府檢查員結論道，所有網路銷售的商品中有 26％不合格或造假。[207] 事實上，與故作的毛主義懷舊相反，正如一位中國知名知識分子所報導的，中華人民共和國自成立以來，一直存在同樣嚴重的食品和藥品安全問題。危險產品包括故意摻入三聚氰胺的嬰兒配方奶粉、回收的地溝油（據估計，現在占中國銷售的所有食用油的 10％）、各種花式有毒的米、肉類和其他食品，以及無效、甚至有毒的藥品和疫苗。[208] 據報導，中國的基本食品和寵物食品供應鏈有瑕疵並受到嚴重汙染，就連外國消費者也經常受到影響。[209] 又比如，據官方媒體報導，有高達 60％的中國菜農出售他們自己從來都不吃的嚴重汙染食物，而受訪的客戶中有 73％不信任他們的產品。一名香港法官在 2015 年宣稱，中國人不敢喝中國製造的奶粉，「確實是真正的國恥」。網站和搜索引擎花錢偽造點閱數和搜索結果，誤導、欺騙、傷害，甚至害死消費者，以至於中共官方媒體也公開指責。[210] 2014 年在華爾街創下世界紀錄的 IPO（首次公開募股）一年後，阿里巴巴（相當於中國的亞馬遜和 eBay）遭中國政府聲稱是中國最糟的電子營銷商，因為假冒產品占其總銷售額的 63％。到 2018 年，阿里巴巴再次被美國政府列為「假冒商品橫行的市場」。[211] 與此同時，如同本書已經討論過的，黨國的統治菁英們靠納稅人支付的所謂「特供」，過著相對安全的生活。

　　每年官方報告的偽造貨幣案件約有 2,000 起，包括大量外國貨幣。例如 2020 年 1 月，美國海關截獲了一批中國製造的近 100 萬張 1 美元假鈔。[212] 一家大型金融公司（自 2010 年起在納斯達克上市），使用多達 83 噸黃金作為人民幣 200 億元銀行貸款的抵押品，並獲得政府機構的認證和保險；幾個月後，2020 年 5 月，這批黃金才被發現居然全部都是銅條，而實際上報導該新聞的中國記者，還認為這種騙局「並不稀奇」。[213] 各種假身分證和文憑，在中國幾乎每個城市街角都可以公開買到，甚至出口並充斥著美國大學校園。外國專家、高管和外交官也可

以偽造，以獲得政府貸款和合同，就連非常資深的中國官員也曾上當。據稱，北京還系統性地在西藏的佛教寺廟裡配備安插「假喇嘛」。[214] 2020 年代，官方媒體公開讚揚河南省一個人口約數千人的村莊，在一個傳奇性「仿造教父」的帶領下，幾十年來繁榮地「專精」於製作「無數」與「出土的（先秦）古董一模一樣」的青銅器」。火爆的中國藝術品拍賣市場（在 2010 代占世界總量高達 41％），已被揭露為徹頭徹尾且富有創造性的「偽造和操縱」。[215]

官方媒體上種種慘不忍睹的事例，證明了在中共黨國統治下，中國人民心靈的深層創傷。監控錄像中有兒童被汽車撞倒，而後被其他幾個人接著碾過（或避開），卻沒有任何司機或行人停下來查看或幫助。[216] 受有爭議的南京彭宇案的影響，許多訛詐事故（所謂「碰瓷」）被報導，描述了在公共場合幫助受傷者的人，可能會面臨醫療費用和損害賠償之無稽訴訟的風險；而這些濫訴還會得到警方和法院的支持，基於官方裁定、但令人作嘔的「常識」態度，即「如果你不必（對跌倒或受傷的人）負責，你為什麼還會去提供幫助？」[217] 2022 年，中國的一些博客寫道，在為實現「新冠肺炎病毒清零」的政治目標而進行的嚴厲隔離期間，無數人、包括那些「處於社會最底層」的人，只要對他人擁有哪怕是最小的權力（例如看守被封鎖的住宅樓或診所），就愉快地延續了許多「比病毒更糟糕」的無情和「無限邪惡」的行為，毆打欺負、欺騙凌辱，甚至傷害乃至致死他們的同胞。[218]

出版業、古董文物與飲食潮流

中華人民共和國成立後，毛澤東領導下的中共迅速中斷並扭轉了此前上個世紀的許多社會文化變革。雖然今天的中國在社會新潮和流行文化方面看似明顯西化，就像 1949 年之前的中華民國，但其實後者原本相當大的言論、出版和集會自由早已被扼殺殆盡。在晚清和民國時代，

中國有數百種期刊和出版社，其中絕大多數（包括公開鼓吹造反的中共出版物）獨立於政府，並且能避過國家審查，這在很大程度上要歸功於許多主要城市都有外國租界。[219] 中華人民共和國今天數量算相當多的出版商之中（579 家出版社和 1,943 家報紙），如果沒有通過中共在全世界最嚴密有效的審查制度下的「批准」和「管理」的話，幾乎沒有任何一家能夠生存下去。[220]

在 2010 年代，中共發起了更多的「學術」期刊全國整頓運動，以重組和淘汰「有各種問題」的期刊。[221] 同時，中國的圖書出版模式是，非中共領導人的作者通常必須支付出版費才能出版圖書，尤其是學術專著；他們還必須通過省級和中央級至少兩層審查。也許是為了幫助過度勞累的審查人員（若審核通過的書籍後來被發現是「壞的」並最終被禁，審查人員必須承擔「嚴重責任」），中共在 2018 年下令，將每年允許出版的書籍數量大幅減少三分之一（從約 300,000 種降至 200,000 種）。到 2020 年，數量控制再度收緊，允印的圖書數量又再減少 15% 至 30%（降至 140,000 至 170,000 種），「導致現在購買（圖書出版配額的）書號變得更加昂貴」。[222] 相比之下，美國人口為中國的四分之一，但報紙數量幾乎是中國的兩倍，圖書出版商數量是中國的五倍，2010 年代每年出版的新書數量是中國的二到三倍。[223] 在審查任務日益繁重的網絡空間，包括阿里巴巴、騰訊（微信）和抖音在內的中國媒體公司，共同創造了「一大產業」，即耗資數十億的網絡審查和刪除行業，總共雇用數萬名審查員，日以繼夜在中國各地的辦公大樓中工作。[224] 2018 年到 2021 年，中共頒布了 9 批針對 446 家網絡主機和主播的名單，對之進行「徹底和持久的驅逐」，以加強其對網絡空間中所謂的「自媒體」的控制。[225] 據報導，中共對網絡內容的審查，甚至觸及人在國外的線上英語家教。[226]

除了對信息的壟斷和對人們思想的控制之外，中共（尤其是在毛澤東的「不斷革命」期間）以前所未有的規模，釋放和放大了傳統上週期

性出現的破壞性洪水，造成抹除中國文化和古蹟的多次浪潮。事實上，中共對文化遺產和文物的蓄意毀棄從一開始就展開了；在 1920 年代的湖南和江西，許多宗教建築和古建築（以及當地名流士紳和學者本人），在農民革命的名義之下被實體摧毀和肉體消滅。[227] 接著，在中華人民共和國成立之後，不顧專家、歷史學家乃至蘇聯顧問的強烈反對，毛澤東和周恩來直接下令摧毀了北京大部分的帝制時代古建築。一個特別令人髮指的摧毀目標是北京城牆——它曾是世界上最大、保存最好的古城牆，即使是二戰期間的日本占領者也曾精心保護過它。[228] 在全國各地延續數十年，尤其是在「文化大革命」（1966 至 76 年）期間，中共組織並鼓勵暴徒破壞、銷毀了無數無可取代的古蹟文物和國寶，包括書籍、捲軸、手稿、雕塑、紀念碑、珠寶、瓷器、房屋、陵墓、宗教聖地，甚至整個街區。紅衛兵在曲阜、南京和無數其他地方，挖開、推平了孔子家族的府第、陵墓和孔廟，這些地方原本被認為是聖地，在戰爭、外國入侵和自然災害中倖存了千年之久。[229] 同時，為了迎合階級鬥爭的一時政治需要，假造的「唐詩」和其他假文物，在聲稱經高度「考證」的情況下四處流傳。[230]

　　毛澤東死後，中共黨國仍繼續以各種方式摧毀中國古蹟文物，有時任意拆除整座城市，以建造「現代」建築和假古蹟，其動機是幹部尋求快速利潤，和以 GDP 增長及新建築來衡量且可展示的「發展」成就，以利他們在官場的發展。中國古蹟專家結論道，自 1980 年代起，「對古蹟的毀壞比文革時期還要嚴重」。除了政府以經濟發展或政治控制為名破壞古蹟之外（如破壞西藏的宗教場所和新疆的喀什古城），在缺乏法治的情況下（尤其是缺乏適當的私有產權），瘋狂地追求短期利益，再加上廣泛存在的道德真空和對自由媒體的打壓，驅使人們洗劫數不清的墳墓，無休止地修造假古蹟、假古建築物，甚至整個假「古城」（通常是為了俗氣的旅遊業而「修復和升級」那些早已不復存在的古代城鎮），為此摧毀了無數的故鄉城鎮，消滅了傳統的中華家園。[231] 編輯

地方志的古老做法也已被中共地方官員廣泛地劫為己用，他們不遺餘力地編寫無盡且「虛假無用」的地方歷史來美化自己。[232] 一位中國詩人在 2015 年感嘆道，「五千年的中國，在過去三十年內被徹底拆毀」。一位居住在中國的資深哲學家附和：「中華文脈已斷，傳統毀棄。」[233]

自 1950 年代以來，以多樣化和美味著稱的中國菜系似乎也起了明顯變化（如果不是退化的話），現在只著重於辛辣、重口味、油膩的烹飪手法——這些在過去通常被認為是「低端」的菜色——而代價則是「高端」美食被邊緣化。包括鹽在內的食物長期短缺，可能解釋了自明末時期（16 世紀）從西半球進口以來，廉價但味重的辣椒在中國流行的原因，尤其是在內陸和比較貧困的地區。經濟惡化和中共領導人從毛澤東到鄧小平的美食偏好（他們分別來自湖南和四川，這兩個省分皆以吃重辣和麻辣著稱），他們熱切的跟隨者顯然也盛讚從前屬於「不精緻」的辛辣食物，鼓勵推廣到全中國。[234] 在 1950 年代，北京飯店裡的頂級川菜館所提供的菜餚中，只有大約 2%（143 道菜中的 3 道菜）看來是辛辣味。三十年後，相同菜單中有將近 11%（328 道菜中的 36 道）看起來是辛辣的，包括「辣狗肉」和「辣兔丁」等菜色。[235] 到了 2010 年代，根據美食評論家的說法，紅油火鍋、水煮肉片、剁椒魚頭等麻辣食物牢牢霸占了川菜和湖南菜系乃至整個中國餐飲業。在所謂的中國八大菜系中，四川（66%）、廣東（8%）和湖南（5%）人氣最高；中國最受歡迎的 20 道菜中，有一半是辣的。相比之下，在台灣，排名前 40 的菜餚中，只有一種是辛辣食物（火鍋，第 36 位）。[236]

自然環境與生態狀況

正如豐富多采的中國文化和古蹟文物在中共黨國統治下被廣泛汙染、破壞和掠奪（往往是無可替代和無法逆轉的消失），中國大陸的自然美景和土地、水與空氣的生態狀況，自 1949 年以來也受到嚴重影響

和經常性的傷害。[237] 一些外國觀察家稱，中華人民共和國是一個「環境流氓國家」和「氣候縱火犯」，是「（全球）環境崩潰的引擎」。中國的自然環境在毛澤東統治下飽受經濟失敗和停滯的壓力，也在毛後時代的經濟增長和繁榮中深受摧殘。[238] 例如，大躍進現在被認為是中國生態系統遭到破壞的一大主要原因，因為當時大規模砍伐森林、破壞濕地和水道，以及加劇空氣和水汙染。[239] 在過去的三十年裡，摧毀中國古蹟文物的同樣力量也廣泛地破壞了中國的自然環境：缺乏法治（尤其是私有財產權）、自由媒體、科學和公開的研究及辯論，再加上急切的民粹主義促使中共不惜一切代價發展經濟和創造就業機會，以使其一黨專政合法化，還有普遍存在的腐敗和倫理道德的墮落，這些都助長了缺乏長期社會責任感的種種短期行為。[240] 中華人民共和國於是造成了一場重大的環境危機，與其它經濟社會發展水平相近的國家類似、但要嚴重得多；甚至，中國環境保護部提供但本身可能存在偏差的官方數據，也證明了這一點。[241]

　　根據中華人民共和國自己的環境科學家的說法，幾乎全中國大陸都出現強酸雨，超過一半的城市全年都有大量酸雨。[242] 在過去的五年裡，中國有無數動物和至少15%的植物物種滅絕。三分之一的中國本土面臨嚴重的土壤退化，大部分的農田已經失去了絕大部分的微生物，因此成為「死田」。中國16%以上的國土面積和20%以上的耕地，都受到重金屬嚴重汙染；有三分之二座城市的地下水層，已被嚴重汙染並趨於枯竭。[243] 這些都導致中國生產的稻米中，多達10%含有過量的鎘（一種已知的致癌物質）。[244] 包括北京、上海在內的50多座主要城市，以及40%的華北平原（其中75%至80%的供水來自水井）的地下水位，是真的一起在日益下沉。[245]

　　儘管一再降低環保標準以掩蓋問題，但中國專家表示，中國的土地、水和空氣汙染，已達到人類歷史上「前所未有」的水平。幾乎所有的河流、湖泊和水庫都受到汙染，其中三分之二「汙染嚴重」。2014

年，七大流域（80％中國人的居住地區）中70％至85％的地表水，以及城市地區三分之二的地下水層（高於2000年的37％），被認為毒性過高，即使經過處理仍不適合飲用。[246] 超過20％的地表淡水在生態上是「死水」。北京半數地表水為「劣V類」，即低於最低的第五級水質。2010年代中期，中國只有17％的城市自來水達到「國際飲用水標準」。[247] 抗生素在醫藥和農業、尤其是畜牧業和漁業中，被大規模且過量使用和濫用，導致人均抗生素消耗量是美國的十倍。官方媒體報導，大江大河中翻湧的抗生素濃度已達有毒程度；在人口最稠密的長江下游地區，40％的孕婦和80％的兒童被檢測出體內含中毒水平的21種抗生素（其中有些實際上是禁用的）。[248] 即使赴美多年後，華裔紐約人血液中三種有害重金屬的濃度仍然「最高」，分別比紐約人和非華裔的亞裔紐約人來得更高：鎘（174％和135％）、鉛（148％和124％）、汞（266％和177％）。[249]

根據中華人民共和國自己的報導，中國領海幾乎所有的水域都受到汙染，其中一半以上屬嚴重汙染，90％的海域已經「無魚可捕」。幾乎所有的中國沿海海域「都被貪婪和疏忽所摧毀」，主要歸咎於近數十年來蓬勃發展、世界上規模最大但監管極為鬆散的海鮮養殖業。[250] 由於官員與開發商之間的普遍勾結或因而加劇，中國的1,000多個淡水湖泊（其蓄洪量相當於中國的五個最大湖泊）、83％的東北地區三江平原（世界上最大濕地之一）、80％的珊瑚礁、72％的紅樹林，以及50％的沿海濕地，都在過去五十年裡消失了。此外，許多湖泊和河流都遭受「嚴重破壞」，包括中國的「母親河」黃河，由於過度築壩和引水，在1972年到1999年之間的二十七年裡有二十二年出現斷流（有時「長達700公里」無水）——單是在1997年，就有226天完全無水流動。中國古代文明的搖籃黃河流域的生態系統，因此遭受了幾乎不可逆轉的大破壞。[251] 同樣地，據官方媒體報導，中國最大的河流長江，在2021年已經幾乎「無魚」。[252] 青藏高原是許多國家和20％人類的「水塔」；

據報導，當地正在遭受「日益嚴重」的環境破壞，和人類對生物多樣性及水文地質的干擾。[253]

正如本書第二章所述，中華人民共和國對能源和原材料的使用效率非常低下；一項國際研究總結道，其生態足跡已經是不可持續的「自身生物承載力的 2.5 倍」，而且「與美國、英國和南非相比，中國的資源利用效率相對較低。中國每 1,000 美元的消費所產生的生態足跡，大約是美國和英國的 4.5 倍，是南非的 2 倍多。」[254] 不意外的是，中國的生物多樣性，因浪費和掠奪性的經濟發展模式，而受到嚴重且可能無法逆轉的損害，以至於世界自然基金會（World Wildlife Fund）警告道，中國的環境破壞和生物多樣性喪失正在引發一場「全球性災難」。[255] 中國破壞生物多樣性的活動已經深入外國如非洲等地；據報導，中國人和中國資金的存在，直接導致了非洲許多動植物的減少和滅絕。[256] 例如，儘管北京正式參與了國際象牙貿易禁令，但據報導，中國國家主席代表團和解放軍艦隊使用外交郵袋和海軍艦艇，還是將「數千磅重的盜獵象牙」從坦尚尼亞非法運往中國。[257]

也許中華人民共和國所有環境問題中最引人注目的，還是幾乎終年籠罩中國大陸大部分地區的霧霾，其中的毒性懸浮微粒（尤其是 PM2.5）影響了 8 億人，占總人口的 62%。2014 年，在監測的 161 座城市中，只有 16 座城市達到中國官方自己的空氣品質標準（遠低於世界衛生組織 WHO 的標準）。[258] 中國有 16 座城市，包括像北京這樣的超級大城，現在位於世界污染最嚴重的前 20 座城市之列，其空氣品質指標（AQI）讀數，通常比 WHO 的標準值要糟糕數倍至數十倍。[259] 2015 年，在受調的 360 座中國城市中，超過 90% 的城市未能達到中國本就不高的空氣品質標準。[260] 根據 WHO 在 2010 年代中期對全球 1,082 座城市的 AQI 排名，所有 31 座中國城市的排名都很低——最高為第 814 位（海口），最低為第 1,056 位（蘭州）——其中，上海排名第 978 位，北京排名第 1,035 位。[261]

最近有許多人稱北京這個擁擠的中華人民共和國首都，是一個巨大的「毒氣室」。[262] 一位有影響力的中國教育企業家在 2014 年公開聲稱，在中國的 500 座城市中，只有 5 座城市的空氣品質達到國際標準，而北京在 2013 年只有五天沒有出現嚴重霧霾。[263] 在大城市之外，中國有一半地級市的空氣汙染也很嚴重。[264] 中國的空氣汙染現在還明顯地影響了鄰近地區，例如日本、韓國、台灣等地的空氣品質，甚至遠至美國。[265]

中國衛生部部長在 2013 年寫道，由於中國是世界上最大的能源消費國，人均 GDP 能源消耗是世界平均水平的 1.4 倍，中國自 1970 年代中期以來嚴重的室外空氣汙染，導致肺癌病例激增 465％，每年有 50 萬中國人因此而過早死亡。[266] 加州大學柏克萊分校的兩位科學家，在 2010 年代中期進行的一項研究得出結論：在中國，每年有驚人的 160 萬人（每天 4,000 人）死於 PM2.5 汙染物，占該國所有死亡人數的 17％。中國媒體曾報導，中國兒童的罹癌率是世界平均水平的 2.5 倍，從 2003 年到 2008 年增長了 18.8％。研究人員也發現，「空氣汙染與認知能力及幸福感下降之間存在驚人的關係」，尤其是在年輕的大腦中。[267]

除了病痛、苦難、死亡和生物多樣性喪失之外，中華人民共和國環境惡化的經濟成本也實在是高得驚人。有多種方法可以採用來計算自然環境的經濟成本。根據中國政府自己的估計，嚴重環境汙染的代價高達其 GDP 的 10％。[268] 據另一估計，2010 年中國因空氣汙染造成的人員死亡的經濟後果折算，幾乎為其 GDP 的 12％，而印度為 7％，韓國為 6％。[269] 蘭德公司在 2015 年的一項研究得出結論，「在 2000 年至 2010 年間」，中國每年因空氣汙染造成健康影響和生產力損失所耗去的成本為其 GDP 的 6.5％；此後，這比率一直在上升，而水汙染和土壤退化的經濟成本分別為 GDP 的 2.1％和 1.1％。僅空氣、水汙染，以及土壤退化的可確認成本，加起來就高達中國 GDP 的 9.7％，幾乎抵消了所有（如果不是超過的話）其備受讚譽的高速經濟增長值。依此分析，再考慮到其他生態問題，中國過去四十年的經濟增長很可能只是一場空。處理環

境問題的成本非常高：單是一項適度減緩和減少空氣汙染的計畫（通過將煤炭使用量減少一半），每年就輕易耗費 GDP 的 2.2%。2015 年，山東省臨沂市為期四個月的「鐵腕」行動，將空氣汙染物 PM2.5 降低了 24%，但代價是抓捕了 71 人，關閉 57 家企業，工業界裁撤 6 萬名雇員，「威脅到當地金融和社會穩定」。[270]

經由貿易和旅遊而與外國的接觸，明顯提高了中國人的環保意識。引進自其他國家的規範、技術和形象，也產生了正面影響。[271] 例如，中國電視名人柴靜製作了一部關於空氣汙染的網路紀錄片，成為一個有力而受歡迎的啟蒙源頭。[272] 由於約一半的中國受訪者認為空氣汙染是一個「大問題」，中共通過巨額但不透明的國庫支出，重申已說了數十年的治理北京汙染的承諾，因為北京的汙染已經使它成為「一個幾乎不適宜人類居住的城市」。[273] 由於享有特權的首都北京「沒有乾淨的空氣、水、土壤和明媚的陽光——這些生活的基本要素（……）即使三年內花費 1 萬億人民幣（1,660 億美元，約合北京 2012 年的 GDP 總額）也值得」，時任北京市市長的王安順在 2014 年公開賭誓，如果到 2017 年霧霾還治不好，他就提頭來見。其他同樣汙染嚴重地區的中共領導人，也競相發表類似的血腥、但空洞的「誓言」。當然，霧霾還在持續，市長也沒有信守諾言，而是留著他的頭，享受退休前的舒適養老職位去了。[274]

作為習近平思想的一部分，習提出了所謂的「兩山論」，宣稱「綠水青山就是金山銀山」，表面上呼籲在 GDP 增長與環境保護之間實現某種再平衡。他親自推動疏散和縮減北京人口，建設所謂「千年大業宏偉城市」的「雄安新區」，以「承載」過度擁擠的北京市的「非首都功能」。[275] 在 2017 年愚人節宣布成立後就被大肆宣傳的雄安新區，原本預計是要圍繞白洋淀建造的未來城市，距離北京 65 英里，是中國北方唯一（並且已經受到嚴重汙染）的濕地。然而，僅僅四年後，這個「國家副首都」就被毫不客氣地降級為河北省下屬的地級市，現在越來越像是將淪為中共啟動卻未完成的又一個離奇、昂貴和不可取的爛尾項目。[276]

不出所料，中共的政令和口號難以洗刷汙染。借由本書前面討論過的那廣泛且昂貴的高幹「特供」制度，中共領導人和高級官員自私地保護自己，免受環境汙染和食品藥物不安全等全國性問題的影響；專屬的特殊農場和醫院、汙染較少的度假勝地、進口的食品藥物，以及空氣和水的過濾系統，使他們可以虛情假意地玩著國家規定的「反汙染」遊戲；而所謂的反汙染運動大多成效不彰，只不過是讓主管官員及其親信賺進豐厚利潤。例如，浩大的「整治臭河黑河工程」，估計耗資7萬億元（1.1萬億美元），在六年後的2021年被報導為「極其浪費」、「完全判斷錯誤」、「根本無法完成」。[277] 柴靜本人和她拍攝的關於空氣汙染的紀錄片，在首映後不到兩週就被北京下架封殺了。[278] 為了在2014年北京召開亞太經濟合作組織（APEC）高峰會前改善空氣質量，在外國政要和記者面前挽回面子，北京以「鐵腕」「嘗試各種辦法」，和為2008年北京奧運打造「奧運藍天」的類似運動如出一轍。無數人被動員起來，擁有超過2,000萬居民的首都部分關閉了整整一週（11月5日至12日），數百萬工人帶薪休假數日；半徑600公里（373英里）範圍內，六個省區的數萬家工廠和工地（僅河北省就有5,000多家）被勒令暫時關閉10天；在活動期間，該廣大區域內嚴格禁止會產生灰塵和煙霧的活動。在鄰近的石家莊市，短短一週內就有29名官員因「未強力執行特禁」而受懲，有9人因未遵守嚴格禁令而被逮捕。付出了巨額成本，並對估計5千萬到1億受影響者造成相當大的不便和困難後，北京昂貴的「APEC藍天」也只在活動當週內短暫出現。儘管如此，在2015年9月，同樣大規模、擾民、昂貴的戲碼再次上演，只為了創造幾天的「閱兵藍天」，好讓習近平能夠主持盛大的閱兵，以紀念二戰結束。[279] 為了2022年北京冬奧會，中共同樣下令，要求7個省級單位中多地的經濟停擺兩個多月。這種短期補救的做法，根本無法避免環境保護的整體失敗；中國人民為之已經付出沉重的經濟和社會政治代價，影響甚至擴及國外。[280] 例如，在2020年代，中國每年的影響全球氣候的二氧化碳排放量，就

遠高於美國和歐盟 27 個國家的總和。[281]

超級山寨大國

中共暨中華人民共和國社會政治體系次優化的另一個深刻明證，是中國持續缺乏創新和發明。對於研究過帝制中國社會經濟和文化史的觀察者來說，這當然不足為奇，正如我在本書的前傳《中華秩序》中試圖呈現的。從 13 世紀晚期的宋末到 19 世紀晚期，整個中華世界在數百年內基本上都毫無創新。[282] 在強加的西發里亞式體系下，中國人迅速向西方學習，並開始產生自己的科學發現和技術發明。中華民國短短的三十年裡，雖然烽火連天的內外戰亂始終不斷，卻孕育出許多一流的華人學子和學者，後來在許多科技領域卓然有成。這些科學家大多接受了西式教育（在中國或海外），主要在西方或西式的實驗室、大學和工廠工作。自 1957 年以來，已有 9 位華人獲得諾貝爾科學獎——其中 7 人在中華民國長大並接受基礎教育，只有 1 人在中華人民共和國境內完成其獲獎工作。[283] 20 世紀初以來，無數中國境外的華人為人類科學技術做出了巨大貢獻。亮點包括王安在個人電腦方面的開創性工作、何大為對愛滋病的創新治療，以及楊致遠對雅虎（Yahoo!）的獨創性共同創辦。在有益的世界秩序下，只要有合適的社會政治制度，顯然華人在個人素質和文化上，與其他任何民族一樣具有才能、創意和創新能力。

然而，在中共掌權後，中國的創造力和創新的發展戛然而止，中國的社會政治進展和國際融入也就此脫軌。中國人的創造才華在中國大陸被系統地壓制了七十多年，帝制時代漫長的創新乾旱再現，儘管中共為其接連不斷的「引領世界」運動投入了大量資金。中國文化裡的偽學問傳統和反智主義（嚴格受控的學習，一切只為了科舉），以及統治者精心打造的愚民政策，在毛澤東時代也達到頂峰。例如在 1960 至 1970 年代，有多起「批判愛因斯坦」的政治運動，以及打倒古典音樂和美術的

階級鬥爭。[284] 這種反科學和反文化的政策，在毛後時代的中國只是部分緩和了。可想而知，除了透過無數人的喪生，證明毛澤東主義的經濟政策和政治治理的完全荒誕和災難性失敗之外，中華人民共和國為人類提供的科學知識實在很少。然而，就是這個寶貴而有力的教訓，在中國仍然被強行掩蓋。

如前所述，迄今只有一位中華人民共和國公民獲得過諾貝爾科學獎：屠呦呦（生於 1930 年）是 2015 年諾貝爾醫學獎的共同獲得者，因其在四十多年前就抗瘧複合青蒿素的研究取得的成果。屠的成長歲月和接受基礎教育的年代，是在中華人民共和國建國前，她因不關心政治的「誠實」，而被中國當局典型地邊緣化且不得認可。[285] 正如我在《中華秩序》所報導的，中國自己的研究人員已經證明，在秦漢專制統治下，兩千年來中國人在科學技術方面極度缺乏創造力。[286] 中國一項對 SSIE、SSCI 和 AHCI 三大期刊引文索引的研究表明，自 1900 年以來，以中文發表的期刊論文受高度引用者非常罕見（在中華人民共和國時代甚至更少）。近期而言，在 2006 至 2015 年間，這類中文論文在自然科學領域排名第三（0.59％），次於英語（96.9％）和德語（0.61％）；在人文藝術領域排名第八（0.56％），排在英語（73％）和其他七種語言之後；在社會科學領域則完全不入前十名，排在英語（95％）和其他九種語言，包括西班牙語（1.42％）、法語（0.58％）、俄語（0.37％）、土耳其語（0.16％）和斯洛伐尼亞語（0.06％）之後。[287] 全世界最大的民族語言實體漢族，具有豐富而悠久的文化；但其世界影響力低落而且還在消退。研究表明，就翻譯成中文的著述數量而言，中文僅排在世界第 13 位；就從中文翻譯為其他語言的著述數量來看，中文排名更低，在第 14 位。使用中文的網民超過 7.6 億人，僅次於使用英語的網民（9.5 億），但中文網上（非重複）信息僅占全球總數的 2％，低於其他 8 種語言，包括英語（56％）、俄語（6.5％）、日語（5.6％）和義大利語（2.4％）。[288] 看來占全人類近五分之一的中國人，為世界創造的有價

值信息少之又少，同時還又錯失了人類創造的大部分知識。

中華人民共和國的科學技術發展方法，基本上是基於對西方（和俄羅斯）發明和創新的改用及模仿，但往往未曾提及發明者，更不用說適當補償了。有鑑於中國擁有近五分之一的人口、無數的原始人才，以及世界第二高的研發預算，[289] 中華人民共和國在科學技術、社會科學和人文學科領域的獨創性之低，確實令人瞠目結舌。中華人民共和國真正可供其他民族學習、採用和模仿的發明及創新，一直以來都極為罕見。大多數關於中國創新實力的最新讚美報告或恐慌警告，往往是將對舶來思想和技術確實厲害的模仿和改用，和真正的發明及創新混淆；要不就是將巨額資金、大量人員和實驗室，以及粗糙的論文和專利數量，和真正的創新突破混為一談。[290]

正如本書前面所討論的，中華人民共和國學術界的劣質和造假，已成為一種慢性癌症式流行病；不過，考慮到中共統治下道德和倫理的整體缺失，以及一個重發展國家的官本位制度對資金、晉升、認可的功利壓力，事態如此也在意料之中。到 2010 年代中期，中國成為世界第三大研究論文生產國，在 2001 年到 2011 年間，論文數量的年增長率高達不可思議的 15％。不過，《自然》雜誌的一項評估指出，「中國增加的研究成果，主要在其境內使用」，「僅韓國和台灣以預期的比率引用中國的研究文章」。[291] 與率先在太空旅行和其他科學技術領域取得重要進展的前蘇聯相比，中華人民共和國的表現更糟糕，迄今始終沒有任何新的科學或技術突破可供分享，也沒有原創產品或設計可供銷售，並且至今幾乎仍無世界級品牌。在國外最為知名的中國品牌，如海爾家電、華為通訊設備、聯想個人電腦、小米手機，全都仰賴進口的技術、設計和關鍵零件。中華人民共和國時代唯一值得注意的技術發明——雜交水稻，是基於引進概念，而且其關鍵研究早在 1930 年代就開始了，遠遠早於中華人民共和國。由於缺乏創新，中國汽車製造商（不包括與外國汽車製造商的合資企業）在中國自己的市場分額僅為微不足道的 18％，

而且還在不斷下降，而中國目前是全球最大的乘用車市場。[292]

中華人民共和國令人恥辱地缺乏發明和創新的原因是多方面的，其中許多與《中華秩序》中所概述的帝制時代中華世界數百年停滯不前的原因相同。到今天，中共黨國政治制度仍然是一個關鍵原因。哈佛大學的一項研究結論道：「問題不在於中國人的創新能力或才智，那是無限的，但是他們的學校、大學和企業需要運作其中的政治世界，則是非常受限的。」《自然》雜誌發表的另一份報告則結論，「老舊共產主義政權與現代市場力量之間的緊張關係」，「阻礙」了中國加強創新的努力。[293] 中共獨裁政權對異議聲音的殘酷清洗和蓄意的愚民行為，對多樣性及跳脫常軌行為的社會政治性抑制和懲罰，缺乏言論自由和流動性，國家壟斷的官本位下扭曲的激勵結構，[294] 國家對教育研究機構及資源的壟斷和嚴密控制，產權（尤其是知識產權）缺乏適當保護，以及職業道德和社會道德普遍淪喪而導致的廣泛腐敗和欺詐，這些都是原因。嚴厲的新聞和信息審查制度也是導致創意人才方面出現劣幣驅逐良幣現象的關鍵。[295] 高度集中、類似科舉考試的考試成績，依舊主導中華人民共和國學校的教學，鼓勵死記硬背官方認可的內容，幾乎沒有可能產生真正的創造力。[296]《自然》雜誌曾出版了一本專刊，結集發表中國學者關於如何改進中國科技政策的研究；然而，該專刊本身卻被禁止在中國境內發行。[297]

非常符合中共自我膨脹的一般模式，比起帝制時代娛樂統治者的那些滑稽騙局來，中國官方研究人員確實在造假和偽科學方面更上了一層樓。中國最高科學機構中國科學院的一個團隊，在 2008 至 2013 年期間，每年發布長達數百頁的「關於國家健康的科學研究」，在 45 到 100 個國家之中將中國列為世界第一（被稱為「健康的青少年」），其次是墨西哥、巴西、泰國和菲律賓，美國則排名最末（並被稱為「更年期老人」），排名低於義大利、以色列和新加坡。正如中共自 1990 年代以來一再宣稱的，這份研究還「合乎科學地」預測出，到 2049 年，

中國將在「各方面」超越美國，實現「中國夢」。同樣地，中國國家社會發展研究院制定了「中華民族復興的科學指標」，並宣布該指標在2005年完成了46.4%，2010年完成了62.7%，2012年完成了65.3%，預計在2049年之前將累計完成至100%，從而「超越美國的世界性力量」。[298]

傳統的中國缺乏創造力的故事還是出現了一大轉折：在「非中華」的西發里亞式世界秩序體系下，迫於國際比較和競爭的壓力，中共不擇手段且系統性地從事大規模且持續的假冒和盜版活動，只為能夠繼續參與國際政治的權力遊戲。自2000年以來，中華人民共和國一直被美國國家反情報工作執行辦公室列為針對美國的「工業和技術間諜活動最多且唯一突出的國家」。[299]美國貿易代表宣稱：「2012年，美國公司因商業機密被盜而遭受的損失估計超過3,000億美元，其中大部分是中國黑客所為。」美國在華商會在2013年的報告裡稱，其26%的會員在中國業務的商業機密和專利信息被盜；只有10%信任中國雲端數據服務；62%的受訪者表示，中國的網絡控制損害了他們的事業；72%的人認為中國並未有效地執行對知識財產權的保護。[300]

國家贊助的對盜版和假冒產品的依賴，可能極大地彌補了中共黨國體制下不可避免的經濟和技術缺陷及次優化，並在推動過去三十年中國大陸令人印象深刻的經濟增長和技術進步方面，發揮了關鍵作用。[301]全面的模仿和持續的盜版，給中共黨國帶來了巨大的經濟利益和競爭優勢。但是，「北京抑制自由和批判性思維」這一事實，似乎也阻礙了中共為外部競爭所集結的力量。中華人民共和國持續浪費人類五分之一人口裡的大量人才，這件事本身就是全人類的一大悲劇性損失。[302]隨著西方對北京的認識和警惕性越來越強，以及中國勞動力成本上升，中華人民共和國「作為全球無恥的模仿大戶和血汗工廠的日子」，似乎已經「屈指可數」。[303]自2014年以來，美國尤其加快了對北京盜版行為的反擊，以法律手段和越來越「全社會」和「全政府」的方式進行。[304]

因為其社會政治制度、規範和追求，中華人民共和國成為「山寨大國」和盜版天堂實屬必然，[305] 這一現象除了加劇普遍的道德敗壞之外，還具有更深遠的影響，進一步削弱本就不足的財產權，並扼殺了中國人的創造力和創新。中華人民共和國用次等和仿冒的產品及服務淹沒了世界市場（尤其是中國自己的市場），並且需為整個 2010 年代全球交易的仿冒商品總量的 70％以上（或美國查獲的 87％）負責。[306] 美國商會在 2016 年的一項研究中得出結論，「全球幾乎所有的實體仿冒產品都來自中國和香港」，每年的估計價值為 4,610 億美元，這一結論也呼應了經合組織與歐盟在 2019 年的一項聯合研究。德國反剽竊行動協會（Aktion Plagiarius）自 1977 年以來，每年頒發一次「剽竊負面獎」（Plagiarius Negative Award），評選出全球「頂尖」的山寨造假者。不出所料，中華人民共和國近年來一直以剽竊和假冒行為包攬前幾名「獎項」。[307] 從更廣處來說，這些廉價仿冒品使全世界的自然環境、經濟效率，以及人權和勞工權利方面所付出的實際成本，更是毀滅性的巨大。中華人民共和國持續且大規模的仿冒和盜版，嚴重扭曲了全球的誘因與動力結構，對全人類的創新和發明都產生了尚未被充分認識、但可能非常負面的影響——在促進創新、保護知識產權，以及促進良性競爭方面，都將所有國家都推向底層。[308] 顯然，這正是中共黨國力量的崛起所帶來的全球挑戰的一大關鍵所在，將明顯地影響整個人類文明的未來。

結語

再看紀錄

充分意識到要在一本小書裡評估一個統治著近五分之一人類的龐大政體是多麼的雄心勃勃，和以平衡的方式分析全局而不致淪為「事無巨細」般的徒費筆墨又是一個多麼大的挑戰，我還是希望本書呈現了一份對中共暨中華人民共和國的紀錄的廣泛事實分析，以及全面又兼具比較的評估。整體而言，本書發現中共黨國在基因上是一種前現代（啟蒙運動之前）威權主義、甚至極權主義政體，是中華帝制秦漢式政體略微修改後的復辟。中共暨中華人民共和國是一種裹著儒家民粹主義和漢華民族主義的中華法家治理，再加上舶來的意識形態，主要是列寧主義－史達林主義版本的馬克思主義或共產主義、國家軍國主義，以及帝國主義式全球主義。[1]這種治理模式作為一種最優化的專制政治統治形式，機敏而具韌性；它使執政的中共領導人在十分不利的情勢下，仍保有驚人的長命和權力。它為了自身利益，不擇手段地使用暴力和詭計來統治，不惜一切代價只為永遠掌權。[2]然而，對於中國人民來說，它的治理表現卻是優劣參半，基本上是平庸的，大多為次優化的、不可取的，而且經常是災難性、甚至是悲劇性的。例如，1990 年代以來數十年間，舉世矚目的中國經濟發展在詳細探究之下其實相當平庸，經常表現不佳且伴隨嚴重問題。然而，在其有效政治控制和世界級壓榨汲取下，由勤奮的中國人民提供的大量資源和財富，使中共暨中華人民共和

國這個黨國政府變得越來越自滿驕橫與強大有力。不受監督、也少有約束，表現不佳且頗不可取的中共政權，控制且利用了五分之一極具生產力的人類，長成了一個次優化的巨人，一個在世界舞台上爭奪權力和影響力的可怕競爭者，成為一個可行、甚至誘人的當前世界領袖的替代者。因此，中國的崛起對世界提出了一個真正的選擇，即北京所代表的不同的願景和領導力，一個次優化但可行的人類文明政治組織的替代方案。

中共黨國是一個注定要成為世界現象的政體，或者是一個自我孤立的「世界」政體；它尷尬而艱苦地偽裝成一個中華民族國家（實際上是一個多民族帝國的遺產）。與過去許多帝制朝代一樣，中共黨國從第一天起就陷入了一場看似永無止境的生死鬥爭：對外與西方主導的現有世界秩序鬥爭，對內則與從 19 世紀開始就受到外界強烈且持續影響的中國社會鬥爭。儘管經歷眾多失誤和可怕的失敗，但憑藉所謂的「中共最優化」，這個黨國證明了威權主義的功效，並增強了專制國家資本主義或專制黨政資本主義（partocracy-capitalism）的吸引力。中共展現的這種治理模式，對不同種族中野心勃勃的政治領導人相當具有吸引力，甚至令人上癮；因為這種模式已被證明是維護專制並使之富裕的優化機制。同時且共生地，該政權製造了巨大的「中國悲劇」，並使中國人民長期承受結構性的「中國次優化」。在本書各章評估的四個領域——政治治理、社會經濟發展、人民生活、文化及環境保育——中，都可以看到這一點。

執政七十三年後，中共暨中華人民共和國的政治合法性仍嚴重不足；它依舊是一個黨國專制政體，在二戰後、尤其是冷戰後的世界中，顯得落伍而又格格不入。由於只能依靠暴力和詭計，還有一些民粹主義訴求來統治，中共統治者因此面臨著持續的不安全與民眾不滿。面對日益嚴峻的「如何將黨對國內控制的需要與國外開放市場結合起來的根本挑戰」，[3] 中共必須把控中華人民共和國，受中華秩序的思想與傳統，

以及其自詡的世界共產主義官方意識形態的驅使或詛咒，在政治和意識形態上日益延續其早已命中注定的道路，要在國內外都無休止地奪取更大、更多的政治控制權。提升其物質力量和擴大其集權控制，被視為解決方案和最終目標。因此，無論何時何地，中共只要一有機會，就會努力不懈地依其想像去重定世界中心和重塑世界秩序，試圖取代西方（尤其是美國），成為世界領導者。矛盾的是，掌握日益增長的資源和物質力量，反而似乎強化而不是緩和了中共在國內外爭取更多權力和控制的內在衝動。實際上，中共黨國的宏大使命現在已經是一目了然：飾以精巧的自由主義外表並偽裝成全球主義，繼續提倡在社會主義和共產主義旗號下，最終實現世界政治的大一統。[4]

中國的崛起，或者更確切地說，是中共暨中華人民共和國黨國力量的崛起，無論是在口頭上還是在行動上，正日漸形成一個全球性的大挑戰，試圖推進北京所代表的願景和領導，實現本書及其前傳《中華秩序》所檢視過的替代性政治組織（威權主義乃至極權主義）和非西發利亞的世界秩序（即中華秩序式的世界帝國）。人類文明因此面臨一大關鍵而影響長遠的選擇，指向截然不同的未來。正如歷史、尤其是中華世界的歷史所示，一個蓄意為惡、次優化而不可取，但卻堅定而狡詐的力量，可以出人意料地成功征服、組織和統治整個已知世界，壓倒或智取其他更強、更好、也更可取的選擇，悲劇性且往往不可逆轉地改變某一人類文明的方向。此處我再次重複並強調，本書的一個關鍵結論是，中共暨中華人民共和國這個黨國代表了一個替代性政治制度和世界秩序，這種政治制度是次優化但強有力、不可取但可行、荒謬卻真實，對全世界都有許多實在而深刻的影響。

本書檢視中國紀錄所得的上述結論，加上其前傳《中華秩序》的探討，可望已奠定一個紮實的基礎，俾使本書的續篇能夠進一步討論如何因應和管理中華人民共和國國家力量的崛起。

注釋

引言

1 F. Wang 2017；中文版見王飛凌 2018。

2 *Carbis Bay G7 Summit Communique*, Cornwell, UK, June 13, 2021. *Brussels Summit Communique, Issued by the Heads of State and Government participating in the meeting of the North Atlantic Council*, Brussels, Belgian, June 14, 2021. 七大國的近一步對中華人民共和國的警示，見 *G7 Leaders' Communiqué*, Elmau, Germany, June 28, 2022. 北約也在 2022 年首次提出要應付「中華人民共和國對歐洲 - 大西洋安全（和）我們利益、安全和價值觀的系統性挑戰」。*NATO 2022 Strategic Concept*, Madrid, Spain, June 29, 2022: 10 & 5.

3 關於兩種近期的中共簡史，見 Editors 1991–2021 and Saich 2021。

4 當然，即使在毛澤東時代，中華人民共和國的治理顯然也並非毫無值得矚目的成就，包括加強國家統一、發展基礎設施、提高識字率和預期壽命。然而，關於這些成就的理解和評估應該類似於如何看待墨索里尼「使得」義大利的火車準時運行、納粹德國發明導彈和噴氣式飛機、蘇聯發射史普尼克一號人造衛星及出現德米特里·肖斯塔科維奇（Dmitri Shostakovich）。本書稍後將詳談中華人民共和國的成就及其代價。

5 關於毛澤東時期令人髮指和災難性的全國性偽造統計數據的大量例證，見 Li Rui 1999-II: 46–75。關於中華人民共和國的一些「真實」但具有誤導性的統計數據的生動說明，見 Qin Hui 2020。關於毛澤東時期對統計數據的操弄，見 Ghosh 2020。關於對中華人民共和國現今統計數據的警惕，見 Crabbe 2014。

6 F. Wang 2017: 21–29. Ou 2021. *PRC data security law*（數據安全法），2021.

7 Psaki 2022.

8 Wang Hongru 2016. Ministry HRSS 2016–2022.

9 Jon Cohen 2022; Hathaway 2022. F. Wang 2017: 27；McGregor 2022.

10 Palmer 2015; Sisci 2015. Meng Fangui 2013; Neo Zion 2014.

11 筆者在中國華南及華東地方的訪談，1996–2004; Pei Pei 2005: 80–82; Stevenson & Wong, 2020: A20. Wallace 2014.

12 Balding 2013; Owyang & Shell 2017; Wei Chen et al 2019; Martinez 2021.

13 Fang Yi 2014. Bird & Craymer 2019. Xinhua December 11, 2015.

14　Li Kejun 2014. Anderlini 2014. Xin Chao 2022.

15　Zhang Munan 2014.

16　筆者與中國學者的通訊，2015–21。各種報導的中國失業率差異極大，從 4.1％到 20％甚至是 30％都有。Li Xiaokun 2010; Zhang Da 2016.

17　Liu Gengyuan et al 2020. Tan Hao Jun 2015: A02; Wu & Zhao 2015.

18　PRC SSB 2021.

19　Ying Yue 2021. *Kuai meiti* 2021. Suju Guijichu 2021. Ma Xioahua 2021. Xiao Hui 2021.

20　*Lianhe zaobao* 2021. Ministry of Public Security 2022.

21　Tian Jianjun 2011. Yang & Qin 2014. Xu Peng 2022. Yi Qi Lai 2022.

22　Hu Rong 2010. *Wangyi* June 9, 2020.

23　Sparshott 2015; WHO 2013: 244 & 88. PRC MEM 2022.

24　Liu Yanwu 2014 & 2018. Liu Yanwu et al 2018.

25　J. Zhang et al 2014. Leroy 2014. Follett 2018. Gulland 2019. US National Institute of Mental Health database, World Health Organization database, accessed June 16, 2021.

26　關於官方對此種「優越性」的宣言，見 Commentator 2013: 1。關於中國學者的類似主張，見 Hu Angang 2014。

27　據說中國將傳統的任人唯賢（meritocratic bureaucracy）與「國家強大的計畫經濟能力」獨特而完美地結合在一起，促使從西方引進的市場制度和全球化創造出奇蹟。Zhou Li-An 2020.

28　Ravitch 2014. McKinsey Greater China 2020.

29　*The Economist*, "Keeping watch," Nov 21, 2013。2019 年實際的中國非購買力平價 GDP 為美國 GDP 的 67％，World Bank database, 2021。

30　Levy & Peart 2011: 110–125. Allison 2022: 45.

31　Fuentes 2019. *Acta Scientia Circumstantiate* March 21, 2021. Qi Jun 2021.

32　Yang Jisheng 2012. 全球因新冠肺炎死亡的人數在六個月內超過 40 萬人，感染人數為 690 萬人。Slotkin 2020. 截至 2022 年 1 月，全球死於該病毒的人數至少為 550 萬人，感染人數超過 2.96 億。*WHO Coronavirus (COVID-19) Dashboard*, Feb 2022.

33　關於全球健康數據問題，見 Davis 2020。關於中國的掩飾，見 Hill 2020。

34　10％的規則似乎也適用於其他中國數據報告，例如，北京宣稱舉辦 2022 年冬季奧運花費了 39 億美元，僅是實際成本 385 億美元的 10％。*Le Vent de la Chine*, Feb 20, 2022.

35　Hollingsworth & Xiong 2021.

36　Liu Qin 2020。武漢人口為 1,120 萬人。Wuhan Government 2020.

37　Mouton et al 2020. E. Cheung 2020.

38　Scissors 2020. *The Economist*, "Covid-19 death tallies," May 13, 2021. Calhoun 2022.

39　PRC State Statistical Bureau 2006–2020 and 2021. Li Ting et al 2021. 2021 年，中國

官方的全國死亡人數和死亡率再次高於往常，見 Editors 2022.

40 M. Zhou et al 2021. PRC CDC database, accessed April 12, 2022.

41 AP: "China delayed releasing coronavirus info, frustrating WHO," June 3, 2020.

42 中國人民似乎也在這次疫情中承受了最沉重的打擊：幾乎所有中國大型城市都曾實施長達數週乃至數月的嚴厲封鎖，且經常是反覆封鎖，從 2020 年的武漢，2021 至 22 年的西安，到 2022 年的深圳和上海。

43 Yang & Zhong et al 2020:165–174. 關於該病毒的傳播模式，見 Martin Enserink & Kai Kupferschmidt, Blog on *Science*, March 25, 2020; and Adam 2020: 316–318.

44 Glanz & Robertson 2020: A1. Smout 2020. 盲目跟隨武漢封城可能是反應過度的全球重大錯誤，見 Weiss 2020。

45 沒有北京的全力配合，姍姍來遲的國際調查或許能、也或許永遠無法查明真相；不過，大量報告指出該病毒可能來自武漢的非自然起源。Hamilton 2020. Latham & Wilson 2020. Leitenberg 2020. Wade 2021. Bloom et al 2021: 694. Jacobsen 2021. US DNI 2021. Chan & Ridley 2021. Felter 2021. Eban 2022.

46 *Bloomberg*: "China's Stats Accentuate Positive, Play Down Negatives," Dec 11, 2021.

47 Northrop 2022. Parton 2022.

第一章　政治治理：人民民主專政與黨國體制

1 本書將在後續章節裡進一步闡述，在中華人民共和國，「由法治國」（法律治理一切，包括統治者）的理想一直被「依法治國」（統治者使用法律治理，凌駕於法律之上）的理想所取代。此外，如同史上的許多中華帝制統治者，中共用的似乎是荀子版的依法治國概念，即所謂「法後王」：統治者使用自己創造的法律；而不是更早期的孔孟版的依法治國概念即所謂「法先王」：統治者使用已有的先前制定好的法律。《荀子》〈儒孝篇〉，公元前 3 世紀；《論語》〈泰伯篇〉，公元前 5 世紀；《孟子》〈離婁〉，公元前 4 世紀。

2 F. Wang 2017: 173–174. Freedom House 2021.

3 「集體領導為黨的最高原則之一」。CCP Central 1980。

4 CCP Central 2019. CDIC 2020. CCP Central 2021. Ren Lixuan 2022.

5 CCP Central-Politburo 2017. Xinhua March 1, 2021.

6 V. Shih 2008: 1177–92; Wen Shan 2018; Jili Tonshi 2022.

7 確實，雖然習近平和中共中央自 2012 年以來，都在押注一個毛澤東式的強大獨裁者，但這場賭博似乎一直面臨著挑戰和不確定性。習必須親自主持高層領導人的「民主生活會」，大力宣揚「述職」指令以貶低他的「同僚」，並竭力將自己打造成超級多產的作家和足跡踏遍全球的外交家，並滑稽地成為每天晚間電視新聞上的明星，而不能像毛澤東那樣似乎氣定神閒而舒適地統治；這些跡象也許暗示著習必須更加努力也更費時，才能達到毛的權力和「自由」。他的無數「重要」文章和講話，無休止地強調和要求完全服從「黨中央的權威和集中統一的領導」，似乎也反映了

這種力不從心的掙扎。Xi Aug 16, 2021.

8　Pompeo & Yu 2021. Naughton 2021: 190. M. Pei 2006.

9　Xuan Yan June 7 & 8, 2021: 1. 關於最新的官方版中共歷史，見中共中央宣傳部的三本《簡史》，2021。

10　關於中共如何擊敗對手，即較溫和威權的國民黨暨中華民國黨國，進而統治中國大陸，見 F. Wang 2017: 159–181。

11　簡稱偉光正。自毛澤東 1951 年創造出這一詞組以來，這一直是中共的官方自我標籤。Han & Cao 2006. 中共北京總部中南海正門的一側刻著「偉大的中國共產黨萬歲」，另一側則是「戰無不勝的毛澤東思想萬歲」。

12　關於中國學者對此政體的描述，見 Sheng Xuebin 2021. M. Chan Jan 31, 2022.

13　正如埃斯庫羅斯、索福克里斯和莎士比亞筆下所寫，「悲劇」確實往往源於「善意」和出於某些正當目的及合理理想的強烈舉動。

14　引述於 Qian Liqun (1998) 2002: 280–281。亦見 Ye Fu 2010: 54。

15　Hu Songping 1993. Hu Ming 1996: 932. Hu Shi Jan 9, 1950.

16　Qian Liqun (1998) 2002: 60. Zhang Zhongdong 1990. Bo Yang 2002. Li Ao 2004. 筆者在台北及綠島的實地筆記，2015。

17　Smarlo Ma 2004: 106.

18　關於毛澤東統治下的大規模非自然死亡，見 F. Wang 2017: 175–180。關於僅在一個省內大規模死亡和政治驅動人食人事件的 36 冊中共紀錄，見 Song Yongyi 2016。關於從土地改革到文化大革命的政治運動案例研究，見 Wang Haiguang 2021。

19　Chen & Gao 1984: 161–162. Jin Zhong 2014.

20　2015 年，一名廣受歡迎的電視主播（畢福劍）僅因在一次私人晚宴上說了幾句不尊重毛澤東的話，就被迅速解雇並消音。2019 年起，小學生在課堂上被要求公開集體宣誓忠於毛澤東，表達對毛的愛。

21　Editors, CCP history 1991, 2001, 2011, 2021. Wang Qishan 2020. Anna Bell 2022.

22　Shi Yuan 2008.

23　F. Wang 2017: 189. Chang & Halliday 2013. M. Malia 1994. Courtois (1997) 1999.

24　此處（以及本書其他地方）對中共黨國的評價，在某些讀者看來可能過於尖銳、苛求，甚至是偏頗，因為即使在毛澤東時代，中華人民共和國也有一些積極的、甚至是可讚佩的事蹟（本書也以相當篇幅討論了這些）。我的綜合評估希望以紮實的學術研究為支撐，力求成為基於事實和理性，並具有適當的比較分析和反事實（counterfactual）假定框架之明確判定，而非單純由價值驅動的感情用事，或者不明就裡地記錄「所有」可觀察到的細節。

25　Campbell & Lee 2011: 71-103. S. Wang 2014. D. Goodman 2014.

26　Xi Jinping Dec 26, 2013. Yuan Jian 2008: 155. X. Guo 2019.

27　Plato (380 BCE) 1991. Aristotle (350 BCE) 1912. Locke (1690) 1980.

28　關於毛後時代中國政治的本質、連續性和變化，見 Tsang &Men eds 2016; F. Wang 2017: 7, 181–188 & 215。

29　F. Wang 2017: 161–168.

30 Benton & Lin eds 2010:1. Benton 與 Lin 對 Chang 與 Halliday 的著作感到不滿，主張應對毛有「更公允的觀點」並捍衛毛的紀錄（頁 6–11），與 Benton ed 4 volumes 2007 一脈相承。

31 Xi Jinping Dec 26, 2013.

32 Pantsov & Levine 2012: 575. Song Yongyi 2008.

33 Glad 2002: 1–37.

34 Yang Tianshi 2013. Zhang Bojun in Smarlo Ma 2004: 94 & 233–242. Yang Kuisong 2010.

35 Mao Zedong 1995: 119–263.

36 F. Wang 2017: 181.

37 更多關於毛及其「民命」，見 F. Wang 2017: 167–182。

38 Zhang Lifan 2013. 關於對毛澤東紀錄的類似評論，見 Yang Fei 2015。

39 如同毛澤東和習近平，朝鮮獨裁者金正恩顯然也以「民」代替「天」，以使其政權合法與正當化。Voice of Korea 2021.

40 「毛澤東思想」是 1943 年王稼祥為中國化馬克思列寧主義所創的詞語。1945 年，在毛的門生和指定接班人劉少奇的關鍵支持下，它成為中共的至高教條。然而，王和劉後來都在 1960 年代遭到毛的殘酷清洗。Jin Chongji 1998. Cheek 2010.

41 Ma Zedong (1939) 1991. Xi Jinping May 20, 2015. Sha Yexin 2005. 關於地方官員如何使用各式詭計來維持黨國的穩定，見 Mattingly 2019。

42 《管子》（公元前 1 世紀）、《商君書》（公元前 4 世紀）和《韓非子》（公元前 3 世紀）。

43 「堅持黨的領導，堅持社會主義，堅持人民民主專政，堅持馬克思列寧主義。」由鄧小平在 1979 年的《堅持四項基本原則》講話中首次提出，鄧 (1983)1994: 158–184。後來這四項在 2007 年的《中共黨章》中被宣示為「立國之本」。

44 Wei Jingsheng 1978 & 1979; Liu Binyan et al 1989. Okesenberg 1990; Bao Pu 2009: 1–88.Deng Xiaoping 1993: 370–371.

45 Wu Bangguo（中華人民共和國全國人大委員長，中共排名第三的最高領導人）2011. Chen Yixin（中共中央政法委祕書長）2020. Li Zhanshu 2021.

46 Xi Jinping 2020 & Aug 17 2022. 關於毛後時期中共暨中華人民共和國的「政治改革」或付之闕如的概述，見 Fewsmith 2021。

47 Y. Yu 2015；Blanchette 2019. 習近平自己聲稱的閱讀書單極為廣泛，見 Guo Jinlong 2022.

48 Renmin ribao March 23, 2021. 詳見 Lu & Liu 2020。

49 CCP Central Nov 11, 2021. Xinhua Nov 8, 2021.

50 CCP Central Academy of Party History and Documents July 24, 2021. 數百萬幹部和更多學生必讀的習近平著作似乎相當昂貴，例如，一套習著選集（共計數十冊）在一家大型網路商店的「折扣後」售價是人民幣 2,845 元（438 美元或平均月收入）。JD.com, accessed April 26, 2022.

51 Ministry of Education Student reader 2021.

52 關於「習主義」的興起，見 Johnson 2017: 62–80。

53 CCP Central Nov 11, 2021. Song Yuntao 2016; Mao Jun 2017; Zhao Lin 2021.

54 Xinhua Oct 23, 2022. 直到最後時刻，即使機率微乎其微，但習近平連任失敗的可能性似乎始終存在。很多中國人明顯地期冀習不會或不能成為毛澤東式的皇帝，因為他「不配」；或者認為習最多不應超過鄧小平式的幕後太上皇地位。北京還有人公開地掛出「罷免獨裁國賊習近平」的標語。Kubota et al 2022; Tan Oct 13, 2022. 不過，對中共來說，鑑於十來年來已經發生的一切，習的下台、真正退休或免職，極可能會表明中共政權的一大失敗，引發大規模清洗，以及帶來對黨國的嚴重、甚至根本性的動搖。

55 Marx (1852) 1907: 5.

56 Chen Jin 2019. Cai Li 2020.

57 Xi Jinping April 1, 2014. 習近平的講話將各種形式的政府與經濟制度乃至意識形態混為一談，將中共專制描繪成「社會主義」，這反映了一種表述更為不清的傳統中共敘事。Cao Guoxing 2013. Wu Yu 2013. Buckley 2013: A1. Meng 2014.

58 Xi Jinping Aug 20, 2014.

59 Xi Jinping Oct 17, 2017 & Xi March 2021.

60 Zheng Liping 2021. CCP Central-Department of Propaganda 2021. Ministry of Education *Student reader* 2021; Du Zhengyu 2020.

61 Wang Weiguang 2014. Willy Lam 2015.

62 Xi Jinping Jan 5, 2013，見 CCP Central Document Bureau 2014.

63 NPC July 2015. Articles 1, 2 and 4. Xie Maosong 2021.

64 Ministry of Civil Affairs et al 2021. Xinhua, Oct 15, 2021. 中共對「民主」的僭用包括毛澤東的「人民民主」、「中國式民主」以及其他多種變體，如經常使用的「協商民主」等等。Pan 2003: 3–43. Shi Ruijie 2018.

65 State Council 2021. Ministry of Foreign Affairs 2021.

66 Xinhua, Oct 20, 2017. Zhou Xinmin 2020 & 2021. Wen Xing 2021. Su, 2020.

67 *CCP Constitution*, 2017 和 2022; *PRC Constitution*, 2018.

68 Li Zhanshu 2018. 中共二十屆一中全會公報，北京，2022 年 10 月 23 日．

69 *CCP Constitution*, 2017:1. CCP Central-Department of Propaganda Sept 29, 2021. 自 1990 年代後期以來，中共的意識形態創新和品牌更換（rebranding）看來大多是王滬寧的主意及主導。王是一個中華人民共和國教育培養的學者和筆桿子。筆者曾在 1985 至 1995 年間數次見過王，並在他 1988 年在美國做短期訪問學者時，接待過他參觀費城和賓夕法利亞大學。王 2002 年升任為中共中央委員之後，似乎與學人故交大多都失聯了；他後來在 2017 年成為正國級中共領導人（中共中央政治局常委中共中央政治局常委之一）並在 2022 年連任該職位。

70 Zhou Xinmin 2020. State Council Jan 19, 2022. He Yiting 2020: 1.

71 Chui Lan 2013. Buckley 2020: A8. Cai Xia 2021

72 例如，包括毛澤東在內的中共領導人，在「允許」資本主義和利用資本家方面，不像他們的蘇聯同志那樣教條和死板。J. Kelly 2021.

73　Editorial 2017；Xi Jinping Oct 18, 2017, Sept 16, 2021 及 Oct 16, 2022.

74　陳申申，〈中南海帝國的政治邏輯〉，流傳的上海網上文章，2020 年 11 月 16 日。

75　一位觀察人士表示，「中共情報部門一直與祕密社團、幫會和犯罪團伙合作。中國觀察家中的泰斗李克曼（Pierre Ryckmans）曾説過，中共『本質上是一個祕密會社，其方法與心態和地下黑社會暴徒極為相似』。」Brady 2020。

76　Jiang Hui 2020. 關於更多習近平的全球方案，見 Li & Fan 2018. Ju Chengwei 2019. Editorial 2017. Chen Shuguang 2018. Li Wei（國務院研究中心主任）2019. Feng & Chen 2017. Huang Ping 2019. Cheng Zhiqiang, 2020. F. Wang 2017: 198.

77　Doshi July 1, 2021 & 2021. C. Wong 2021. *The Economist*, "How did Confucianism win back the Chinese Communist Party?" June 23, 2021.

78　The Economist, "Chinese Communist Party at 100," June 26, 2021. V. Shue 2022.

79　關於將習近平比作韓非的思索，見 J. Zha 2020。

80　Wu Guoguang 2012: 7–8. Callick 2013. Bardhan 2020. X. Zhou 2022.

81　Morrow et al 2003. 關於社會經濟績效和政治制度之間的關係，見 de Mesquita & Smith 2011; Koyama & Rubin 2022。中共似乎還「翻新」了它的黨政制度，讓地方官員得以有效地參與部分治理決策。Gueorguiev 2021.

82　Bowie 2021; X. Yang 2021: 915–929. Bradsher 2022; Li Yuan Mar 31, 2022.

83　S. Hsu et al eds 2021.

84　除了兩個案子之外，所有這些清洗案件都被毛後時代的中共「平反」，重定為「受冤枉的、不實的或錯誤的」。Guo Dehong 2019。

85　Walker 1955. Wittfogel 1964: 463–474. Teiwes 1979. Michael 1986: 175–277.

86　Chen Po 2016. Wei Yi 2011. Qian Liqun 2012: 314–315; vol. 2, 2012: 159–164 & 287–289.

87　F. Wang 2017 and F. Wang 2005.

88　關於一位知情人士對中共號令司法審判的敘述，請見 Li Jing 2011. Ng & He 2017。

89　Jing Yan 2019.

90　Zunyou Zhou 2021:102–117. CCP Central 1956. NPC 1957.

91　PRC Supreme People's Procuratorate 2021.

92　來自中國各地區的訪談和個案故事，2010-21。中華人民共和國刑法定義了 469 種刑事犯罪，其中包括數十種政治犯罪和「違反規定」罪。NPC Dec 2020; Zhao Fuduo 2016; Ouyang Chenyu 2017; Supreme People's Procuratorate 2020.

93　Ramzy 2020: A6. Hernandez & Bilefsky 2020: A17. BBC: "China frees Canadians Michael Spavor and Michael Kovrig after Huawei boss released," Sept. 25, 2021.

94　Zhou Qiang（最高人民法院院長）2020 & 2021. 毛後時代的中共在 1970 年代末和 1980 年代初開展了平反運動，推翻了毛澤東時代的大多數政治迫害案件。然而，「被平反」的大多數受害者早已死去、被處決，或者他們（及其家人）的生活早已毀於一旦。

95　Sapio 2008: 7–37. 美國統計數據見 uscourts.gov/statistics-reports, Jan 10, 2021.

96　Wen Da 2013. Wen Ru 2014.

97　Wu Yue 2013.

98　Yang Shiba 2020. 關於近年來中華人民共和國律師受到虐待和迫害的例子，見 Human Rights Watch 2008. N. Gan 2017. E. Feng 2020. R. Perper 2020。

99　Wang Yanqing 2015. Wu Si 2016.

100　Zhao Yunheng 2015; Wu Youming 2016; Wang Yazhong 2022.

101　CDIC & CCTV 2022.

102　筆者對美國、香港和中國等地專精中國刑罰系統之研究人員的訪談，2007–21. Mumola & Karberg 2007: 1–4。

103　Jia Zhifang 2009: 214–302. 關於被清洗的中共高層領導人遭虐待，見 Li Zuopeng vol. 2, 2011: 743–748; Luo Diandian 1999: 319–322; Luo Yu 2015。即使是被清洗的曾經的第四號領導人，也在監獄裡「多年」不得沖澡或沐浴。Chen Xiaonong 2005: 426–427。關於中國監獄極度惡劣的環境，見 Gao Ertai 2009: 314–360; Liao Yiwu vol. 2 2002: 36–47 & 213–220 and vol. 3, 2002: 40–51。關於最著名的政治監獄秦城監獄中的生活，見 Jin Jingmai 2002；關於在中國的多起冤獄及枉死案件，見 Liao Yiwu 2005。關於大學畢業生（社會菁英）未經審判被錯誤拘留和折磨 11 個月至 10 年以上的報導，見 Gao Peng 2013 與 Sun Xueyang 2014。關於警察暴行的例證，見 He & Huang 2013 和 V.Yu 2015。一個「首席法官」也會被下冤獄，受折磨，見 Qi E Hao 2019。官員僅僅是在接受腐敗指控的調查時，就可能遭受嚴重酷刑和逼供，見 Lu Huo 2021。

104　Zhao Chongqiang 2015. 關於一名異議人士遭拘留 81 天的經歷，見 Y. Wang 2015。關於一名美國人的囚禁經歷，見 Langfitt 2014。關於 2020 年代獄中生活的記述，見 *Zhihu*，《監獄殘酷物語》，April 30, 2020。

105　Zhang Peihong 2019. Callick 2020. R. Fife 2020.

106　Reporters Nov 28, 2014.

107　*PRC State Security Law*, February 1993 and *PRC State Security Law-Details on Implementation*. June 4, 1994. 關於危害國家安全罪，一份不完整但具說明性的刑罰清單，見 Biancheng Suixiang Nov 26, 2014。

108　Li Yan 2011。關於此警察行動的一個逐月個案報告，見 *Mental Health and Human Rights in China Monthly*，July 2012–April 2018。

109　CCP Central (1922) 1989: 45. F. Wang 2017: 175–180. 直到 2007 年，處決的最終批准權才「重新集中」到北京的最高人民法院。Xiong Xuanguo 2008:124–140。Duihua Foundation 2014.

110　筆者對美國和中國等地專精中國刑罰系統之研究人員的訪談，2007–21。

111　Data Blog Dec 13, 2013. Duihua Foundation 2021. Amnesty International 2020: 8–9.

112　Zhou & Guo 2011. Tiezzi 2014. 關於內部人士對死刑執行的說法，見 Qian Yang 2015。

113　Second People's Court of Tianjin 2021.

114　Xiao Hang 2014. Zhong Jian 2014. Robertson et al 2019. Robertson 2020.

115 Ma Qibin (1989) 1991: 519。關於在這些嚴打運動中因輕罪和輕率行為而被捕、入獄和處決者（在某些社區中為高達 1% 至 5% 的人口）的個案記述，見 Liao Yiwu 2002: 40–51 and Dong Jian 2013。

116 Chen Yixin April 29, 2021.

117 Wu Bo 2008. Wang & Xing 2014: A09. 據此，最高人民法院經常性地頒布「司法解釋」和「指導性案例」來指揮下級各法院。此類文件的彙編，見 Supreme People's Court 2015 和 2022。

118 Supreme People's Court Jan 19, 2021.

119 CCP Central (1964) 1998. Editors 1981. 毛澤東在 1969 年就在內部承認，5% 的配額經常變成 10% 或更多，引用於 Qiu Huizuo, vol. 2, 2011: 632。

120 關於中國一所主要大學的中共官員，如何為了完成當時的 5% 配額而誘哄一名教授成為右派「敵人」，以及「反對敵人的積極分子」如何迅速在毛澤東的後續運動中自己淪為敵人等黑色幽默般的故事，見 Jia Zhifangn 2009: 56 & 218–242。關於那些政治迫害會有多麼荒謬和致命，見 Wang Haiguang 2021。

121 關於這些被迫害者生活的豐富案例故事，見 Jiao Guobiao 2010–12；Yang Xiguang & McFadden 1997. Mao Muqin 2012. Xie Yongn2014。

122 Yang Kuisong vol. 1, 2009: 154. Ma Qibin (1989) 1991: 519.

123 關於一名這類階級敵人的有代表性自傳，見 Kang Zhengguo 2004（英文版 Z. Kang 2007). Du Xing 2010。

124 政治犯的待遇往往比普通刑事犯差，見 Jia Zhifang 2009: 288。

125 F. Wangn2005: 44–46, 69 & 103–112。

126 Liu Xiaobo 2012. Buckley Nov 20, 2013: A11 & Dec 7, 2013: A6. E. Wong 2013: C1. A. Jacobs, 2009: A4. Pils & Rosenzweig 2014. J. Tong 2009. Gao Zhisheng 2016. Rogers 2019.

127 Jacobs 2013: A4. @SpeechFreedomCN: *Chronicle of speechcrimesin China*（中國文字獄事件盤點），Twitter, Oct 2019–Jan14, 2022.

128 Ying Shusheng 2010: 0–13.

129 關於一個「比奧斯維辛還糟糕」的青少年勞教營，有數千人法外死亡，見 Zen Boyann 2013。關於婦女勞教營裡的慘酷暴行，見 Du Bin 2013。關於勞改營的個人記述，見 Ningkun Wu & Yikai Li 1993；Wu Hongdan 2003（較早的英文版是 Wu & Wakemann1995); Kong Lingping 2012. 關於「五大惡名昭彰的勞改營」，見 You Yi 2015。關於勞改營的整體描述，見 Cohen & Lewis 2013 及 laogai.org/page/bookstore-0, Feb 8, 2022。

130 Xinhua Dec 28, 2013. Ai Mi 2013.

131 Wang Lin 2014: 2. Qun Shuo Feb 2014. L. Lewis 2014: 36.

132 State Council (1993) 2011. 據說，有一個罰款配額激勵制度（每案人民幣 5,000 元），鼓勵警察「扣留並教育」人民。Li Yinhe 2016. Li Chengpeng 2013: 123–134. 關於被拘的政治犯後來長期「被失蹤」的案列彙集，見 Caster 2017。

133 Stavrou 2019.

134 Li Qiuxue 2009. Liu Zhenqiang 2021. 中共中央和國務院關於信訪的各種規定與制度，見國家信訪局網站（www.gjxfj.gov.cn），最後造訪時間 2022 年 3 月。

135 Liu Zhengqiang 2014. Ding Jiafa 2010. 許多上訪者被「攔截」的案例見維權網的博客，最後造訪時間 2022 年 3 月。

136 Segal 2016: 18–32. Roberts 2018. Li Rui 1999-I: 106.

137 思想政治工作或思想改造，Schein 1971；Lifton 1989；Hu Ping 1999 & 2012；Zimbardo 2002； Taylor 2017。關於個案故事，見 Chen Tushou 2013 和 Fu Zhibin, 2014。

138 Sha Yexin 2005.

139 Orwell 1949（引語在 178 頁）. Hendrix 2008. BBC: "China's 'memory holes' swallow up Melissa Chan," May 9, 2012. Rhodes 2012 & 2013. M. Rank 2014.

140 Mosse 1996: 245–252. Lacroix 2004. Cui Weiping 2015. Cai Xia et al 2021.

141 Huxley 1932. Fic 2014.

142 更多關於中共組織的假冒博主與帖主，請見 F. Wang 2017: 186, 239。揭露一些厚顏無恥又貪婪的「大 V」特工如何在中文網絡空間中靠散佈誤導和虛假信息獲利，見 Jia Ye 2021。

143 〈2015 年復旦大學 2,650 名網評員名單泄漏〉，最後造訪時間 2022 年 2 月，dongyangjing.com/bbs_disp.cgi?zno=80409&&kno=001&&no=0410。

144 CCP Central February 4, 2021.

145 Li Bin 2020. Ministry of Education, Press Conference, Beijing, December 7, 2021.

146 素質教育。Han Xiyan 2021. Bai Qingyuan 2021. Bai Xiaosheng 2021. Zhao Wanwei, 2021. Yu Weiyue 2022.

147 Guoqiao Tudou 2021. Ministry of Education *Student Reader* 2021.

148 State Council Information Office 2021.

149 Shi Po 2010. 筆者的訪談 , 2001–2022. SpeechFreedomCN, 209–22.

150 Osnos 2014: 30–35.

151 Hu Jintao 2007；習近平重複了這個說法，見 Huang Liang 2014。

152 Xi Jinping Oct 14, 2021 和 Aug 17, 2022.

153 A. Nathan 2014: 1–6. Buckley & Jacobs 2015: A1.

154 CCP Central-Organization Department 2014.

155 CCP Central Oct 23, 2014. E. Wong Dec 30, 2014.

156 Zhang Qianfan 2020.

157 Haraszti 1987. Y. Cheng Dec 15, 2020.

158 Han Deqiang 2013. Ni Guanghui 2013: 1; Qi Zhifeng 2013.

159 筆者對中國公民的訪談，2010 年代至 2020 年代。關於三座主要城市的 6,000 名受訪者，令人震驚地欠缺有關中國歷史基本事實的調查結果，見 Xing Zhuo 2006 & 2016。

160 Chen & Dickson 2010. J. Chen 2014. F. Wang 2005. Wallace June 2014.

161 恩格斯曾經討論過此概念，見 Friedrich Engels (1895) 2010: 164.

162 所謂馭民術。《商君書》（公元前 4 世紀）2009；De La Boetieor (1574) 2022.

163 例如在美國受過教育的上海風險創業投資人李世默（Eric X. Li）2012 & 2013。關於對李的揭露，見 D. Ma 2012 和 G. Rachman 2020。

164 Yao Yang 2013. D. Bell 2015.

165 CCP Central Oct 23, 2014。官方刻意誤導的英文翻譯，可見 Xinhua Oct 28, 2014。

166 Liu Dao 2021。

167 Sheng Ping 2020.

168 Xi Jinping April 2015. CCP Oct 2019.

169 確實，美國的許多漢學家們也常常讓他們的讀者（或許也讓他們自己）對中國的「法治」概念詞語迷惑不清，見 Y. Wang 2015。

170 Kong Deyong 2016: 16.

171 Qidian Renwen 2020.

172 Xu Yaotong 2006。Zhuang Shengdie 2007. Mu Ran Nov 29, 2014.

173 關於一有意思的例子，見 Zhang & Zhu 2011: 1601–15。

174 中共控制和壟斷國家數位數據庫 CNKI，並向非用不可的中國研究人員和學生收取高額使用費，從而獲得巨額利潤。Liu Li Feb 25, 2019。

175 Brandt & Schafer 2020. Guo Yuhua 2009. Zhu Xueqin 2014. *China Digital Space*: 小粉紅, Jan 20, 2021.Yu Liang, 2021. Hai Shang Ke 2022.

176 Smyth 2019; Luedi 2020. Gershaneck 2020.

177 Li Yuan 2020: B1.

178 例子包括：Liu Yu 2009；Zhang Qianfan 2012；Qin Hui 2015；Xu Zhangrun 2018 & 2021。

179 Hollingsworth & Xiong 2021。近年兩名具代表性的違抗中共的多產網絡作者，其一為編程隨想，program-think.blogspot.com，活躍於 2009 年 1 月至 2021 年 5 月，言辭尖銳，傳聞已被祕密監禁或突然死亡；另一為呼蘭胖子或天佑，真名楊明，數年內被刪除了幾十個網絡帳號，最後一次看到是 2022 年 9 月 hulanpangzi59@WeChat.com/weibo.cn。

180 Yu Xiaoji 2011. 19.3%為「黨和國家幹部及管理人員」、16%為專業人士、3%是學生、7.6%「其他就業人員」、20%是退休人員。Central-Organization Department 2021。

181 《全國人大代表名單》，北京，2021 年 3 月。中共中央組織部新聞發布，北京，2022 年 9 月 26 日。

182 「歷屆中國共產黨中央政治局常委」，網易，廣州；「十九屆中央領導機構」與「二十屆中央領導機構」，新華社，北京。關於中共中央委員履歷的互動數據庫，見 macropolo.org/digital-projects/thecommittee/，最後訪問都是 2022 年 10 月。

183 中國 31 所副部級大學排名，中國共產黨新聞網，2021 年 7 月 15 日訪問。

184 *The Times of India*: "BJP membership near 18 crore," New Delhi, India, Aug 29, 2019.

185 Keythman 2021 a 和 Hamel 2021. Zweig 2002. Groot 2003. Xie Maosong 2021.

186 CCP Central-Department of Propaganda Mar 24, 2021. Xi Jinping July 1, 2021. 黨的性質及使命的詳盡版本見於 CCP Central-Department of Propaganda Aug 26, 2021。

187 《中國共產黨章程》，第一章第六條，（1982）2022。Xinhua July 2, 2021.

188 CCP Central-Organization Department June 30, 2021.

189 關於一窺中共嚴守祕密的傳統，見 CCP Central Party History Bureau 1994。中共直到 1982 年才開始將幹部的終身制改為按年齡和級別退休，但退休幹部，特別是高幹，可以享受全薪和許多終身福利。Ma Qibin (1989) 1991: 179.

190 McGregor 2011:1–33. Morrow et al 2003.

191 CCP Central March 2018.

192 在全國人大任職時間最長（1954 至 2020 年）的「人民代表」，被戲稱為「活化石代表」，是一名地方中共幹部，她自豪地宣稱自己在全國人大「始終投贊成票，從不投反對票」。Yin Wei 2008. Zhang Bin 2012. Shen Hua 2020.

193 一個著名的案例是王志明神父（1907 至 1973 年）遭處決案。王 1998 年在倫敦威斯敏斯特教堂被立像紀念為 20 世紀十大殉教者之一。見 westminster-abbey.org/our-history/people/wang-zhiming, accessed July 20, 2021。更多關於王志明和中國西南地區遭壓制但仍頑強獨立的基督徒，見 Liao Yiwu vol. 2 2008: 48–73。關於近期中共「管理中國宗教」的舉措，見 Berkley Forum:"Regulating Religion in China,"Washington, DC: GU, March 16, 2020。

194 中國八個所謂的民主黨派，總共有 112 萬名黨員，（其中許多實際上是「地下」中共黨員），是為中共統一戰線政策和宣傳所用的部級機構。「八大民主黨派」，www.gov.cn, accessed Jan 13, 2022. 關於中共在鄉鎮及以下層級治理之田野研究，見 He Xuefeng 2021。

195 百度貼吧 tieba.baidu.com/p/3422163689, accessed Aug 16, 2015. 關於中共縣級治理的第一手經驗，見 Li Kejun 2014。

196 Deng Zhaowen 2011.

197 Zhang Haiyang 2013.《中華人民共和國軍人地位和權益保障法》，第 12 條。Xi Jinping July 1, 2021 & Aug 1, 2021.

198 Wang Ping 1992: 584. 筆者對解放軍高級軍官的訪談，2014-18 年。在毛澤東時期，截止點為一個排。Wu Faxian 2006: 731。關於內幕人士揭露中共領導下的解放軍，見 Liu Jiaju 2020。

199 IISS 2018. State Council July 24, 2019. 中國軍隊和警察的預算甚至人數可能都被低報了。

200 Yu Xiang 2021.

201 根據一份透露的內部報告，1990 年代後期，中國城市警察密度是美國的兩倍多，Li Zhongxin 1999。

202 中共在 1920 年代為保護政權和獲取情報，設立了祕密警察，即國家政治保衛局，Gong Chu 1978: 569–579。1930 年代後期擴展為社會部、情報部和城工部；1949 年後，這些部門都進行了更名、重組和擴編。CCP Central Party History Bureau

1994: 119–125, 139, & 162。關於中國祕密警察的學術著作極少，一近期的著作是 X. Guo 2012: 300–373。

203 中華人民共和國和解放軍的情報網絡經常在國內進行間諜活動，以偵察異議和反對意見或進行權力鬥爭。中共官員們本身也經常成為目標。Lin Shanshan 2012。關於世界上最精細的中共網絡警政，見 Tao Xizhe 2007. Chambers 2012: 31–46。

204 Dianji 2013; Hai Yuncang 2014. Ma Xiangping 2001. 毛澤東和鄧小平據報導均依賴這些內參。Liu Xiange 2017; Yin Yungong 2012 ; Yu Keping 2014: 5–6 & 9。

205 特勤局據報導設立於 2019 年，去監視和保護現職及退休高級領導人。Xu Tengfei 2019.

206 He & Huang 2013: 91–92.

207 Ministry of Public Security-Personnel Training Bureau 1999: 234–252. 關於著名藝術家／學者被招募作為線人並利用多年的例子，如英若誠、文懷沙、黃苗子及馮亦代等人，見 Ying & Conceison 2009 和 Gu Weihua 2009: C15。關於一名有前途的物理學家如何當了幾十年線人卻荒廢了學術，見 Liu Xiaosheng 2021。

208 Cao Jinqing 2000: 464–465. Li Fucheng 2021.

209 課堂線人用於確保教師遵循黨的路線。筆者對中華人民共和國大學管理人員和教師的訪談，2010-21。

210 Hannah Beech, "The Other Side of the Great Firewall," *Time*, June 22, 2015: 50.

211 CIIC 2021. 所謂的「青年網絡文明志願者」，規定人數為 1,008 萬人之多，占共青團成員 10%，CYL Central 2015: 8。短短兩個月內，共青團就在福建招募了 15.76 萬人，包括 14 至 18 歲的男生 92,359 人，14 歲以下的女生 3,870 人，以達成福建省 33 萬人的規定人數，CYL Fujian Provincial Committee 2015。

212 G. King et al 2016.

213 Zhao & Xu 2014; Chang Xiaobin 2014. 筆者的訪談，2010-21。

214 *Renmin Ribao* Chief Editor April 15, 1998.

215 Song Wu March 14, 2005. Yang Jisheng 2006: 284–287.

216 Wang Hongru 2016. Liu Sunan 2016. Ministry of HRSS 2016–22. Chen Jian 2022.

217 Zhang & Yan 2021: 14–32.

218 Jiang Xiaotian 2021. Lao Xu 2016. Ma Jichao 2021. Lu Yu 2022.

219 A. Wu 2014: 97, 197.

220 Sun Liangquan 2021. Jin Nian 2021.

221 Wang Xuanhui 2014. Sha Xueliang 2019. Chen Qiao 2019. Xu Ran 2020. Guan Cha Yuan 2021. Cao Hou 2022.

222 Mo Zhengxin 2005. Zhou Tianyong（中共中央黨校教授）2010.

223 Li Chengpeng 2014. Wang Shu 2014.

224 Feng Junqi 2010. Ming & Li 2015.

225 Lao Man 2019.「2018 年居民收入和消費支出情況」，國家統計局，2019 年 1 月 21 日。近來，面臨財政困難，一些地方政府據報導開始凍結和降低幹部工資。*Zhihu* Dec 13, 2021。

226 Sun Yu 2020. Yang Chengpai 2021.

227 Tsinghua University 2020 & 2021.

228 Chaoyang Government 2022. Nan Shen 2022.

229 Xin Ziling 2009: 538–542 & 2012. Chen Yingchao 2008; *Douban* 2008. Teng Biao 2021.

230 關於近期一被官場同化或淘汰的例子，見 Chen Xingjia 2021。

231 Peng Xizhi 2014. S. Wee 2018: B5; Wu Shenbiao 2020.

232 國家幹部包括國家「事業單位」和國有企業中的幹部。以虛構手法描繪幹部生活，見 Zhang Ping 2009。關於「領導幹部」的自傳，見 Pu Yang 2011。關於幹部角色及權力的分析，見 Fitzgerald 2022。

233 一名內幕人士關於中共組織部門的回憶錄是 Yan Huai 2017。

234 A. Wu 2014: 155. State Council March 19, 2019.

235 State Council March 19, 2019.

236 F. Wang 2017: 183–188. 2018 年，中共暨中華人民共和國將五個級別中十個階級的「正副級領導幹部」更名為「職務幹部」，更多的「公務員」則改為五個級別中的十二層「職級幹部」，NPC (2005) 2018。

237 Liang Zi 2018. Xinhua 數據庫, Beijing, Feb 14, 2022. 筆者的訪談，2018-22。

238 Gong Wen 2021.

239 關於 2020 年代中低層幹部和解放軍軍官正式工資和獎金的案例紀錄，見 FJBM 2022, Zhicheng caijing 2022 and Changsha City 2022。

240 即使在混亂的 1960-1970 年代，這一差距仍然是 20 倍。Yang Kuisong vol. 1, 2009: 433–452 & 2007。2014 年，美國聯邦政府雇員的最高工資差距為 11.7 倍，US OPM 2014。

241 An Moluo 2015。關於早在 1949 年以前中共領導人的菁英優越生活方式，見 Cai Xiaoqian 1970。關於一名中共駐莫斯科特使窺見的蘇聯特供制度，即後來中共仿效的範本，見 Li Jingxian 2021。

242 Gao Zhiyong 2007:17–18. Yang Kuisong vol. 1, 2009: 456–457. 關於罕見的特供細節曝光報導，見 Lu Zongshu 2011（該文迅速遭審查清除，但後來又再流傳和更新，如 Ri Du 2021）。Xiao Qiang 2011. Sun Zhongyuan 2011: 3.

243 Shuai Hao 2011.

244 「981 首長健康工程」，RFA Sept 16, 2019；關於此「科學計畫」的詳細報導，曾刊載於北京的互動百科和解放軍總醫院網站上，直到 2019 年 9 月下旬突然被刪除。

245 Ye Zhuyi 2011。

246 筆者的訪談，2010-21。關於一個被降職的領導人紀登奎，所受「待遇」起初殷勤後卻變質的案例，見 Zhao Shukai 2021。

247 Barboza 2012. Forsythe 2014. Demick 2015.

248 Stevenson & Forsythe 2020: A1. Reuters: "Three listed units of China's HNA disclose embezzlements of nearly $10 billion," Beijing, Jan 31, 2021.

249 Yao Dongqin 2015. 中央電視台：《新聞聯播》，北京，2021 年 2 月 24 日。

250 Forsythe & Ramzy 2016. A. Olesen 2016. Offshore Leaks Database, offshoreleaks. icij.org, searched June 11, 2020. Wilson-Chapman et al 2019. Fitzgibbon 2020. Tokar 2020.

251 D. Bell 2015. Meng Yaping 2019. Wooldridge 2021.

252 Q. Zhang 2020: 213–247.

253 Huang Yushun 2017. 一名中國科學家認為許多中國官員是些「太監」而已，Rao Yi 2014。

254 在一個線上論壇上，來自中國商界的許多參與者基於他們「數十年的經驗」斷言，中華人民共和國官員們「絕對稱不上是什麼賢才」。中國模式 II，2021 年 9 月 21 日。

255 Lilun 2014。Yao Heng 2014. Zhou Jianhong 2015. Yuan Chao 2017. Guo Xue 2021.

256 Xu Kai 2011。Buckley March 5, 2011.

257 Zenz 2018. X. Guo 2012.

258 Wu Si 2006.

259 關於一位傳奇性人物講述中共的強權政治，見 Schwarcz 1992。

260 F. Wang 2017: 178–183.

261 He & Huang 2013. L. Li 2020. CCP Central Dec 24, 2021.

262 Zhu & Zhang 2020:1–17.

263 《和田日報》，2017 年 4 月 10 日；中央電視台，2021 年 4 月 2 日。

264 《管子》、《商君書》及《韓非子》等法家典籍都包含此類洞見。Morrow et al 2003. Broadhurst & Wang 2014:157–178.

265 Garside 2021.

266 Bajohr 2001. Kroeze et al 2018.

267 當然，這一判斷使習近平能在任何他想要權力和控制的地方清洗和更換幹部。CDIC April 10, 2016; Editorial April 11, 2016: 1.

268 CDIC June 28, 2021. Supreme People's Procuratorate June 2, 2020. CDIC & CCTV 2022. Wang Xiaodong 2021

269 Xinhua Nov 8, 2021. CDIC ccdi.gov.cn/scdc/, accessed Feb 2022.

270 Chen Huijuan 2021.; *BBC News in Chinese*, Sept 27, 2022.

271 Wang Mingyuan 2021.

272 Wang Shaowei 2016: 1. F. Wang 2017: 182–183.

273 Gu Yi 2017.

274 Link 2021.

275 Li Yancheng 2011. Wang Ruohan 2013. *The Economist*, "China's Rich List," Sept 29, 2012.

276 Bai Jianjun 2010:147. Supreme People's Procuratorate 2020.

277 新浪財經「胡潤百富榜」，北京，2014 年 9 月 23 日。

278 Wang Xiaoqing 2015. Shou Ye 2017. Zhou Songtao 2020.

279 UBC & Price Waterhouse 2019:11. Zhang Yingjian 2020.

280 Xiao Shan 2020. 知乎，「葉簡明是誰」，2020 年 8 月 7 日。Ng & Xie 2018. Caixin

May 10, 2018. Tai Le 2020. Cooper & Russell 2022.

281 Zhou Qunfeng 2020. 高碑店人民法院判決書，2021 年 7 月 28 日。Li Yuan July 28, 2021. 關於孫大午的政治和意識形態異議，見 Cheng Tiejun 2021. Niu Ye 2022。

282 D. Shum 2021. Inskeep 2021.

283 Shang Guoqiang 2019. Deng Xinhua 2022.

284 Dong Langxing Dec 30, 2019.

285 State Administration for Market Regulation 2020. Si Yang 2021.

286 Wei & Yang 2020. Cai Pengcheng 2020. 筆者的訪談，2018–2021。

287 Zhou Yuanzheng 2021. 搜狐，「令計劃祕密組織西山會」，2014 年 12 月 24 日。Jin Rongdao 2020. Hu Tou 2021.

288 Du Enhu 2014. Chang An Jian 2018.

289 許多具影響力（通常也是收入頗豐）的中國互聯網名人，即所謂的大 V，經常被削弱，突然被禁止再出現在網上，甚至完全被刪除。筆者的研究筆記，2010–2022；*Safeguard Defenders* 2020; Carter 2021.

290 Klein 2008.

291 Radio Free Asia, Sept 26, 2017. R. Chun 2018. Schiefelbein 2018. E. Feng 2019.

292 Chen Yixin June 21, 2018. Mitchell & Diamond 2018. M. Jude 2020.

293 Y. Chen et al 2018. Xu & Xiao 2018.

294 在財新、新浪財經、搜狐財經和騰訊等中國經濟金融新聞網站上簡單搜索，就可查到無數 2020 年代的此類案例。

295 筆者的訪談，2003–2022。關於警方暴行及其系統性掩飾，見 Tatlow 2016。

296 Liu 2008: 131–147. Bai Jianjun 2010: 144–159. Supreme People's Procuratorate 2020.

297 Hu Lianhe 2006.

298 Xinhua May 15, 2020. NPC Dec. 26, 2020. Supreme People's Procuratorate March 8, 2021.

299 Ransmeier 2017. Wu Qinying 1988. Xie & Jia 1989. Zhuang Ping 1991. Jiancha Ribao Aug 14, 2000. Ministry of Public Security 2003. Wang Qiliang 2010. J. Wang 2014. Liu Wei 2017. Wang Jingling et al 2018. W. Zhen et al 2018. Y. Xia et al 2020: 238-252. Zhihu May 21, 2020. Wang & Dong 2022: A1. Lu Si 2022.

300 Luscombe 2014: 32-33.

301 Zhongmin Social Assistance Institute 2021. 關於一些失蹤兒童案件例證，見 baobeihuijia.com，最後訪問 2022 年 2 月。Goldberg 2012. Pang & Zhang 2019: 8.

302 Scoggins 2021. Wang & Zheng 2015.

303 Li Yuan Feb 15, 2022.

304 筆者對微信公眾號和微博博客的瀏覽，2022 年 1 月至 3 月。引語來自 Michel Bonnin，電郵通信，2022 年 2 月 18 日。

305 暗室四知，微博國際版博客文章，2020 年 2 月 23 日。

306 Tacitus (109) 2004: 3.19. 中共官方就此的一些報導，見 Zhao Changmao 2007；《半

月談》，「政府官員誠信問題成關注焦點」，2007 第 7 期；Cui & Wei 2013。

307 Xu Yanhong et al 2014.

308 Zhengzhi Shitan 2022. Cong Yi 2022. Sun Liping 2009. Li Yaping 2022.

309 Zhu Jicha 2021. Lam July 23, 2021.

310 F. Wang 2017: 176-181. 關於毛時代晚期的暴力鎮壓，見 Walder 2014: 513-539。

311 *The Economist*, "Labour Unrest: Out Brothers, Out!" Jan 31, 2015: 37-38.

312 Zeng Peng et al 2006. Keidel 2006. Minzner 2009: 93. 關於引發基層社會抗議的水利建設項目，見 Mertha 2010。

313 Page 2011. Forsythe 2011. Zhu Li 2012. Yu Keping 2014: 9. 其中許多暴亂事件細究之下往往是些毫無意義、隨機但血腥的行為，只為發洩深沉的不滿和報復。筆者的研究筆記，2001–2021。

314 Tanner 2004; *The Economist*, "Protest in China," Sept 29 2005. Freeman 2010; Forsythe March 6, 2011. Ringen 2015.

315 Li & Tian 2014: 270–288.

316 Liu & Mozur 2022. Gan April 2022. Kuo 2022. Li Yuan May 6, 2022. 關於揭露、譴責和反抗的文章集錦，見 Jia Lin 2022。關於上海一名說唱歌手怒罵："fxxk the state, fxxk the government," 見 Astro 2022。

317 Lao Dongyan Oct 31, 2019.

318 2010 年，南韓人口為中國的 4%，發生約 400 起騷亂，人均安寧程度是中國的 14 倍。筆者於首爾的訪談，2011 年 7 月。在美國，和平 / 合法示威的報導，經常與混雜了關於暴力或非法騷亂的報導。2017 年，美國共有 4,296 起民眾抗議活動（參加者 10 人以上），其中一些演變為暴力騷亂，據此，美國社會的人均社會安寧程度與韓國大致相同，比中華人民共和國要高十多倍。Tommy Leung & Nathan Perkins on countlove.org, July 2021.

第二章　經濟紀錄：中國特色社會主義

1　Walder 2015: 315–346.

2　2019-21 年中國官方報告，多達 4 億人的家庭年收入為「中產階級」，在人民幣 24,000 元（3,540 美元）至 250,000 元（36,400 美元）之間，中位數為 29,975 元（4,428 美元）；另有 3,000 萬人的家庭年收入為「上流階級」，超過 250,000 元（36,400 美元）。Cyrill 2019. State Statistical Bureau 2021.

3　關於中華人民共和國宣傳其經濟持續高速增長的中國模式，見 Justin Yifu Lin 1999 & 2012。關於中國學者駁斥林毅夫等人，見 Wei Sen, Yu Yongding and Zhang Shuguang et al 2013: 1051–1094。更多關於中國制度的「優越性」和經濟「奇蹟」，見 Zhou Li-An (2008) 2017。

4　關於中國的「道義經濟」，見 Laliberté 2016。關於「發展主義國家」，見 Evans 1995; Woo-Cumings 1999; Kohli 2004; M. Wan 2008; Greene, 2008; and Walter & Zhang 2012。關於台灣的作用，見 Rigger 2021。

5 H. Wu 2019: 1–22.

6 Reardon 2021. Zuo Fang 2014: 214.

7 Sachs 2003: 983. Xu Chenggang 2017. Sun Laibin 2019. Li Xaiodan 2020.

8 Ang 2016. Zhang Qi 2021.

9 Vu 2010. F. Wang 2005: 117–127. Xu Xiaonian May 10, 2013.

10 Ozawa 2004: 379–388.

11 S. Li 2022.

12 關於部分性的自我評估，見 Wang Hongguang 2018. Ang 2020。

13 Tao Ran, 2021. Tao & Su 2021.

14 Myrdal 1968. North 1990. Sen 2003. Acemoglu & Robinson 2012.

15 Acemoglu et al 2019: 47–100. Quotes on pp. 47–48 & 96–97.

16 S. Tang 2022. Zhou Wen 2021.

17 *Index of Economic Freedom*, Washington, DC: Heritage Foundation, 2021.

18 Telep & Lutz 2018: 693–708. CRS 2019. Baschuk 2020. Mishra 2020.

19 Pearson et al 2020.

20 Ross 1999: 297–322 & 2015: 239–259. Smith & Waldner 2021.

21 Gill & Kharas 2015. Wang Renbo 2021.

22 Yang Xiaokai 2000. Yang Li May 8, 2004. Jiang Zong 2020.

23 Thaxton 2008. Kung & Chen 2011: 27–45. Yang et al 2014: 864–883.

24 Xue Muqiao 1996: 197 & 203.

25 毛澤東 1959 年 4 月 5 日對中共高層幹部的講話，見 Li Rui, vol. 2, 1999-II: 465–466。

26 Lu Shuzheng 2003.

27 US State Department 1954.

28 Wang & Liu 2012: 68–87. 抱持理想主義但慘遭欺騙虐待的海歸人士的悲催命運，在巫寧坤（1920-2019）身上展現無疑。Wu & Li 1993。筆者有幸曾間接地（在安徽的大學本科）和直接地（在北京的碩士項目）上過巫先生的課。

29 趙樹理，見 Qian Liqun (1998) 2002: 238–239。

30 F. Wang 2004: 115–132. 關於配給制度的的圖片證據，見 Yang Fei 2014。

31 *Tencent* January 2, 2014. Zhu Pule 2014 & 2022. Cairang 2007. Cao Yunwu 2006.

32 Zhao Dexin 1999: 42. *Tencent* January 2, 2014. Zeng Peiyan 1999: 897–898.

33 Meng Fangui 2013. Neo Zion 2014. 本書將在下一章對此做進一步探討。

34 如宋健在 1980 年提出的理由，見 Song Jian 1980。

35 He Jiyuan 1998. 1958 年，毛澤東曾下令要「增加人口」並為「人口死亡是工業化的代價」辯護，見 Li Rui 1999: 209。

36 Bonnin (2004) 2013. 關於此主題的一個早期專著是 Bernstein, 1977。關於下鄉知青及其後代數十年後在 21 世紀的悲慘命運，見 Sun Peidong 2012. Wang & Zhou 2015。

37 Greenhalgh 2005:253–276. 關於中國政府對控制人口的理由和辯護，見 He Qinglian 1988 and Chen Xiaonan, 2013。

38   Ministry of Health 2010.

39   Commission of Health 2020. Wu Bin 2020.

40   Wang Feng 2016. 然而，中共仍誓言將繼續實施家庭計畫生育和修改後的生育指標。CCP Central October 29, 2015。

41   Wang Ling 2016. An Bang 2014. Hesketh et al 2005:1171–1176. Hofman et al 2021: 3–7.

42   Population Training Center 1991. Greenhalgh 2003. Laogai Foundation 2004. Potts 2006.

43   S. Lin 2014. Cai Xia 2015. Qiu Feng 2015. Xue 2015. Lin Shijue 2021.

44   *The Economist*, "Tales of the unexpected," July 11, 2015. Whyte et al 2015:144–159.

45   Xinhua May 31, 2021. Goldman 2021: A10. Zhao Tong June 2, 2021.

46   公安部戶政管理研究中心，2021 年 2 月 14 日訪問。Johnston 2021: 91–111,

47   Liang Jianzhang 2022.

48   Lin Xiaozhao 2022. OECD database, worldpopulationreview.com, March 2022.

49   Ministry of Public Security January 24, 2022.

50   Twitter.com/JunZhan12743255/, May 31 & June 2, 2021. 可能是為避開審查，張貼在這裡的尖銳政治評論和報導中夾雜著輕色情圖片。

51   Wu Jinglian 2008. Li Yining 2011: 102–163. Wu Kaizhi 2012.

52   Rodrik 2008 & 2009. Zhou Hong 2007.

53   Y. Huang 2008.

54   IMF Data 2021 and World Bank Data 2021. *The Economist*, "The Dragon Takes Wing,"May 3, 2014. 關於用購買力平價（PPP）來比較 GDP 存在問題的辯論，見 chinafile.com/will-chinas-economy-be-1-dec-31-and-does-it-matter 評論，2021 年 1 月 13 日。

55   Pan Hongmin 2001. CICA 2005–13.

56   Lardy 2014: ix. Ge Long 2016.

57   Pantsov & Levine 2015: 325–376 & 395–434.

58   Zhou Qiren 2014.

59   Qin Hui 2008. Chancellor 2013.

60   Sirkin et al 2014. Tabuchiaug 2015: A1.

61   World Bank database, accessed March 2021. Reuters: "China's 2020 GDP growth set to sink to 44-year low," April 14, 2020. 在 2020 年，中國總理數十年來首次停止預測年度增長目標。Li Keqiang 2020。國家統計局新聞簡報，2021 年 2 月 28 日。其後，李克強又恢復了預測年度 GDP 增長速度的傳統：2021 年為 6%，2022 年為 5.5%。Li Keqiang 2021 & 2022。

62   He Qinlian 2005. Wang & Wang 2007: 30–37.

63   Nie Riming 2021。

64   *The Economist*, "Investing in Chinese shares" September 27, 2014:71.

65 Qiu Lin 2014. Wu Xiaobo 2014.

66 L. Wei 2015; D. Barboza 2015.

67 根據美銀美林的計算，中國股票市場的總市值是美國的 4.5%或日本的三分之一。
    L. Kawa 2015.

68 Xi Jinping September 2, 2021.

69 私有土地產權的缺乏使率先在 1978 年自發去集體化的農村又陷入了貧困和停滯。
    Chen & Chun 2008。

70 許成鋼，新浪博客，2014 年 9 月 18 日。筆者 2008 年在越南的訪談；Shira 2019。
    中國學者關於土地權利的隱晦但中肯的評論，見 Tan Rong 2021。

71 *The Economist*, "China's financial system" and "Big but brittle," May 7, 2016.

72 Shenzhen Bureau of Justice 2020. Meng Qingguo 2021. NISSTC 2021.

73 知乎，「為何全世界的 P2P 僅在中國出現騙局」，2016 年 1 月 22 日。Zheng
    Hedao 2019; Ba Jiuling 2019; Deng & Yu 2020. Yao Chanjun 2021.

74 中國官方的通貨膨脹數據不包括住房和醫療保健等高通膨項目。91rate.com/；中國
    國家統計局；美國勞工統計局網站，2022 年 1 月 11 日訪問。

75 Gruin & Knaack 2019.

76 Yi Gang（中國人民銀行行長）2021. Ge Long 2016.

77 2018 年，四大國有銀行貢獻了 73%的國有企業利潤。Da Xueshi 2019.

78 Dong Wenbiao quoted in Zhou Yuanzheng 2021.

79 知乎，「最新中央企業名單」，2020 年 5 月。Li Jing 2020.

80 由騰訊提供，十分流行的微信支付本質上是一種線上簽帳借記金融卡。關於中國金
    融科技（fin-tech）的調查，見 Hsu and Li 2020。

81 2020 年商業貸款的「法定上限」利率為 39%。筆者訪談，2021。

82 Shuai Bang 2016. 這種做法顯然在中國各地依然存在，並且「已成為一個完整的產
    業鏈」，還經常強迫違約借款人（主要是年輕女性）從事色情和賣淫工作。Ou La
    2019。

83 Naughton1988: 351–386. Meyskens 2020. 中共後來指稱該策略為「巨大的經濟浪
    費和時間損失」。Liu Huaqing 2004: 288。關於這類浪費的例子，見 Fu Tianming
    2011: 75–76。關於中國「三線」的學術著作，包括許多修正主義者甚至辯護者之作，
    見 Zhou Xiaohong 2020:17–25 and Xu & Zhang 2021。關於「三線」生活的生動軼
    事匯集，見 Y. Wang et al 2022。

84 Hu Jintao July 1, 2011。此後中共不斷重申此主題。

85 Reischauer 1986。

86 Xinhua April 8, 2013. Sharma 2013. Pettis 2013.

87 Ringen 2015. 關於徵稅和中國政治，見 C. Zhang 2021。

88 Kynge 2014.

89 Table 3.3, Ministry of Treasury 2012. Ministry of Treasury 2020. Xinhua Jan 23, 2013.

90 Xuan Feng et al 2010: 24–28 & 29–40.

91 關於過度徵稅，見 opinion.china.com.cn/event_1805_1.html, Jan 2021。

92　US OMB 2021: Table 2.3.

93　*The Economist*, "The 15-Year Hitch," May 7, 2016. IIF 2020. Yi Gang *Speech* 2021.

94　Zhou Tianyong（中共中央黨校教授）2010 & 2018.

95　2013 年，中國中央財政收入增速在「大幅放緩」後還高達 10%，約為 GDP 增長速度的 1.4 倍。見《京華時報》，2013 年 12 月 12 日：A01。

96　Zhang Shuguang（天則研究所主席）2011.

97　Deng Yuanjie 2021.

98　CCP Central & State Council 2018 & 2021. Ministry of Treasury 2021. Li Xuhong 2021.

99　這可能是一項「特殊舉措」，給地方上的民營公司一些喘息空間。Bai 2019。

100　Dao Ke 2006。Wang Yaofeng 2013。中科院只發布了一句話否認一篇關於該數字的「研究報告」。CAS 2013。然而，該數字後來仍出現在其他類似的報告中，如 Wei Jiaqi 2020。更多關於中國醫療保健體系的演變、問題和教訓，見 Blumenthal & Hsiao 2005: 1165–1170 and 2015: 1281–1285。

101　*Zhihu* December 11, 2014.

102　比較好的情況是「把自己的錢花在自己身上或別人身上」，這樣可以確保更高的效率。Freedman 1980:116–7。

103　Xia Bin 2014: 10–15. N. Zhu 2016.

104　Li Guang 2013. Liu Liping 2014; Feng Huiling 2014. 關於一個耗資 1,000 億美元的鬼城，見 Zaho Jiwei 2014; Sabrie 2014. Li Tiemin 2020. *Nikkei Asia*: "Concrete 'ghost towns'", Feb. 9, 2022。

105　Bradsher 2013: B1. Kam Wing Chan: "China's High-Speed Trains," *China Focus*, March 28, 2011. Michael Pettis 在 2013 年向筆者強調了中國高鐵項目的過度非理性。關於高速公路的大規模虧損，見 Chen Fang 2014: 2。

106　Su Xiaozhou 2014; *Reuters*: "Lovely airport, where are the planes?" April 10, 2015. Graham-Harrison 2015. Zhi Zhu 2021.

107　關於 1950 年代開始的中國政治化築水壩工程之「災難」，見 Li Rui vol. 2, 1999-II: 242–256. Guo Yushan 2011. Wines May 20, 2011: A4. Khetani, 2012。

108　Qiu Baoxing 2013: 1–11.《京華時報》，「南水北調」，2014 年 10 月 13 日：A06–7. *The Economist*, "A Canal Too Far," Sept 27, 2014: 18 & 44-35. Yi Ju 2014. Wang Weiluo 2015: 58–59。

109　搜狐，「荊州關公像」，2021 年 1 月 9 日。Zhang Jing 2021。

110　Chatzky 2020. *Nikkei*: "Deadly IS attack threatens China's Belt and Road in Pakistan,"Jan 10, 2021.

111　Beech 2021。一名中國分析師估計「中國一枚奧運金牌的成本是 6 億元」，或「相當於 9 個窮國的總收入」。見《財經頭條》，北京，2016 年 8 月 17 日。

112　Pan & Wang 2006. Huang Jing-Yang 2021.

113　Ringen 2016: 16–26.

114　Lebow 2010. Waldron 1999. Gertler 2016. White & Raitzer 2017.

115 *The Economist*, "Post-war China," Oct 11, 2014. Zhang Qi 2011.

116 關於中國經濟概況，請見 Naughton 2006, Lardy 2012, Chow & Perkins 2014, and Kroeber 2020。

117 State Statistical Bureau 2013. Li & Kim 2014. IMF: "China: International Reserves and Foreign Currency Liquidity,"Oct. 31, 2014; Xinhua 2020; Safe.gov.cn, Jan 2022.

118 Li Jinlei 2014. Pan Qi 2014.

119 Scissors October 28, 2014. *Bloomberg*，「中國的 GDP 增長速度已經被虛誇了 9 年」，2019 年 3 月 7 日。Wildau 2019. Chen et al 2019. Niyazov 2019. Bird & Craymer 2019.

120 Stiglitz et al 2010. *The Economist*, "How to measure prosperity" & "The trouble with GDP,"April 30, 2016. Xu Chenggang 2014.

121 Credit Suisse Research Institute 2014. 許多中國網民諷刺地將 GDP 唸成諧音「雞的屁」。Cao Jianjun 2013; Yu Zou,「建樓是雞的屁，炸樓又是雞的屁，再建還是雞的屁」, @zouyuqhd, Twitter, Dec 14, 2020。

122 *The Economist*, "China's economy: Coming down to earth." April 18, 2015.

123 Duesterberg 2021; Bradsher January 17, 2022. Scissors Nov 12, 2014; Rosen 2021.

124 World Bank Gross Savings database, OECD data base, PRC stats.gov.cn, June 2021.

125 Yueh 2014. *The Economist,* "Hole in won," May 31, 2014

126 Jahn 2020.

127 Kazarosian1997: 241–247. Callen & Thimann 1997. Barnett & Brooks 2010. Baldacci et al 2010. Ma & Yi 2010. *The Economist*, "Dipping into the kitty," May 26, 2012. Bonham & Wiemer 2012. Curtis et al 2015: 58–94. L. Zhang et al 2018.

128 Chen Yanping 2016.

129 OECD 2000. Graham & Wada 2001. Das 2007: 285–301, World Bank April 18, 2015. BBC News: "China overtakes US for foreign direct investment," Jan 30, 2015.

130 *The Economist*, "China's economy," Jan 14, 2010. Zhang Monan 2013. Lahart 2014. "Gross fixed capital formation"*data.worldbank.org*, accessed Jan 24, 2021.

131 *The Economist*,"Unproductive production,"Oct 11, 2014. Quote in H. Wu 2019: 9.

132 Miao Wei 2015.

133 India Brand Equity Foundation 2013: 2–3. US Census Bureau 2014: 4.

134 關於毀滅資本的理論討論，見 Solow 1956: 65–94。關於一份對中國數據的分析指出過度依賴投資導致了大規模的「隱性資源轉移」，見 Lee et al 2012。

135 OECD Development Centre 2013: 280–281. 另一項研究認為，中國的 ICOR 剛好處於該地區的平均水平，見 Carbon 2012。

136 *Reuters*:"China wasted $6.9 trillion on bad investment post 2009,"Nov 20, 2014. 對此研究的一項批評來自 *The Economist*,"Wasted investment"Nov 28, 2014.

137 關於中國國有石油公司在安哥拉損失 100 億美元，見 Huang Kaiqian 2015。 *AFN Daily*，"Scary losses: Chinese investment halved", Sydney, Jan 18, 2021.

138 Lardy 2014: 97–99.

139 Walter & Howie 2012. Davies 2019. Zhou Ying 2019. F. Tang 2020-I. 高鐵線路信息見 crh.gaotie.cn，2020 年 7 月訪問。另一項估計認為，有六條短程（實際上是四條不同的）路線是賺錢的（網易，2020 年 10 月 20 日）。

140 Bei Yi, 2012. Hille 2013. Kong Deqian 2015. Dong Xizhong 2022. 關於中共幹部及其同夥合作貪汙公共資金，見 Lu and Wang 2022。

141 Pettis 2013 & 2014; Oster & Lee 2014. US Commercial Service 2019. Krugman 2022.

142 Supreme People's Court and Supreme People's Procuratorate 2019.

143 筆者基於訪談的計算，2019。

144 H. Hung 2021. Chen Xiaoying 2013.

145 *The Economist*, "The 15-Year Hitch," May 7, 2016. Setser 2018 & 2020.

146 中共暨中華人民共和國要求所有來自出口的硬通貨收入必須賣給國有銀行換成人民幣；若有需求，人們只能從國有銀行購買經過批准數量的硬通貨。關於中國經濟學家對此政策語帶遲疑的批評，見 Lu Feng 2014。左傾官員擔心中國經濟的「高層控制」會被「國際資本力量」攫取，Yu Yunhui 2013。

147 Wang Xuejin 2015.

148 網易，「外匯儲備淨額跌破 1 萬億美元」，2020 年 8 月 17 日。Fan Li 2020. safe. gov.cn，以及美國財政部／美聯儲網站（ticdata.treasury.gov），2021 年 12 月訪問。

149 Zhao Jian 2015. Yu Yongding, 2022.

150 PRC Customs 2020. SAFE 2021.

151 Duan & Huang 2020; *The Economist*, "China's 'dual-circulation' strategy means relying less on foreigners," Nov 7, 2020.

152 Tang Ji 2020. Shi Zhichang 2020. Yuan Jian 2020.

153 Arnold 2015.

154 2013 年為 8.1％，2015 年為 15.5％，2016 年為 17.7％，2017 年和 2018 年為 17.8％。中華人民共和國公布的預算數字一如預期地粗略且刻意的不一致。這裡的數據是基於經過分析的政府數據。Zhong & Li 2018. Ceicdata.com and Evergrande Institute Data, searched June 10, 2020. Lin Caiyi 2021.

155 Bloomberg, "China Finds Debt Addiction Hard to Break in Growth Quest," July 17, 2014.

156 Textor 2020. Liu et al 2022: 40–71. Khan 2018. X. Yu 2020.

157 Xinhua: "China's outstanding local gov't debt rises in April," May 11, 2020. Lin Caiyi 2021.

158 Tierney 2017.

159 Zheng Jie Ju 2020; 網易，「各省市淨上繳中央稅收」，2021 年 7 月 14 日。Lin Caiyi 2021 & 2022.

160 Wright & Feng 2020.

161 *The Economist*, "China's financial system" and "Big but brittle," May 7, 2016.

162 Wildau 2014. A. Lee 2020; F. Tang 2020-II.

163 Zhang Xiaojing 2020. Gang 2020. Tiftik 2021. Zhang Ming 2021. Liu Guoqiang 2022.

164 IMF 數據庫，2022 年 2 月 8 日訪問。

165 Saxegaard 2014. Pienkowski 2017. IMF Policy Paper 2020 & 2021.

166 《中國證券報》，「中國貨幣供應量十年擴大 450%」，2010 年 10 月 18 日。

167 Liu Zheng 2014. 國家統計局數據庫（stats.gov.cn），2014 年 11 月 2 日訪問。

168 美聯儲、美國商務部，以及中國人民銀行數據庫，2014 年 11 月，2020 年 5 月，和 2021 年 9 月訪問。

169 Tang Jing 2020.

170 O. Wang 2018.

171 People's Bank of China Feb 10, 2022. Wen Lin 2022.

172 Niu Baiyu 2014.

173 Porter & Judson 1996: 899. Feige et al 2001. Judson 2012.

174 Qian Qiujun 2014. Jiang Chao 2014.

175 Yang Zhijin 2015. Wu Xiaobo 2014.

176 李克強記者招待會，2020 年 5 月 28 日。Mallaby 2020.

177 USDT 2021. *Reuters*: "India outlines $23 billion stimulus to help poor," March 26, 2020.

178 Maizland 2020. Su Xiaozhang 2020. 為中共的辯解，可見 Zhang Deyong 2020.

179 《新京報》，「人們『搶不到』錢，而其他人則轉售優惠券賣錢」；「消費券為什麼搶不到」，2020 年 5 月 24 日。

180 Noguchi & Poterba 1994:11–28. Okina et al 2001: 395–450.

181 關於整體基礎設施開發的效率低下，見 Shi & Huang 2014。

182 Dong Fan 2014. Tie Jun 2014. Kai Feng 2022.

183 Mao Daqing 2015. People's Bank of China April 25, 2020.

184 Cui Lili 2013. Wang Jingwen 2014. Gu Zhijuan 2018. Bloomberg: "A Fifth of China's Homes Are Empty. That's 50 Million Apartments," Nov 8, 2018.

185 美國統計局數據，1956–2014. 2014 年 11 月訪問。

186 Zhang Min 2014. Dent 2012. *21st Century Business Herald*, Beijing, June 17, 2013. 據官方數據，2018 年北京的住房空置率為 20%（搜狐財經，2018 年 10 月 13 日）。

187 Feng Haining 2012: 2.

188 Jin Ze 2014.

189 Wang Xiaohui 2020. Zhong Min 2021. Mi Yang 2021.

190 Liu Binde 2013.

191 Hurun Feb 20, 2020.

192 Su Ju Bao 2018. Ren Zeping 2019. 另一項估計認為此數字為 100 萬億美元，「超過世界 GDP 總量」，見 Zhang Dawei 2018. Tao Zhugong 2019。

193 Nie & Guo 2021. Orlik 2020:118. 數據來自 2017 年「中國金融四十人論壇」；Zhang Dawei 2018; 搜狐，「中國樓市總市值到底有多大？」，2020 年 9 月 3 日。

194 Xie Zhongxiu 2020. Chen Yushu 2021；Lin Xiaozhao 2021; Zhen Sujing 2022.

195 筆者對中國官員及學者的訪談，2004–2021。

196 Hu Jintao July 25, 2011. Ji Simin 2015. He Xiaotao 2020.

197 Gui Tiantian 2014.

198 Zhang Yi 2021.《華夏時報》，2021 年 8 月 19 日。NPC Oct. 2021.

199 Xie & Bird 2020. 騰訊、網易、微信公眾號等，「房地產公司暴雷排行榜」，2021
年 9 月 17-18 日。

200 Pettis Sept 20, 2021. A. Su 2021. Wang Jing 2021:29–45.

201 Ma Xiaolong 2020. Siwei Jinrong 2020.

202 *Electricity Market Report*, Paris: IEA, 2022. 然而，北京的（也就是 IEA 的）可再生
能源數據，尤其是關於太陽能和風能的數據是過於高估的，因為它們是所謂「建成
的裝機容量」而不是實際產出數據。中國使用化石燃料的「實際」比例可能高達 90
％以上，據筆者對中國學者的訪談，2021–2022。

203 Wang Xiuqiang 2013. IMF 2014. Ritchie & Roser 2020. World Bank, *World
Integrated Trade Solution Database* and US EPA, *Global Greenhouse Gas
Emissions*, March 15, 2022.

204 Kahn 2007. "CO2 emissions embodied in trade-China," OurWorldInData.org,
March 2022.

205 *Global 500*, *Fortune*, 2014 and 2020.

206 Chinese Enterprise Association & Chinese Businessmen Association 2014.

207 Li Chengyou 2011.

208 Lewis 2013. Kan Kaili 2014.

209 FNIC 2019. Haselton 2020. Ranger 2020. Yuan Du 2020. Lou Jiwei 2020.

210 Ren Zeping February 16, 2020.

211 Leng Fuhai 2019.

212 Lu Bai 2021.

213 *China Daily*: "Top 10 Chinese listed companies by market value," Jan. 8, 2021.《財
富中文》, Beijing, June 9, 2020.

214 Schrad 2014.

215 《新浪財經》，「中美兩國互聯網巨頭的差距正在進一步拉大」，北京，2022 年 1
月 28 日。

216 He Chuanqi 2015.

217 K. Chen 2019; Franceschini & Loubere 2020; Szarejko 2021.

218 Zhao Jianjun 2003: 28–31. Ying Qian 2010. 筆者的訪談及田野筆記，2002–2021。

219 Oshin 2021.

220 Li & Sharma 2019; Iqbal 2019. Dreze & Sen 1995: 27–86; Massing 2003; Y. Huang
2006: 117–122 & 2010; Huang & Khanna 2010; Sen 2013: A27; Martinez 2021.

221 Chang Che: "The end of China's runaway growth," *SupChina*, Oct 4, 2021.

222 Turner 2013. Arora & Miglani 2020. US DOS 2021. US DNI 2021: 6–8 & 25.

第三章　社會生活：苦難、幸福與抵抗

1　按人民幣 6.77 元 =1 美元的匯率計算。美國中產階級（家庭收入 45,000 至 135,000 美元，中位數為 67,521 美元）占人口的 52%；韓國中產階級（家庭收入 23,568 美元至 70,704 美元，中位數為 47,136 美元）占人口的三分之二。另一項計算指出，家庭收入在 50,000 美元以上的中國中產階級和上層階級的規模為 1.09 億人（或總人口的 8%）。Cyrill 2019. Wan & Meng 2020. Pew Research Center, 2020. State Statistical Bureau Feb. 2021.

2　UBC and Price Waterhouse 2019. Wan & Meng 2020. Hurun 2021.

3　Li Yuan February 15, 2022.

4　由於各方數據收集者使用不同的方法和標準，收入等量性數據的跨國比較結果往往不精確，更不用說摻雜刻意的數字遊戲了。必須對不同來源做三角測量（triangulation），並儘量減少未經證實或過於臨界（overcritical）的數字。Phelps & Crabtree 2013. Cyrill 2019. Wan & Meng 2020. Pew Research Center 2020. State Statistical Bureau 2021. WPR 2022.

5　Liang Hong 2014.

6　2018 年該比率為 24.9%。World Bank website, accessed June 1, 2020。關於一位中國資深學者提出中華人民共和國為何表現更差，請見 Cai Dingjian 2007。關於中國和日本之間的比較，如何說明中華人民共和國的次優表現，請見 Zhao Xiao 2014。關於中國國務院研究局局長提出的類似比較，請見 Liu Yingjie 2018。

7　Nationmaster.com January 2, 2014. CIA 2013-2022. IMF, *Economy & Growth*, August 21, 2014. *The Economist*, "The Dragon Takes Wing," May 3, 2014.

8　UNDP 2010 & 2014；必須指出的是，與所有聯合國機構一樣，UNDP 近年來一直是中國增加影響力的目標，並接受北京提供的數據。*The Economist*, "China uses threats and cajolery to promote its worldview," December 7, 2019; K. Lee 2020.

9　UNDP 2013: 148–149, 2019: 304–307, and 2021: 343–346.

10　吃苦。F. Wang 2017: 126–133. 關於這種「中國特色」的早期描繪，請見 Smith 1894: 19–34 & 144–170。關於現今這類現象的報導，請見 Cody 2008: A1。

11　Li Zhi-Sui (1994) 2011. 下級官員也需要助眠手段。Li Rui 1999-I: 205.

12　Jing Jun 2012. Zhou Liping 2014.

13　US Bureau of Labor Statistics 2012: 15–21.

14　Chan & Gao 2012: 355–377. Wright 2012. Peng Yi 2013. CCTV: *Xinwen lianbo*（新聞聯播）, September 3, 2012.

15　PRC Coal Ministry figures. Lin Yanxing 2009.

16　Yang Siyang 2014. *The Economist*, "Black death," July 18, 2015: 37.

17　Statistical Bureau 2012: table 10. 不過，統計局局長在中共刊物上所寫的數字略有出入，為 0.36 和 0.40。Ma Jiantang 2012.

18　*The Economist*, "China's hidden wealth," August 13, 2010. 2010 年美國國家恩格爾係數為 0.1（高收入為 0.07，低收入為 0.145）。US Department of Labor 2012: 8.

19 Pritchett & Spivack 2013: 15–19.

20 NPC (1993) 2017. 月徵稅率等級，人民幣 3,000 元稅率為 3％，收入超過 12,000 元為 20％，收入超過 35,000 元為 30％，收入超過 55,000 元為 35％，收入超過 80,000 元為 45％。NPC (1980) 2018.

21 US IRS 2021. National Taxation Bureau 2021. Indian Ministry of Finance 2020.

22 在總共 125 個國家中，只有 10 國的工資稅率與中國一樣高。Qi Yanbin 2015. Fang Yi 2013.

23 J. Pan 2020. X. Huang 2020: 199.

24 PRC Medical Products Administration, nmpa.gov.cn, accessed July 9, 2020.

25 Yuan Duanduan 2015. 2018 至 19 年票房大賣的電影，《我不是藥神》和 2017 至 19 年播出的電視紀錄片《生門》，很罕見地被允許有力地展現中國病人所遭受的痛苦、苦難、和虐待。

26 Guo Yujie 2022.

27 中國大腸癌患者的五年生存率為 30％（美國為 70％）。Bray 2018: 394–424.

28 Database of the International Agency for Research on Cancer (IARC), World Health Organization, accessed February 19, 2021. 在 2022 年，中國研究人員預測，每年的癌症病例總數將增至 482 萬例，並可能有 321 萬例死亡。

29 W. Chen et al 2022: 584–590.

30 Xiong Peiyun 2011. Fu Yongjun 2020. 關於農村的家庭生活，請見 G. Santos 2021。

31 Luo Guoji 1995:3–4, 74–75, 163 & 395–406. Liu Changjin 1997: 101–107. Wang Bixue 2011. *Chengshi wanbao* （城市晚報）: "Traditional virtues in local communities " （傳統美德進基層），Changchun, Dec. 10, 2013. *Model Lecture* （國旗下講話稿）: "Struggle arduously, eat bitterness and endure hard work"（艱苦奮鬥吃苦耐勞），Beijing, Feb. 15, 2014.

32 關於雷鋒的「螺絲釘共產主義倫理」，即滿足於作為革命機器上的一顆小螺絲釘，請見 Xinhua December 6, 2014 & *Renmin ribao* March 4, 2022。

33 愚公。《列子》〈湯問篇〉，3 世紀；Mao Zedong (1945): 1101–4. Xi Jinping August 22, 2019; Ministry of Education 2020–22.

34 Osburg 2013. 關於中國官員普遍存在的性放縱，請見 Palmer 2013 and Zhang Weibin 2014. Kuo 2014. Chinese Automobile 2013; Luo Xiaojun 2013。

35 Khan & Riskin 2001. Knight 2013. F. Wang 2005: 124–149. 關於此中國制度的學術研究及數據，請見 F. Wang 2014。關於城市與農村之間的分隔，請見 Rozelle & Hell 2020。

36 Djilas 1957. Szelenyi 1983. Bian 1994.

37 Meng Fangui 2013. Neo Zion April 13 & May 16, 2014.

38 Cevik & Correa-Caro 2015: 3. Sicular 2013: 1–5.

39 Guo & Sun 2012. Ceicdata.com, accessed June 4, 2020. 零星發布的中國官方數據也呈現相同結果：State Statistical Bureau, 2015。

40 Swanbrow 2014. Xie Yu et al 2014. S. Hu December 21, 2012. J. Chen 2015.

41 Liu & Zhou 2021. Li Shi 2021.

42 Schaeffer 2020. World Bank 2020. 美國的貧困線為 12,760 美元（一人）至 26,200 美元（四口之家）。ASPE: *2020 Poverty Guidelines*, Washington, DC: DHHS, Jan. 21, 2020.

43 Li & Sicular 2014: 1–41. ISSS 2013. Li Shi 2021.

44 基於當時匯率：￥7.15=$1. Statistical Bureau 2020. Li Keqiang, Press Conference, Beijing, May 29, 2020. Wan & Meng 2020.

45 Deputy Minister of Finance Cheng Lihua（程麗華）: press conference, Beijing, August 31, 2018. Ministry of HRSS 2019.

46 世界銀行設立了三個每日收入線來衡量貧困（5.5 美元）、深度貧困（3.3 美元）和赤貧（1.9 美元）。World Bank 2020. ASPE 2020 (Note 44 above).

47 Xie Yu 2014; Sun Yinni 2021. Forbes 2014. People's Bank of China April 25, 2020.

48 UBC and Price Waterhouse 2019. Hurun 2021.

49 Li & Sicular 2014: 1–41. 習近平在 2015 年宣稱要在 2020 年前「脫貧」。Zhang Ruimin 2019; Xi Jinping April 30, 2020.

50 中國官方的貧困線始終低得不可思議：日收入的「赤貧線」為 0.08 美元（1986 至 2006 年）和 0.30 美元（2007 年以來）；「貧困線」為 0.34 美元（2000 至 2007 年）、0.42 美元（2007 至 2010 年）、0.51 美元（2011 年）和 0.95 美元（自 2011 年以來）。"China's Poverty Line"（中國貧困標準），Baidu Baike（百度百科），June 2020. 皆以當時匯率。

51 Bbs.pku.edu.cn: "Li Keqiang's bravery"（北大未名：李克強的勇敢），May 20, 2021. Hernandez 2017. Tan Xinyu 2020. 根據中國官方數據和問題重重的購買力平價方法，世界銀行記錄中國貧困率，從 2002 年的 43%急遽下降到 2016 年的 6.5%。World Bank data, June 2, 2020. 依官方統計，中國在 2020 年有 550 萬需要幫助的貧困人口（State Statistical, Bureau communique, Jan. 2020）。Sun Yinni 2021.

52 Yuan Yilin 2020. CCTV: "Elimination of poverty with fakery"（摻假的脫貧摘帽），Beijing, April 23, 2021. Wu Xing Ji 2021.

53 Xinhua August 17, 2021. Zhi Gu 2021.

54 馮侖，潘石屹。Zhou Zhiyu 2021. Wu Zepeng 2021. Zhao Dongshan 2021. Lai Jinhong 2021.

55 高考。關於高考的歷史，請見 Yu Jie 1999。關於高考及其影響的人類學研究，請見 Howlett 2021。

56 X. Wang et al 2013: 456–470. Chen Guang 2021.

57 Qiu Ruixian 2009. Shi Shusi 2013. Zhilian Zhaopin April 27, 2022.

58 S. Potter 1993: 465–499. K. Chan 1994. F. Wang 2005.

59 上海為人民幣 2,348 元，但河南為 278 元。State Reform Commission 1998: 22.

60 F. Wang 2009: 335–364. 中共在 2014 年啟動了另一次戶口制度的「重大」改革，包括取消難看的農村與城市標籤。Branigan 2014. 然而，對於 2.45 億流動人口來說，新的改革進展緩慢且不合邏輯。Fang Lie 2014. Lu Yijie 2015: 5.

61 Li Peilin 2013. Cai Fang 2022.

62 Wang & Li 2017. *Zhuhu*: "Tiers of Chinese cities"（2020 中國城市等級劃分）, July 2021.

63 關於戶口制度造成人員傷亡的軼事報導，請見 Liao Yiwu 2002: 95–117。關於城市戶口相關的明顯好處，請見 M. Akguc 2014。關於中國社會學家的「農村問題」研究，請見 He Xuefeng 2019. 關於 2010 年代至 2020 年代農村貧困和衰敗的故事，請見 Gao Shenke 2016; Xiyuan Qiu 2016; Xiao Huilong 2016 and Xiao Song 2020。

64 Liu Yonghao 2014. Shi Yaojiang 2016. Huang Deng 2017. Xu Lingxiao 2022,

65 Solinger & Hu 2012: 741–764. Lu Qian 2019. Zhang Meng 2019.

66 F. Wang 2005: 127–147. Li Peilin 2013.

67 2013 年約 102 億美元（人民幣 660 億元）, PRC Ministry of Transportation 2014。Faber 2015.

68 State Statistical Bureau 2011.

69 Li Tangning 2014. 關於人們如何不斷聚集到主要城市中心，請見 Guan Dian 2015。People's Bank of China 2020.

70 Jiang & Li 2013: A08. Zhang Xin 2015.

71 Dashan Shuofang 2021.

72 J. Chen 2014.

73 Mao Zedong (1955) 1977: 168–191. Yu & Wang 2013. Xinhua August 17, 2021.

74 Hua Xia November 3, 2020. Jiang Mengyin 2021.

75 Lake & Baum 2001: 587–621. Ward 2014: 309–343. Blimpoa 2013: ii57–ii83. Stromberg 2007: 199–222.

76 集中力量辦大事。Fang N 2013. Tao Wenzhao 2011.

77 WHO 2013. Du Shi 2020.

78 Zhang Liang August 17, 2015. 關於比較，請見 Brusentsev & Vroman 2016。

79 Zhu Xuedong 2021。

80 Tangshan Government 2021. GTV @ YouTube: "Henan Blue Sky Rescue team disbanded"（河南藍天救援隊解散）, July 21, 2021.

81 F. Wang 2017: 176–180. Cai Jun 2018. Xinhua February 5, 2016.

82 Ma Jichao 2021. Shen Moke 2021. PRC MEM 2022; Fan Zhi 2022.

83 Cui Li 2017. *Kwongwah* 2020. VOA August 11, 2020.

84 AP: "Anatomy of a Conspiracy, " Feb. 15, 2021. Dubow 2021; IFJ 2022.

85 Normile 2021. *The Economist*, "Shanghai's lockdowns will rock China's economy, " March 29, 2022. CCP Central May 5, 2022.

86 Wei Zhou 2022. 方艙。關於中國最先進城市上海的封城和方艙，請見 Fang Zhouzi 2022; Chen Xueping 2022; Culver 2022。

87 關於中國人報導的武漢（2020）、西安（2021 至 2022）和上海（2022），這三大城市（人口都超過 1000 至 2000 萬）被封鎖期間的生、死和苦難軼事，請見 Fang Fang 2020; G. Yang 2022; Jiang Xue 2022; Wang Ji 2022; Xu Jin 2022, Ruan Tang

2022, Zhao Qiliu 2022, and Cong Yi 2022。

88　M. Zhou et al 2021. 關於匿名網友編列的上海此類「超額死亡」軼聞名單，請見
　　"Passed in Shanghai"（上海逝者）on airtable.com. April 19, 2022。

89　Cheng Mo 2021. 關於中國疫苗的低效，請見 Premikha et al 2022。

90　中共拒絕核准西方的 mRNA 疫苗，除了據傳僅用於少數高層菁英之外，並強制使
　　用效果較差的中國疫苗和「清零」目標，無視有關病毒及其進化的科學，並反覆
　　實施大規模封鎖。這一切似乎只對統治者的控制和權力，以及沙文主義的虛榮心
　　來說是明智的。在中共二十大上權力交接和鬥爭的塵埃落定之前，改變的機會很
　　小，因為習近平個人完全參與了這些政策。筆者對中國官員、學者和醫療高管的訪
　　談，2020–22。關於中國大規模疫苗計畫的管理不善和「內捲」，請見 Zhao & Xing
　　2022。2022 年 5 月，美國專家安東尼·福奇 (Anthony Fauci)，直言中共的 COVID
　　為「一場災難」。Agrawal 2022.

91　Figures from Xinhua, WHO, and PRC Health Ministry in Tai Le 2021.

92　唯有當中共領導人都開始在普通商店吃同樣的食物時，中國的食品安全問題才有可
　　能真正得到緩解。筆者對新華社、《人民日報》記者的訪談，2003 及 2009。

93　Landsberger 2019.

94　Wang Libin 2020. 一個明顯的跡象是，供應無虞和最受保障的首都北京，在 2020 年
　　秋季公開試圖從八個主要糧食生產省分確保其糧食供應。Sun Jie 2020. G. Liu 2020:
　　25434–25444.

95　Guo Jiuhui 2013. Ge Xiuyu 2017. CCTV: "9,000 tons of state grains stolen"（9000
　　多噸國糧被盜），June 14, 2019. Chen Jian 2020. Huang Qiuxia 2021.

96　Xibu Zhengquan 2020.

97　Kroeber 2020: 85 & 196.

98　Xinhua: "People on the way to get permits"（人在証途），February 24, 2014.

99　Dugan 2014. "Online Censorship in China, " en.greatfire.org, December 17, 2014.

100 Fu Weigang 2015. Cajing（財經），August 10, 2015.

101 Zhou Bojue 2014. Zhihu May 10, 2016. 關於互聯網上的中國官方報導，請見 Yu
　　Guoming 2010–2020。

102 Freedomhouse.org, 2020 & 2021. Reporters Without Borders 2020. Kinzelbach et
　　al 2022.

103 World Economic Forum 2014 & 2021. 關於女性在中國企業地位低下，請見 Tatlow
　　& Forsythe 2015: A1. Brussevich 2021. Ma Junmao 2015。

104 Helliwell et al 2013 & 2022.

105 Zhong Zukang 2007. Zhang Zhuan 2009. 關於一位中國音樂家的詮釋，請聽 Zhou
　　Yunpeng 2009；關於歌詞背景，請見 bbs.tianya.cn/post-free-2886976-1.shtml,
　　posted November 12, 2012. Zhang Yuan 2015。

106 Han Xiaorong 2014.

107 雲南省佛教協會在 2018 年 8 月 9 日「嚴正」指稱這是謠言。然而，多年後的 2020
　　至 21 年，該謠言仍在中國網絡空間中流傳。

108 V. Hudson 2004. 儘管這種不平衡可能有助於使人們「更努力地工作」，從而增加 GDP，Wei Shangjin (Chief Economist of Asian Development Bank) quoted in Wang Jifei 2014. 中國官方數據顯示，中國出生的性別比例為 116 至 118 男比 100 女。Huang & Liang 2015. 中國出生時的性別失衡，遠高於所有稍具規模的國家——所有非中華人民共和國的華人人口，都為 102 的正常比例。CIA 2015.

109 Zeng Liming 2004. Zhao Baige 2007: 7–8. Song Quancheng 2014: 115–122. 大約有 2.4 個女孩「在中國分分鐘因為性別歧視而消失（未出生）」。Yao & Shi 2015.

110 Cao Meng 2013: 162–166. Zhao & Chen 2011.

111 光棍村。Yan Ruyi 2019. Xi Xifei 2021. *Wangyi* January 3, 2022.

112 每萬人 30 至 20 人。Fu Weigang 2014.

113 Li Yan 2011. 1950 年代的低數字可能是低報的結果。Editorial of *Lancet* 2015: 2548. 關於中國的心理健康調查，請見 J. Yang 2018。關於中國的社交焦慮、精神困擾，以及心理治療文化的研究，請見 L. Zhang 2020。

114 Wang Jing January 6, 2015.

115 Fu Xiaolan 2020. *Baidu wenku*（百度文庫）, *White paper on depression figures in China*（中國抑鬱症人數白皮書）, March 2020. Wu Xiaobo 2021. 「The State of Mental Health in America: 2022,」 Mental Health America; National Institute of Mental Health, both accessed Feb. 2022. WHO 2022（WHO 的「官方」數字低於中國研究人員所得）.

116 Liu Yanwu 2014 & 2018. Liu Yanwu et al 2018. Liu & Cook 2020: 378–391.

117 J. Zhang 2002: 167–184. Phillips 2003: 22–24. Wu Fei 2007 & 2009. US National Institute of Mental Health database, WHO database, accessed June 16, 2021.

118 Xie Renci 2021. Yu Haikuo 2015. Xi Congqing 2018.

119 Sheng & Chen 2015.

120 Comptroller 2021: (Figure 17-1) on 17-9.

121 Y. Yan 2003.

122 Hirschman 1970 & 1978: 90–107.

123 Shen Yanhui 2007. Browne 2014. 關於近年來中國移民模式的分析，請見 Chen Hongyu 2012。

124 往香港的大出逃，在 1949 年後立即湧現並持續了數十年，在 1957 年、1962 年和 1972 至 74 年間分別為三大波，至少有數十萬難民出逃。「無數人」在逃難過程中被殺或淹死。Chen Shuo 2015. Chen Bingan 2011. Lin Tianhong 2010. *Fenghuang lishi* April 25, 2011.

125 An Nan et al 2013; Wu Yong 2020. 如同過去的帝國統治者，且與其他國家不同，中華人民共和國以各種限制控制移民。

126 PRC Ministry of Foreign Affairs 2016.

127 Zhang Ke 2014. *World Migration Report 2020*, UN: IOM, 2020.

128 Dominiczak 2013. Shah 2015.

129 US Department of State, Bureau of Consular Affairs database, accessed July 22,

2021.

130 Qian Jiang 2015: 5.

131 *Wangyi*（網易）: "Why students of Peking and Tsinghua universities compete for goingabroad? "（為什麼北大清華的學生爭著出國）, Guangzhou, October 22, 2014.

132 Mervis 2008: 185. Xue Yong 2010: 294–297.

133 Zi You 2014. Tsinghua University, 2020 & 2021; Peking University 2020 & 2021,

134 China EOL: *Report on study abroad*（中國教育在線：出國留學報告）, Beijing, 2014.

135 Newman 2014. "Number of Chinese Students in the US, " statista.com, accessed June 2020.

136 *World Education News and Reviews*, "Education in China, " December 17, 2019.

137 US Department of State, Bureau of Consular Affairs database, accessed July 22, 2021.

138 *OxResearch Daily Brief*: "China: Returnees are critical in innovation push, " UK, July 2009.

139 Xinhua October 14, 2013.

140 Zi You 2014; NCSES 2020; Zweig & Kang 2020. J. Qiu 2009.

141 海龜（歸）。關於歸國學人在中國的角色和命運，請見 G. Peterson 2014。

142 Wang Xiaobo 2010. 關於這個「全球專家招聘計畫」及其招聘情況，請見官方網站 1000plan.org，該網站在 2020 年後下線。*United daily*（聯合早報）: "'Thousand Talent' disappeared"（「千人計畫」消失）, Singapore, Nov. 14, 2020.

143 關於中國對此計畫的批評，請見 Xiao Rewu Yi 2014。關於非華人的觀點，請見 Sharma 2013。關於其騙局及濫用，請見 Hvistendahl 2014: 411–415。

144 許多人之後被抓獲，職業生涯毀於一旦。Barry & Kolata 2020: A12.

145 海鷗。Zhang Dongdong 2012.

146 Ji Wei 2014. 筆者對中國教育人士的訪談，2010–18。

147 Wang Huiyao 2012. Zweig & Wang 2011: 413–431.

148 例如，一位知名中共「烈士」的後代，歸化為美國公民。Yao Hongen 2015.

149 Chen Feng 2014. Yao Dongqin 2015.

150 Erling 2014. Zhang Ke 2014. R. Wang 2013. Frank 2013. Zhang Bin 2014. N. VanderKlippe 2014. *The Economist*, "Middle class flight: yearning to breath free, " April 26, 2014: 42-43.

151 IIUSA, *EB-5 Investor Markets Report*, Washington, DC: IIUSA, 2016:11 & 19.

152 Tao Duanfang 2014.

153 Tong Mu 2014.

154 Gao Shangquan 2014.

155 Wang & Elliot 2014. 關於中國人移民至非洲，請見 H. French 2014。

156 Wanli Yuntian 2021.

157 Goldstein & Semple 2012: A28. Semple et al 2014: A1. 關於一位前中國警察未能取得美國政治庇護，請見 Liu Daqi 2014。筆者訪談，2015–21。

158 例如，在 2004 至 18 會計年度期間，每年有數以萬計的中國公民申請庇護，高於五年前的約 10,000 人，每年獲批准的案件為 4,495 至 8,585 件。DOJ-INS 1999–2013; Mossaad 2005–19.

159 Refugee Council 2020. IRCC 2019. EUSO 2020. New Zealand Immigration 2020.

160 Immigration Bureau 2005 & 2018.

161 筆者在港、澳、台、韓的訪談，2007–16。

162 *Qianjiang wanbao*（錢江晚報）: "Hundred billion tourist deficit is alarming"（千億美元旅遊逆差令人警醒），Hangzhou, September 28, 2014: A24.

163 Wang Huiyao 2014: 18, 47, 66. 許多在中國的外國學生是所謂「買來的」學生，來自低收入國家，被比本國學生高出數倍的資助所吸引。

164 Frater 2015; Mo Xiaoxia 2017.

165 Naspl.org. PRC lottery appears rigged with revenue misused and embezzled, *Fenghuang jinrong*（鳳凰金融）: "Ten Dark Shots of Chinese Lottery"（中國彩票十大黑鏡頭），June 2, 2020.

166 關於一位民俗藝術家仿宋代名畫《清明上河圖》，以扭曲手法（spastically）呈現中國社會經濟病態的部分象徵，請見 Wu Xuefeng 2014。

167 筆者的研究筆記，2010–21。關於中國社會抵抗的總論，請見 Perry & Selden 2010。

168 輔警: "China Spends $125 Billion Per Year on Riot Gear and 'Stability Maintenance', "May 19, 2013. Chen Zhifeng 2014.

169 McDonell 2019. B. Allen-Ebrahimian (of *Axios*) @BethanyAllenEbr, June 5, 2020.

170 Daum 2017. 該系統的完成進度落後。由中共中央機構國家信息中心運營的中國信用網，已經提供了七類「目標人群」和不同實體的在線可搜索黑名單。creditchina. gov.cn or www.zgxyw.gov.cn, accessed March 27, 2021.

171 Chen Yixin 2018.

172 Frank Church, On *Meet the Press*, NBC, Washington DC, August 17, 1975.

173 關於連續殺人、販賣女性、毫無道理的殺戮、以及食人的軼事，請見 Mo Zou 2021; Xi Minghua 2022; Lao Fu 2022; *Zhihu* March 10, 2022。

174 Si Gong 2006. 筆者在 11 個亞洲國家的訪談，1993–2019。

175 Hu Jiujiu 2014.

176 EIU 2015:33–35.

177 筆者在中國數十處地方的觀察，2000–04、2010 & 2013。

178 Lu Dewen 2015. 更多關於中國的有組織犯罪，請見 P. Wang 2017。

179 Reng Pengfei 2014. Symantec 2014.

180 UNODC: *Global Study on Homicides* 2013, Vienna, 2013: 126-127 &141.

181 PRC National Commission on Drug Prohibition database, posted May 11, 2015.

182 Cui Jing 2015; Wang Jinhua 2020. X. He 2021.

183 Y. Xiong 2015: 161–184.

184 Graeber 2018.

185 尤其是學生和公務員，都需要通過「學習強國」等平台，不斷更新習近平思想在線學習成績，www.xuexi.cn，最後訪問 2022 年 4 月。

186 關於一份中國個人複雜而痛苦的生活，具有啟發性但粗略的報告（其中文版在中國受到審查），請見 Osnos 2014。關於社會衰敗，請見 Wang Jinwen 2013; Huang Zhizhong 2013; an Zhai Richang 2019。

187 Chang An Jian (2019) 2021.

188 躺平，躺平學及躺平主義。Lu Xing Jia 2021. Si Weijiang 2021. Zhi Guzi 2021. Shi Hanbin 2021. Liu Run June 1, 2021. Dai Jianye 2021. L. Kuo 2021.

189 Pan Xiao 1980; *Fenghuang zixun* 2009. Pan Yi（原提問者之一）2020.

190 廢柴、葛優／北京躺、佛系、朋克養生及喪文化。Yu Leyin 2016. Xiao Ziyang 2017. Editor February 9, 2018. Jin Hui 2019. CNSA 2019.

191 Li Zife（李子佛）@lizife, Twitter, May 16 & 30, 2021.

192 海龜與海廢。Lian Qingchuan 2021.

193 Lao Dongyan 2022. 潤學，海燕綜合症。A Min 2022; Dong Yizhi 2020; Xi Po 2022. 回應「最後一代」的視頻在審查壓制下仍迅速傳開。N. Gan May 2022.

第四章　精神與生態：文化、道德與自然環境

1　Luo Diandian 1999: 103-104 &124.

2　有不少名流富豪因涉嫌性騷擾而被曝光。Metoochina.me, accessed March 6, 2022.

3　SCIO 2018; LLC; Cook 2017.

4　關於「無神論神權政治」的概念，見 Heimann 1953: 311–331。

5　Koesel 2013: 572–589; Taji 2019; Lim 2021. Ownby 2008; J. Tong 2009; Shea 2022.

6　Basu 2020. Tobin 2020. Weiss 2021. Maizland 2021. G7 2021. NATO 2021.

7　Xi Jinping April 23, 2016.

8　Joe Zhang 2014.

9　Chen Fang 2017. Du Gangjian 2017. Huang Heqing 2021.

10　Wang Junping 2020. 關於眾多「中醫聖手」厚顏無恥的荒謬，見 Kexue Gongyuan 2022。

11　Ueki Iwata 2018; Wang & Chew 2021. Dante Lam 2021; 人民日報：羅昌平被逮捕，October 22, 2021.

12　Rousseau (1782) 2000: 395.

13　Li Chengpeng 2013: 39–40. F. Wang 2017: 101–126.

14　Bao Gangsheng 2022. F. Wang 1998: 10 & 18–19.

15　Smith 1894: 186–286. 一個多世紀後，一位中國學者公開抱怨道德「底線」的喪失。Yi Zhongtian 2002.

16　Zhang Xuezhong 2016（迅速遭審查人員刪除）。

17 Deng Xiaomang 2014. 關於中國文化中「人性」的傳統扭曲之討論，見 Chang Hao 1989。

18 Alexander & Chan 2004: 609–629. Marchal 2022: 227–243.

19 關於中共暨中華人民共和國官本位的複雜等級，見 Nie Huihua 2015。

20 G. Orwell 1949.

21 新聞聯播。Sha Yexin 2005.

22 F. Wang 2017: 21–29. Xi Nov. 30, 2020. HUGO 2009: 1541–1545. Xu Minghui 2016.

23 Fitzgerald 2022. Tencent:「大學校長是什麼行政級別」, October 30, 2019.

24 Zhong Jian 2010.

25 Wang Xiao 2012. 宗族網絡等社會資本，受到中共黨國不斷地打壓，卻在毛澤東時代的大饑荒中挽救了許多人的生命。 J. Cao et al 2020.

26 Rock & Bonnett 2004: 999–1017. Y. Ang 2020.

27 Sun Liping September 4, 2021. Ci Jiwei 2009:19–25; Y. Yan 2021: 96–120.

28 Wang Jian July 12, 2021. Ran Yunfei 2007.

29 關於毛和他的高級副手及其後代遭遮掩的荒淫生活方式，以及暴力行為的驚人軼事，見 Li Zhi-Sui 1996, Chang & Halliday 2006, and Luo Diandian 1999: 46, 74 & 153. Feng Jicai 2014。

30 Chi-wen Lee 2014. Ma Jian 2015: 156–158.

31 Zhu Bin 2017: 193–216. 筆者在中國境內外的訪談，2003–21。

32 關於一個有力的例子，見 Hai Yun 2001 and Sheng Xue 2001。關於中共的支持者承認黨的腐敗無可救藥，見 Song Zhaolai 2014。

33 Jin Dalu 2011.

34 京華時報 , Beijing, October 13, 2014: A01 & A10.

35 CDIC and CCTV 2016, 2020, 2021, and 2022.

36 Shum February 4, 2022.

37 Schmid & Wang 2017. Tan Qingming 2018.

38 Liu Shaoqi (1962) 2002. Philosophy Editors 2019.

39 毛澤東對中共高級幹部的講話，Li Rui 1999-I: 225, 254 & 279。

40 Moser August 7, 2006.

41 Fang Ning 2013. Su Changhe 2014. State Council 2021. Ministry of Foreign Affairs 2021.

42 Li & Gan 2014.

43 甚至包括中華人民共和國主席兼毛澤東指定的繼任者，劉少奇的家人。Kan Jinzhao 1967.

44 「文盲加流氓」，鄧小平在 1978 年批評毛澤東的「四人幫」時的用語。Deng Xiaoping (1983) 1994: 103–110.

45 Xiao Shu 1999; Mo Zhengxin 2007. Xiao Bazhu 2013.

46 Ran Yunfei 2007. Lin Weiqi 2020. Zhang Min 2021.

47 Taylor 2021.

48 Hu Xingdou 2015.

49 Yi Quan 2008; Commentator February 27, 2013. Wang Xiaoming 2014. CCP Constitution, Beijing, 2017 and *PRC Constitution-Preamble*, Beijing, 2018.

50 Smith 1894: 285. 筆者對中國官員的訪談，1990s–2010s。關於「當官的沒一個好東西」此一普遍看法的例證，見 Xiao Renfu 2009 and Dao Boman 2014。

51 Qun Shuo Oct. 2014; Chen Qiao 2019. Xu Ran 2020; Guan Cha Yuan 2021.

52 PRC State Council 2014. Ministry of Education 2015 & 2018.

53 關於這些領導人在高崗案中令人反感的舉動，見 Chen & Liu 2010: 61–82 & 131–242 and Luo Diandian 1999。關於陶鑄對華南地區的血腥統治，見 Yang Li 1997。關於劉少奇作為毛的頭號劊子手，直到他被清洗，見 Song Yongyi 2006。關於周恩來作為毛的主要幫兇，見 Gao Wenqian 2003/2007), Sima & Ouyang 2009, Wang Rui 2010: 2–18, and Sima Qingyang 2012。關於其他中共英雄的背叛、罪孽和失格，見 Chi Houze 2006, Shuo Liweng 2008, and Li Datong 2019。關於毛及其統治天真爛漫的說法，見 Y. Chen 2022。

54 關於 1949 年以前，中共內部的血腥鬥爭和背叛，見 Gong Chu 1978, O. Braun 1982, Zhang Guotao 1974, and Wang Ming (1975) 2009。關於環繞關鍵的林彪案的重重陰謀，見 Shu Yun 2011 and Li Zuopeng 2011:765-798。關於鄧小平領導下殘酷的權力鬥爭，見 Hu Jiwei 1996 and Wu Jiaxiang 2002。對於中共領導層幾乎完全沒有正派人士的簡述，見 Zhu Heping 2006, Zhang Sheng 2008, Zhong Qiguang 1995: 257–264; and Xiao & Jiang 2005:26–32。關於內幕人士對文革期間中共領導層關係錯綜複雜的敘述，見 Wang Li 1993。關於一位中共高官的範例式，見 Wei Junyi 1998。關於在 21 世紀，中共高級領導人腐敗的例子，見 CDIC 2006；Jiang Weiping 2012；新華社：「薄熙來被判無期徒刑」，Sept. 22, 2013；以及 Chang Yan 2012。關於高級軍事指揮官的腐敗，見 Zhang Jinchang 2015 與 Yan J & Cao 2015。

55 見以下眾人品質及真實性不一的回憶錄：巴金、薄一波、陳伯達、陳永貴、陳錫聯、陳再道、鄧力群、殀盛、谷牧、胡績偉、胡喬木、黃永勝、季羨林、賈植芳、江渭清、金岳霖、蒯大富、李嵐清、李鵬、李銳、李先念、李作鵬、劉伯承、劉華清、呂正操、聶榮臻、聶元梓、錢偉長、邱會作、粟裕、韋君宜、吳德、汪東興、王芳、王平、王首道、王震、吳法憲、伍修權、蕭華、肖克、熊向暉、許家屯、徐景賢、許世友、薛暮橋、楊成武、楊德志、楊絳、楊尚昆、楊憲益、姚文元、于光遠、張愛萍、張宗遜、趙紫陽、鍾期光、周一良。關於中國百位領導人的官方簡介，見 Zheng Gang 2000。

56 Li Zhi-Sui (1994) 2011. Wang Minqing 2011: A44.

57 Yuan Ling 2014: 62–75.

58 胡耀邦、彭德懷、張天和趙紫陽。

59 Hu Ping 2014. 短短一個月內，中國媒體公開報導了三起「大案」，彰顯了官員腐敗之猖獗：軍方第二高位的指揮官在退休立刻遭到整肅，偵查人員在他位於北京的多間房子之一的地下室裡，就發現堆積如山的賄賂財貨，包括超過一噸的多國貨幣現

金和十幾卡車的玉石、翡翠、古董和繪畫。Zhong Jian 2014。北京一名中層官員被曝囤積了 2 億賄賂收受的現金。Supreme Procuratorate 2014。鄰近的河北省，一名級別低得多的官員，在家中囤積了 1.2 億元人民幣現金、37 公斤黃金和 68 套住房的契據 (京華時報, Beijing, November 13, 2014: 14). Zou Le 2014。關於更多的「小」官收受巨額賄賂，見 Li Wenji 2014: A19。

60 Chen & Xu 2010. 關於被審查官批准發表層出不窮的官員貪腐軼事，見中國唯一一份專門報導腐敗案件的期刊《廉政瞭望》（由中共四川省委會主辦）， Chengdu, 1989–2022。

61 Barme 2014. 關於中共的反腐運動及以紀檢作為祕密警察的手段之詳細揭露，見 Luo Changping 2014: 67–90。

62 Guevara et al 2014. J. Lee 2015.

63 CDIC decrees, in Jinghua shibao (Es"7), Beijing, January 16, 2014: A04 & January 26, 2014: A04–A05. Zhao Qiang 2014. 關於某地市 31 名幹部「購買」職位的價格，見 Shen Du 2019. Wademan 2012。

64 C. Huang 2014-I; Chu Chaoxin 2015; 關於此市場罕見的官方曝光是 2014 年的 Liang Aiping。Yang Chunchang 2015。購買職位的「投資」回報率可以高達 300% 或更高。Xu Yaotong 2006。

65 Yang Ye 2014. Yao Dongqing 2012.

66 X. Wang 2002: 1–17. A. Kleinman 2011.

67 Zhou Bin 2007.

68 F. Wang 2017: 21–29. Sun Linping 2013. Yang Hanqin 2019.

69 H. Restall 2003. Lim & Blanchard 2013. L. Murray 2015.

70 關於這些中國傳統規範的概要，見 F. Wang 2017: 101–114。

71 Zhong Weizhi 2018.

72 關於中共版本的中國意識形態史，見 Cai Xiao 2021。

73 Bei Dao 1979 & 1991.

74 Yu Jie 2014: 13.

75 人民日報，「社會主義核心價值觀」，Feb. 12, 2014: 1. Commentator 2011。

76 L. Lim 2014.

77 這類努力的最新例子，是 2014 年由中華人民共和國御用導演張藝謀所拍攝，受到大力宣傳的電影《歸來》。

78 Goldhagen 1997; Hayner 2001; Hazan 2010; Sitze 2013.

79 關於中共如何招募和浪費「人才」，祕密工作數十年以監視同行科學家，見〈騰訊焦點人物〉，2015 年 3 月 31 日。

80 司馬遷（公元前 2 世紀）。關於荒謬可笑卻又鄭重其事的全國「學習」運動，見 Carrico 2018。

81 Legal Institute 2012. 兩年後，中共開始禁止「裸官」晉升為縣 / 處級以上正職。Article 24–4, CCP Central Jan. 15, 2014:16.

82 Zhang Manshuang 2016. Qiu Rui 2015.

83 關於在中華人民共和國被壓垮的良知與人性尊嚴，見 Ye Fu 2010. 關於 2008 年奧運會如何反映中共的自卑情結和騙人的作秀，見 Guan Jun 2009: 57–77 & 148–168 and Price & Dayan 2008。

84 Rao Yi 2014: 28–30. Zong Pu 2010:107.

85 顧準（1915–74）、林昭（1932–68）、劉文輝（1937–67）、王申酉（1945–77）、張春元（1932–70）、張九能（1939–70），以及遇羅克（1942–70）。Gu Zhun 2007. Luo Yinsheng 2005. Wang Shenyou 2002. Hu Jie 2003. Hoover Institution 2009. Chen Binqi 2013. 更多關於這些和其他中國少見、勇敢但「消失的思想家」，見 Qian Liqun 2012: (quote on vol. 2, p.148); Yang Xiguang (Xiaokai) 1994; Liu Wenzhong 2004; and Ying Hongbiao 2009。

86 劉曉波（1955–2017）。Wong & Chen 2017.

87 You & Lin 1998; Liu Zhongjing 2015. Liang Musheng 2015. Hua Xinmin 2010; Cai Decheng, Xie Yong & Guo Ping 2015. Zhou Yan 2011: 113–158. Yu Jie 2014; Zhang Hong 2004; Yi Zhongtian 2011.

88 Mou Zhongsan 1991: Preface.

89 Wang & Lao 2000. 2015 年，當時唯一沒有被監禁或流放的中國諾貝爾獎得主小說家莫言，公開遵從黨的路線，用兩面派的語言奉承中共領導人。Jing Yanan 2015. Jiang Zuquan 2016.

90 關於執牛耳的知識分子遭毛澤東和中共折磨、閹割和踐踏，見 Chen Tushou 2000。關於中華人民共和國知識分子的不幸，見 Zi Zhongyun 2011。知名學者和藝術家，如馮亦岱和黃苗子等人，成為中共的祕密線人。Zhou Yan 2011: 133–143。一個著名的歷史學家，在中共統治下遭受了數十年的苦難後，為一己私利惡意偽造歷史，見 Han Shishan 2005。關於一代代中國知識分子如何遭到中共殘酷「摧殘」，見 Xie Yong (1999) 2013。

91 Li Xiaoting 2013. Chen Tushou (2000) 2013 & 2013; Li Xiaoting 2013.

92 程恩富、崔之元、胡鞍鋼、李希光、王紹光、溫鐵軍、張維為。Ge Bichao 2018。

93 Ge Jianxiong 2021.

94 Yu Hua 2011. 山東某作家協會的黨領導，僭用在地震中因劣質建築而亡的災民名義，發表歌頌中共的詩篇，宣稱「即使死去，我們依然快樂，因為黨關心我們」，想從墳墓裡看，「一起為（電視上的）北京奧運會加油」。Ying Zi 2008。關於幹部敗壞中文的近期例證，見 Xin Qing Nian 2022。關於關於納粹德國對德文的類似敗壞，見 Grunberger 1971: 285–434 and Klemperer (1975) 2006。

95 Shuai Hao (2013) 2021.Wang Jun 2017. Hong Qiaojun 2021.

96 Ba Jin 2000: 322–328.

97 Solzhenitsyn 1973. 關於流亡中的中共受害者的仿作，見 Zhang Xianchi 2012。

98 Team Reporters 2011:1.

99 Wang Yi 2005. Wu Qiantao 2010. Chen Yanbin 2013.

100 He Guanghu 2016.

101 Chen Pokong 2015. 關於對陳的批評，見 Xia Ming 2015. Chao Changqing 2015。

102 Luo Changping 2014: 89–90, 98–109, & 124. 羅於 2021 年末因質疑中共的反美電影而被捕入獄。

103 Shao Daosheng 2007; Gao Fusheng 2014. 關於包括毛澤東的中共領導者如何糟蹋文工團的女性舞者及歌手，見 Wang Yunlong 2016。

104 *Bloomberg*, "Xi Jinping Millionaire Relations Reveal Fortunes of Elite," June 29, 2012. Barboza 2012: A1. Forsythe 2014: A1. International Consortium of Investigative Journalists revealed multitrillion dollar PRC wealth hidden away offshore, offshoreleaks.icij.org, 2022.

105 Author's interviews in Beijing, Chongqing, Hefei, Hong Kong, Shanghai, Shenzhen, Xian, and outside of the PRC, 2000–21.

106 搜狐軍事，March 4, 2015。明報：「軍中團長價值百萬」，Hong Kong, March 4, 2015。

107 *The Economist*, "Fakes and status in China," January 3, 2012.

108 Dai Xiting 2015. J. Huang et al 2015. May 2021.

109 Xiao Guangming 2015.

110 Hattamn2014. Dong Xin 2022; Sun Yian 2022.

111 關於性產業，見 T. Zheng 2009 & 2012。關於性工作者，見 Huang & Pan 2004。

112 Qin Quanyao 2012. Lan Tai 2014.

113 Author's interviews of police in Anhui, Guangdong, Jiangsu, and Shanghai, 2004 & 2010; AP: "Sex tape used to bribe Chinese official goes viral," Nov. 27, 2012; Zhang Qianfan 2013.

114 Kang Chenwei 2016.

115 東莞人口數據報告，2011。財經：窺視東莞，Feb. 10, 2014。C. Huang 2014-II.

116 CCTV: 新聞聯播, February 10, 2014.

117 He Yuxing 2015.

118 *Banyuetan*: 「驚心怵目的教育腐敗」, Oct. 11, 2003; Qun Shuo 2013. 關於教師腐敗和濫用考試制度的例證，見 *The Economist*, "Chinese schools," January 21, 2014。關於高級教授身為排外自戀的「愛國者」，見 Zheng Qiang 2014 & 2020。

119 關於中華人民共和國學者剽竊偽造的案例，見 www.xys.org 的收集，此海外中文網站自 1996 年起，致力於揭露中國的學術腐敗，此外還有北京的人民網「向學術造假說不」所收集的案例，兩者的最後造訪時間都是 2021 年。

120 關於中國官方對 2003 年災難性 SARS 疫情的不作為和反應，見 *Chinese Law and Government* 所收錄中國的 SARS 相關文件，UCLA, vols. 36–4, 36–6 & 37–1, 2003–2004。關於在 SARS 十年後，中國醫生和醫院如何繼續掩蓋流行病疫情，見 Cai Rupeng 2013。關於中國醫藥界的腐敗，見 Zhang Ping 2013。關於 2019 至 20 年醫療管理人員與中共當局勾結掩蓋新冠肺炎疫情，見 Gong Qinqi 2020, and N. Wang 2021。

121 Supreme People's Procuratorate December 3, 2017. Xiao Tian 2019. 關於體育競賽中的國家獎牌機器損害人們的思想和生活的例證，見 Qin Banliang 2021。關於中國

國家足球計畫中腐敗橫行，見 Liu Jianhong 2022。

122 Liu Chang 2012. 關於少林寺僧人的傳說，見 Polly 2007。

123 Lu Lilong 2013，中國知網。Wang Kaidong 2022.

124 Liu & Yang 2014. Ma Kai 2015. Guo Yukuan 2016. Yuan Zhixiao 2019.

125 Sun Aimin 2020. Riordan et al 2022.

126 Thompson 2013. Hancock & Liu 2019.

127 Fang Zhouzi 2005. Hvistendahl 2013:1035–1039. Schneider 2020. Li Yubo 2007.

128 Y. Zhao 2014: 94 & 99. Fang Jing 2006. Ye & Lu 2013:7.

129 Zhong Xin 2014.

130 Meng Zhaoli 2014: A14. 關於一名中國囚犯購買假發明以獲得提前假釋的卡夫卡式故事，見 Ramzy 2015。Editors August 28, 2014.

131 *The Economist*, "Scientific research, Looks good on paper," September 28, 2013.

132 Barbash 2015. S. Chen 2017. F. Ching 2017. Chawla 2020. Else & Noorden 2021.

133 Lei Lei 2021.

134 Else 2021. *Journal of Cellular Biochemistry*, Vol. 122-S1: S1-S136. October 2021.

135 Krimsky 2019: 351–368. E. Xiao 2020.

136 Acemoglu et al 2021.

137 Li Bozhong 2005. Mu Ran Oct. 24, 2014. Liu Mingyang 2020. Zhu Weijing 2020.

138 Ouyang Junshan 2020. Guo Rongxing 2021.

139 Qin Siqing 2021. Jia Ye 2014.

140 Li Zhiqiang 2014. Zhang Wen 2014. Rauhala 2015: 36–41. Wang Jing 2015.

141 Kan Kaili 2012. Yu Xianbin 2022.

142 Xiao Han 2006. Xin Ke 2013 & 2014. Qin Hui December 1, 2014.

143 Wang Xiaoyang 2013. Xin Dongfang 2021.

144 Wang Haiguang (professor of history at CCP Central Party School) 2020.

145 Yu Minhong 2015.

146 Pratt 2014. Lu & Hunt 2015. Global Net 2016.

147 Liu Run June 7, 2021.

148 Xi Jinping May 28, 2021.

149 Ning Lizhong 2014. Deng Xize 2021.

150 Rhoads & Wang 2014. PRC Ministry of Education 2014.

151 Dai Xiting 2014. Editorial November 24, 2014. Chen Zhiwen 2021.

152 PRC Ministry of Education May 26, 2021. Xiao Mu 2021.

153 Xi Jinping December 29, 2014. 關於學者與外國同行的互動如何受到嚴格限制，尤其是自 2007 年以來，見 Jia Qingguo 2021。

154 Zhao & Xu 2011. CCP Central & State Council 2001.

155 CCP Central-Organization Department et al, www.1000plan.org, accessed July 1, 2019. Permanent Subcommittee on Investigations 2019.

156 「地方引才計畫」, 1000plan.org/qrjh/section/4, accessed November 27, 2014. Anhui

Provincial Government 2012.

157 Ministry of Education, Press Conference, Beijing, December 7, 2021.

158 Li Keqiang 2014. Ministry of Education, www.eol.cn, accessed July 1, 2020.

159 Yang Wanguo 2014.

160 Chen Pingyuan 2014. Lu Yuanqiang 2013: 2. Ministry of Education data, July 23, 2021.

161 *Graduate Enrollment and Degrees*, Washington: CGS, 2014: 15-16. NSF 2014 & 2020.

162 Yuan Xiaohua 2021. NSF 2020. *US News & World Report* July 1, 2021.

163 Wang Hongfei 2007. 類似但更全面的批評，見 Xue Yong 2010: 225–237 & 270–302, and Zhou Guangli 2010。關於更為樂觀的一份政府評估，見 Ministry of Education May 10, 2011: 15。筆者在上海的訪談，2010。

164 CCP Central and State Council January 21, 2015: 1.

165 Data from TTCSP 2008–2021.

166 關於根據一位內部人士的說法，智庫是如何沒有被善加利用的，見 Wang Wen 2021。關於一些智庫如何以否定美國的民主和疫情控制的「研究」來自鳴得意，見 Renda Chongyang 2021。

167 Peng Chenguang 2013. 關於仿照美國機構創建「真正」智庫的罕見努力，2014 年開始籌建的浙江大學人文高等研究院，見 Zhao Dingxin 2022。

168 Wang Rong 2021.

169 筆者對二十幾所 211 和 985 學校的教師和管理人員的訪談，2000–21。關於這兩項計畫的基本信息，可見於中國教育部網站。關於中國的曝光與批評，見 Wang Zeng 2004 與 Ding Dong 2009。 關於中國頂尖大學「腐爛敗壞」的「左派」批評，見 Gan & Liu 2014。

170 Xu Jing 2014: A6. Yang Yuliang (ci), xys.org/dajia/yangyuliang.html, accessed 2021.

171 關於中國大學教師腐敗的軼事，見 zhihu.com/question/20362737, accessed July 23, 2021; and Qiao Jialan 2022.

172 US Senate 2019. Barry & Kolata 2020: A12.

173 Lan Zhixin 2014. CCTV: 晚間新聞, Oct. 11, 2014. Du & Wang 2014.

174 Mao Kaiyun 2014.

175 World Intellectual Property Organization database, accessed March 3, 2021.

176 Wu Zhanqiao 2017. Jia Zheng 2019.

177 Jiang Jun 3020. Peng Xin 2020. Su & Qiu 2021. Zhang Erchi et al 2022.

178 Guo Linlin 2019.

179 Yang Dezhi 2001. Liu & Liao 2021. Jing Lai 2021. Tan Suo 2021.

180 X. Pang 2019. 關於其辯護，見 Wu Changfeng 2019。中共最高領導人召開特別會議，將「量子技術」作為「至關重要的尖端突破」加以推動。Xi Jinping October 17, 2020。量子「革命」項目似乎確實得到了「高層」的親自加持，因此數十億人民幣的浪費（越來越明顯）依舊持續。Author's interviews, May 2021. Parker 2022.

181 Guo Chuyang 2010 & 2021; Ye Kai 2018, Ling Juelin 2015.

182 Shi Po 2010. Ming Shi Shuo 2022. 中國文字獄事件盤點，@SpeechFreedomCN, Twitter, accessed February 10, 2022.

183 Chi-wen Lee 2012. 一項比較性研究，透露了不那麼令人震驚但類似的發現，Mohrman 2013: 727–743. Yang Meng 2005。

184 Sheng & Wang 2014: 1–10.

185 Xinhua April 25, 2022. Author's correspondence with PRC educators, May 2022.

186 Loyalka 2021.

187 博雅數據 database on study overseas, Beijing, accessed February 8, 2021.

188 搜狐新聞, Beijing, December 14, 2021.

189 Zweig & Kang 2020; Corrigan et al 2022.

190 *The Global AI Talent Tracker*, Macro Polo Institute, searched April 13, 2022.

191 Zhang Kaiyuan 2009. Shan & Li 2014: 6–10; Jiang Yin 2014: 2–3.

192 Gong Renren 2005. Tian & Lu 2016.

193 網易：復旦事件全分析, June 6, 2021. Liu Zheng 2021. 關於對中國終身制的辯護，見 Rao Yi 2021。

194 見徐曉《半生為人》中的軼事, Beijing: Tongxin, 2005。

195 Lei Lei 2006. 騰訊新聞：「高考頂替專題」，June 29, 2020。Tong Xia 2020.

196 Hao Tianjiao 2021.

197 Lan Tian 2010. Leng Haoyang 2019. Xue Peng 2020. Lan Linzong 2021.

198 Howlett 2021: 9.

199 新浪財經：「虛胖的中國富豪」，May 31, 2021。

200 Zhu & Zhao 1994. Xiao Jinbo 2016. Zhong Bai 2010. Tianjin Government 2020. State Anti-Fraud Center 2021. He Dan 2013.

201 Li Yinhe 2012.

202 國務院總理溫家寶在全國政協 2007 年年會上聽取，Ma Diming 2012。

203 Hugh-Jones 2016: 99–114.

204 Pan & Huang 2013. Pan Suiming 2020. W. Wang 2018. L. Brown 2020.

205 「2016 年中國婚戀調查報告」，熱點調查，騰訊，August 10, 2016。「2016 年中國人出軌態度調查報告」，事實說，騰訊新聞，August 15, 2016。兩者都有 50,000-70,000 名有效受訪者。Zuckerman 2020.

206 勤廉：每 4 個有 1 個非親生，網易，April 2021。

207 Team Reporters 2011. Liu Moxian 2009: 77–95. Nong Yibang 2020. Sun Bo 2014.

208 Qin Hui February 28, 2014. Sheridan 2008; Yardley & Barboza 2008: A1; *Routers*: "China milk banned in Asia, Africa, Europe Union," Sept. 26, 2008; Wines 2010: A5. Wan Jinhui 2011. Sheng Xiang 2014: 3. Liu Wei 2014; *China Digital Times*: "Tag: Food Safety," Jan. 30, 2014. Waldmeir 2013; Liu Gang 2013; Cao Er 2020.

209 NHK: 中國的危險食品（中国の危険な食品），Tokyo: Nov. 8, 2014. Nazeer 2015.

210 Zhang Haibo 2014; Zheng Baowei 2015. Luan Yushi 2018.

211 L. Chen et al 2014. Yuan Guoli 2015: 3. Shepard 2018.

212 *China Statistical Yearbook*, 2015–2019. www.itslaw.com, searched June 8, 2020. Guzman &　Ries 2020. 這些偽美鈔也可能是良性用途，做為祭祀祖先時所燒的紙錢。

213 Wu Yujian 2020.

214 筆者在中國的田野筆記, 2000–04 & 2010; Fliegelmanfeb 2015: ED7. PT Black: "How to Be a Rent-a-Foreigner in China," *Adage Blog*, Nov. 30, 2010. Chodorow 2014. Tsering 2015.

215 Shengshi Guxiang 2021; Jiang Zheng 2012: A5.

216 Moore 2011. Wines Oct. 19, 2011: A8.

217 Zhang Yue 2008. Liu Zhiwei 2012. 這種社會道德的墮落，似乎普遍到足以在中央電視台一年一度的春節聯歡晚會上用一個小品來描繪，〈扶不扶？〉，Beijing, January 30, 2014. 關於 2020 年代更多此類事例，見 Zhuo Zi 2021。

218 Hai Mang 2022. Su Yian 2022.

219 Xin Lijian 2012.

220 News & Publication General Bureau 2009. Zhao Weifeng 2003. 關於媒體控制政令的例子，見 CCP Central-Propaganda Deportment 2007。

221 關於一主要省分的整頓運動，見 Guangdong Government 2015。

222 Editor June 3, 2020.

223 如果算上「按需出版」、「自行出版」和「微型小眾出版」，美國每年的新書出版量要再多出 15 倍，大約是 300 萬本。UNESCO and PulishersGlobal.com, accessed March 2021.

224 一家類似 YouTube 的公司「快手」，在 2019 年其 8,000 名員工中有一半從事內容審查工作。Xu Hong 2021。

225 新京報：「第九批網絡主播警示名單公布」，Beijing, November 23, 2021。

226 Steinberg & Li 2019.

227 如毛澤東親口報告的。Mao Zedong (1927) 1991: 12–44.

228 Shen Yurong 1999. Li Fei 2012. 事實上，毛澤東直接下令拆除南京、開封、長沙、濟南等其他古城的「舊樓舊城」。Chen Xiaonong 2005: 153.

229 關於 1949 年後對文物重大破壞的非常不完整的清單，見 Guo Ke 2008: 52–54 & 2020. 關於 1966 至 67 年間對孔子遺蹟的徹底毀壞，見 Liu Yanxun 2010; Zhang Shunqing No. 2, 2015: 23–26 & No. 7, 2015: 37–41. 關於著名陵墓遭毀的事例，見 Mao Jianjie 2012: 5 and Song Dailun 2013。關於無可替代的卷軸和書籍遭焚毀，見 Hei Tu 2018。

230 Yan Jiulin 2021.

231 Xie Chensheng 2013. Anderlini 2011; Hammer 2010; Johnson 2014: A1.

232 Zou Yilin 2015.

233 Yu Jian 2015. Liu Dong 2016.

234 Guo Yiwen 2017. Cao Yu 2019.

235 Beijing Hotel 1959. Cheng Qingxiang 1987.

236 Caijing APP 2017. M. Wong 2015.

237 關於中國歷史上的環境問題，見 Elvin 2004。關於中華人民共和國的環境劣化，見 Economy 2010 and Shapiro 2012。

238 Smith 2020-I and 2020-II. Shapiro 2001.

239 Li Rui 1999-II: 237–240. He Liangliang 2010. Gai Kaicheng 2008: Chapter 3.

240 關於中國鋼鐵業的汙染，見 AAM 2009，以及更普遍地，Rosen 2007。

241 MEP 2003–2021. 關於中共問題重重的「抗汙戰」，見 Economy 2019: 152–185。

242 在 1997 年，嚴重酸雨已覆蓋中國 40%的國土。Chief Editor 1998.

243 Earth Village 2014. Liu Wei 2006: 2. MEP 2014.

244 *Dongfang ribao*,「鍋大米遍布全國」，March 31, 2015: 2.

245 蘇言：《上海沉沒》, Nanjing: Jiangsu renmin, 2010. CCTV:「地面沉降」, Feb. 20, 2012. Wang Baocun 2020:143–148.

246 Li Shangyong 2014: 96–100. *The Economist*, "Green teeth," May 17, 2014: 44.

247 Sheng Keyi 2014: SR4. Beijing EPB 2015: 10–15. Zhuang Yixie 2018.

248 Feng & Du Ximeng 2015. Sheng Yun 2014. Ling Junhui 2020.

249 鎘（0.69 ug/l 和 0.60 ug/l 以上）、鉛（0.81 ug/dl 和 0.44 ug/dl 以上）、汞（5.73ug/l 和 4.11 ug/l 以上）。D. Yin 2013. McKelvey 2007 & 2018: 813–25.

250 Xiao Shibai 2015. Zhen Jian 2019.

251 Li Changan 2004: 24–26. Sun Zhigao 2006: 83–87. Hornby 2014. Wang Xiangwei 2021.

252 Mu Hai 2021.

253 Withnall 2015. Wilson & Smith 2015: 16–22.

254 China-ASEAN Environmental Cooperation Centre and WWF 2014: 4.

255 WWF. "Environmental problems in China," wwf.panda.org, accessed November 6. 2014.

256 Simpson 2012. Rweyemamu 2013. Levin 2013: A1. Fiskesjo 2014.

257 Levin 2014: A14. EIA (Environmental Investigation Agency) 2014.

258 P. Xu 2013: 2067. 中華人民共和國的 PM2.5 標準是 100，而 WHO 的標準是 25 或更低。其他 250 多個「較不重要的城市」沒有受到監測，但也受到嚴重汙染。MEP 2015.

259 Coonan 2013. AFP: "China pollution levels hit 20 times safe limit," October 10 2014.

260 E. Wong April 22, 2015: A6.

261 WHO 2014. 耐人尋味的是，在 2016 年和 2018 年官方「更新」後，全球排名數據消失了。Searched March 2015, May 2019, and June 2021.

262 Chen An 2012. 關於嚴重霧霾對民航的影響，見 Mi Ge 2014: 1。

263 Yu Minhong 2014. 關於中國五座城市的空氣品質時間序列數據，由美國駐華大使館自 2008 年以來匯集，見 stateair.net/web/historical/1/1.html, accessed June 8,

2020。

264 L. Han et al 2015.

265 *The Chosunilbo*: "China to Share Pollution Data with Korea," Seoul, February 27, 2004. *Mainichi*: "Air pollution PM2.5 levels rise across Japan, 10 prefectures issue warnings," Tokyo, February 27, 2014. Central News Agency: "Pollution control not part of cross-strait meteorological pact," Taipei, February 28, 2014. J. Lin 2014: 5–6.

266 Zhu Chen 2013: 1959. 在 31 個大城市中，因空氣汙染造成每年 25 萬人的「額外」死亡（或總人口的 0.1％）。Greenpeace & Peking University 2015. 中國的肺癌病例每年增長 4.5％（北京十年間增長 43％）。Li Bin 2015.

267 Rohde & Muller 2015. Yuan Duanduan 2014. Weir 2012: 32.

268 Xinhua: "Pollution costs US$ 200b each year," Beijing, June 5, 2006. Palit 2013. 關於中國嚴重汙染的非中華人民共和國學術論述，見 "Special Section on Dying for Development" 中的八篇文章，*The China Quarterly*, 214 (June) 2013: 243–393。

269 World Bank and PRC State EPA 2007. The Economist, "Big burden," September 20, 2014.

270 Watts 2010; Crane & Mao 2015: 3 & 18–21. Luo & Pan 2015; Li Jing July 2, 2015.

271 Zeng & Eastin 2011.

272 柴靜：《穹頂之下》，紀錄片，北京，2015。

273 Desilver 2013. Su & Zhang 2014.

274 Huang Haixin 2014. Feng Yongqiang 2018. Zhang Moling 2014.

275 CCP Central March 24, 2015 & April 1, 2017. State Council 2019.

276 Wen Long 2020. Uuakii 2020. Hebei Government 2021.

277 Shuili Jiayuan 2021.

278 E. Wong March 7, 2015: A6.

279 北京市政府：告市民書，Nov. 3, 2014。Zou Chunxia 2014: A09. 筆者的訪談，November 2014。L. Kuo 2014. Li Zheng 2014: 9. Tatlow 2014. US Embassy 2014. Xie Wei 2015.

280 CCTV: 新聞聯播, November 24, 2021. Y. Huang 2020.

281 Ourworldindata.org/co2-emissions, accessed March 15, 2022.

282 C. Singer 1954–1984. 更簡潔地，Derry & Williams 1993。

283 Nobelprize.org, accessed February 8, 2021. 學者周有光（1906–2017）評論道，在晚清、中華民國、毛澤東到鄧小平時代，中華民國擁有「最好」的文化和教育。t.qq.com/p/t/462969048420132, March 6, 2015.

284 Chen Xiaonong 2005: 367–368. Li Hui 2010. Chu Lan 1974. Liu Jingzhi 2009: 515–518. D. Hu 2005:130–151.

285 Sina xinwen October 5, 2015. Rao Yi 2015. 有兩位中華人民共和國作家獲得了諾貝爾文學獎：自 1980 年代起流亡海外的高行健（2000 年）和莫言（2012 年）。中國第一位諾貝爾獎獲獎者是劉曉波（2010 年和平獎），他於 2009 年成為政治犯入

獄，2017 年死於獄中。從 1959 年起自西藏政治流亡的達賴喇嘛，獲得諾貝爾和平獎（1989 年）。Nobelprize.org, accessed April 2022.

286 F. Wang, 2017: 125–126.

287 W. Liu 2017: 115–123. Sections Science Citation Index Expanded、Social Sciences Citation Index 和 Arts and Humanities Citation Index，這三個指數可能偏向英語期刊。Didegah & Gazni 2011: 303–310.

288 Ronen 2014: E5616–E5622. Wei Mi 2017.

289 Thibodeau 2012.

290 Osawa & Mozur 2014. Wertime 2014. Yip 2014. Stassopoulos 2015.

291 Morrison 2014.

292 Dong Jieling 2015. Data from PRC Automobile Industry Association, August 2014.

293 Xu Xiaonian 2012. Abrami, Kirby & McFarlan 2014:107–111. P. Tian 2015.

294 Schmid & Wang 2016.

295 例如，在 2004-11 年期間，據報導北京禁了多達 6,000 部電影（許多是中國製作的）。Li Chengpeng 2013: 24. 296 Y. Zhao 2014: 121–125.

297 Editorial, "Diversionary tactics," Nature 436, 152 (July 14) 2005.

298 Yang Duogui 2008–2013. Li Jinlei 2013. J. Chin 2013. 中共為了宣傳其紀錄片，直接虛構了國際電影節和獎項。Schoenmakers 2022.

299 Hannas, Mulvenon & Puglisi 2013: 3.

300 Reuters, "Survey Details Data Theft Concerns for U.S. Firms in China," March 30, 2013.

301 Breznitz & Murphree 2011.

302 Feigenbaum 2003. Fitzgerald 2013. 筆者對研究中國關鍵軍事技術，如高超音速和混合導彈、噴射引擎、隱形飛機、潛艇和航空母艦等方面投資的美國專家之訪談，2013–21。

303 *The Economist*, "Soaring ambition," May 12, 2012: 89.

304 Wan & Nakashima 2014. Giglio 2019. NBC: "American universities are a soft target for China's spies," Feb. 2, 2020. Wray (FBI) 2020. Abdelhady 2019. White House May 20, 2020.

305 Han Han 2009. Hu Xingdou 2008.

306 Wei Chunzhao 2008. M. Turnage 2013. Sauer 2013. Levin 2013.

307 GIPC 2016; OECD & EUIPO 2019. Plagiarius 2020.

308 Harney 2008. Powell 2007. Rapoza 2012. Abbey 2018. OECD June 2019.

結語　再看紀錄

1　關於更多中國和舶來的意識形態，見 F. Wang 2017，中文版見王飛凌 2018。

2　例如，中共在 2021 年 7 月重申，不容挑戰的中共黨國體制，是北京在美中關係中的首要「底線」。Wang Yi 2021.

3   Kelly 2021: 211.

4   關於中華世界秩序「復興」與世界共產主義道路的官方融合，見 Xi Jinping July 1, 2021。關於用自由國際主義措辭包裝北京的野心，見 Da Wei 2021: 99–109; and Xi Jinping January 17, 2022。

參考書目

本書因其性質需要，引用的文獻資料眾多。考慮到紙本書的厚度與重量，繁體中文版的參考書目將以電子檔形式收錄。歡迎讀者視需要，掃描以下 QR Code，下載參考書目全文電子檔：

如遇任何問題，請來信八旗客服信箱 gusa0601@gmail.com。

中國紀錄：
評估中華人民共和國
The China Record: An Assessment of the People's Republic

作者	王飛凌（Fei-Ling Wang）
翻譯	蔡丹婷
翻譯校對	王飛凌、劉驥

主編	洪源鴻
責任編輯	柯雅云
行銷企劃總監	蔡慧華
行銷企劃專員	張意婷
封面設計	莊謹銘
內頁排版	宸遠彩藝

社長	郭重興
發行人兼出版總監	曾大福
出版發行	八旗文化／遠足文化事業股份有限公司
地址	新北市新店區民權路 108-2 號 9 樓
電話	02-22181417
傳真	02-86671065
客服專線	0800-221029
信箱	gusa0601@gmail.com
Facebook	facebook.com/gusapublishing
Blog	gusapublishing.blogspot.com
法律顧問	華洋法律事務所／蘇文生律師
印刷	成陽彩色印刷股份有限公司

定價	460 元
出版	2023 年 3 月（初版一刷）
ISBN	978-626-7234-26-6（平裝）
	978-626-7234-24-2（ePub）
	978-626-7234-25-9（PDF）

中國紀錄：評估中華人民共和國
王飛凌（Fei-Ling Wang）著／蔡丹婷譯
一版／新北市／八旗文化／遠足文化事業股份
有限公司／ 2023.03
譯自：The China Record: An Assessment of the
　　　People's Republic

ISBN：978-626-7234-26-6（平裝）

1. 中國大陸研究　　2. 經濟發展　　3. 社會發展

628.7　　　　　　　　　　　　112000705